EDITORA DO CONHECIMENTO

Auxiliando a humanidade a encontrar a Verdade

Mediunidade sem Preconceito

MEDIUNIDADE SEM PRECONCEITO
Sávio Mendonça

CONHECIMENTO EDITORIAL LTDA.
Rua Prof. Paulo Chaves, 276 — V. Teixeira Marques
CEP 13485-150 — Limeira-SP
Fone: 19 3451-5440
www.edconhecimento.com.br
vendas@edconhecimento.com.br

Edição de texto: Margareth Rose F. Carvalho
Revisão de conteúdo: Mariléa de Castro
Ilustração da capa: Banco de imagens
Ilustrações do miolo: Tina Glória (Savannah)
Dinorah Enéias (Ramatís)
Projeto gráfico: Sérgio Carvalho

ISBN 978-65-5727-096-7 – 1ª EDIÇÃO — 2021

• Impresso no Brasil • Presita en Brazilo

Produzido no departamento gráfico da
CONHECIMENTO EDITORIAL LTDA
Rua Prof. Paulo Chaves, 276 — CEP 13485-150
Fone/Fax: 19 3451-5440 — Limeira — SP
conhecimento@edconhecimento.com.br

Dados Internacionais de Catalogação na Publicação (CIP)
(Angélica Ilacqua CRB-8/7057)

Ramatís (Espírito)
Mediunidade sem Preconceito / Ramatís e Savannah ; obra mediúnica psicografada por Sávio Mendonça – Limeira, SP : Editora do Conhecimento, 2021.
246 p.

ISBN 978-65-5727-096-7

1. Espiritismo 2. Mediunidade 3. Nova Era 4. Animismo
I. Mendonça, Sávio II. Título.

21-1732 CDD — 133.93

Índices para catálogos sistemático:
1. Espiritismo 133.93

Ramatís – Savannah

Mediunidade sem Preconceito

Por Sávio Mendonça

1ª edição 2021

EDITORA DO CONHECIMENTO

Obras de Ramatís editadas pela **EDITORA DO CONHECIMENTO**

HERCÍLIO MAES

- A Vida no Planeta Marte e os Discos Voadores – 1955
- Mensagens do Astral – 1956
- A Vida Além da Sepultura – 1957
- A Sobrevivência do Espírito – 1958
- Fisiologia da Alma – 1959
- Mediunismo – 1960
- Mediunidade de Cura – 1963
- O Sublime Peregrino – 1964
- Elucidações do Além – 1964
- Semeando e Colhendo – 1965
- A Missão do Espiritismo – 1967
- Magia de Redenção – 1967
- A Vida Humana e o Espírito Imortal – 1970
- O Evangelho à Luz do Cosmo – 1974
- Sob a Luz do Espiritismo (Obra póstuma) – 1999

SÁVIO MENDONÇA

- O Vale dos Espíritas – 2015
- Missão Planetária – 2016
- A Derradeira Chamada – 2017
- O Sentido da Vida – 2019
- Amor: Encontros, desencontros e Reencontros – 2020
- Mediunidade sem Preconceitos – 2021

MARIA MARGARIDA LIGUORI

- Jornada de Luz
- O Homem e o Planeta Terra
- O Despertar da Consciência
- Em Busca da Luz Interior

OBRAS COLETÂNEAS:

- Ramatís uma Proposta de Luz
- Face a Face com Ramatís
- Um Jesus que Nunca Existiu
- Simplesmente Hercílio
- A Missão do Esperanto
- A Origem Oculta das Doenças
- O Objetivo Cósmico da Umbanda
- Do Átomo ao Arcanjo
- O Apocalipse
- Marte: O futuro da Terra
- O Além – Um guia de viagem
- Geografia do Mundo Astral
- O Homem Astral e Mental
- O Carma
- O Menino Jesus

Coletâneas de textos organizadas por SIDNEI CARVALHO:

- A Ascensão do Espírito de A a Z – Aprendendo com Ramatís
- Ciência Oculta de A a Z – O véu de Ísis
- Evangelho de A a Z – A caminho da angelitude
- Jesus de Nazaré – O avatar do amor
- Mecanismos Cósmicos de A a Z – O amor do Pai
- Mediunidade de A a Z – O portal da Luz
- Saúde e Alimentação de A a Z – O amor pelos animais
- Transição Planetária de A a Z – A chegada da Luz
- Universalismo de A a Z – Um só rebanho

Obs: A data após o título se refere à primeira edição.

Sumário

RAMATIS

Quem é Savannah?

De olhar profundo, mesclando firmeza e sabedoria com serenidade e doçura, Savannah foi o nome adotado pela entidade que viveu no oeste norte-americano do século XVII, na comunidade indígena *hopi*, nos desertos do estado do Arizona. Assim como outras etnias daquela região, os *hopis* eram conhecidos como peles-vermelhas. Savannah era um xamã. Com a morte do líder de sua comunidade, aos 40 anos de idade ele assumiu essa função, num momento em que os espanhóis invadiam a região e promoviam um clima muito tenso, bem como havia disputas territoriais com outros indígenas, principalmente com os navajos, guerreiros que os forçaram a se deslocarem para a região das chapadas onde se fixaram em três comunidades a fim de se protegerem das invasões inimigas. Uma quarta comunidade *hopi* se instalou em cavernas, deixando ali registrados valiosos relatos sobre o Apocalipse em inscrições rupestres que podem ser apreciadas ainda hoje.

Os *hopis* sempre foram pacíficos, ligados a práticas xamânicas e a tratamentos físico-espirituais. Plantavam no deserto, sem água nem adubo, e obtinham pleno êxito. O codnome "Mago do Deserto" é originário da época em que Savannah aplicava seus profundos conhecimentos sobre manipulação de energias da natureza voltadas para a cura, através de cristais, gemas, plantas, e mobilizava as forças da natureza no apoio ao plantio em desertos e áreas estéreis. Afirmava que o deserto favorece o encontro do ser consigo mesmo, por tratar-se de uma imensidão silenciosa que cria o desafio de se descobrir o inaudível e o invisível, numa natureza repleta de dádivas pouco visíveis aos olhos e corações humanos mais endurecidos. "Quando se conhece um lugar por meio de suas profundezas etéricas, mantendo-se uma boa sintonia com os devas, conquistas inenarráveis podem ser obtidas. Todavia, é indispensável silenciar a mente, pacificar o coração e cultivar o amor por todos os seres e coisas que nos rodeiam", afirmava ele.

Os *hopis* preservam até hoje a prática das danças sagradas. Sabe-se ainda que eles mantiveram contato com seres de outros planetas, pelas várias inscrições rupestres que deixaram, há cerca de 1.100 anos, onde existem enredos que abordam três eras pelas quais a humanidade já passou. Todas essas eras sofreram rupturas entre o fim de uma e o início da outra, sempre ocasionadas por cataclismos e impactos em âmbito mundial. Dizem as previsões que não será diferente quando a Terra sair da atual terceira era para a quarta, a qual, segundo os atuais remanescentes dessa comunidade étnica, está próxima.

Antes dessa encarnação na América, Savannah viveu no sul da França como padre franciscano, no final do século XIV e início do século XV. Antes dessa vida, teve uma encarnação como contemporâneo e seguidor de Francisco de Assis, na Itália. Anteriormente, viveu como membro da comunidade ramatisiana na Indochina (nos anos 900 d.C.), ajudando seu mestre a construir o templo espiritualista à época. Esteve com Ramatís também na velha Grécia, quando este encarnou como Pitágoras (entre 570 e 490 a.C.), sendo também um dos discípulos daquele sábio grego.

Muito ligado às artes, em especial à música terapêutica, esta entidade tem trabalhado em grande sintonia com irmãos de outros orbes, atuando em apoio a falanges de socorro no plano astral e em vários trabalhos de grupos espíritas, umbandistas e espiritualistas, especialmente no Brasil, nestes tempos de transição planetária, apresentando-se por meio de várias "roupagens" espirituais.

Apresentação

Com ampla participação de Savannah, irmão e amigo de longas datas, esta obra traz uma abordagem aberta, sem preconceitos, sobre o tema *mediunidade*, buscando utilizar-se de uma linguagem contemporânea, em sintonia com o pensamento da humanidade atual, especialmente daqueles que buscam desde explicações básicas a outras mais aprofundadas sobre o assunto, independentemente da idade do leitor. É um trabalho destinado àqueles que possuem a mente dinâmica e aberta para o aprendizado contínuo, dispostos à compreensão do mundo e dos processos de interação entre a vida visível e invisível numa perspectiva ampla, sem as barreiras do atavismo na forma de crer e pensar.

O Universo é infinito e as mentes humanas já deveriam estar suficientemente preparadas para assimilar e compreender toda a sua complexidade. Deus deseja que seus filhos abram cada vez mais seus corações e ampliem seus horizontes mentais, de modo a estarem aptos ao serviço incondicional, que é também infinito. Nosso Pai intima diariamente seus filhos a alçar os degraus do conhecimento e da capacidade de amar fraternalmente. Mas alguns ainda preferem permanecer na inércia, enquanto outros optam por se perder no lamaçal das paixões inferiores. Os acomodados esperam que lhes carreguem nas costas, porque não querem fazer o esforço necessário para evoluir. Há os que têm a coragem de prosseguir, ainda que lentamente e sujeitos a quedas rotineiras. Alguns poucos seguem em direção ao Alto de modo constante e persistente. E existem aqueles que já ascenderam, mas descem de forma consciente e amorável para ajudar os que se mantêm no mesmo lugar, por longo período, ou que se distraem com os atrativos ilusórios do caminho.

Apesar de todos esses estágios, não se pode perder a consciência de que tropeçar, iludir-se e estagnar por determinado tempo faz parte da evolução, pois o amadurecimento ocorre de fato para os corajosos que se dispõem a não permanecer inertes, ainda que repletos de imperfeições. Para evoluir, exige-se meditar sobre o próprio pensar, o sentir e o agir, ainda que se carregue vícios do passado, os quais vão se transformando gradativamente, na medida em que ocorre a ampliação da consciência e o amadurecimento interior. Conforme nos ensinou Jesus, ao afirmar "Não vim para os sãos", a escalada é para todos, inclusive para os mais resistentes ao amor fraterno, os quais, ainda que sejam retardatários na trilha evolutiva, um dia chegarão aos páramos celestiais.

Essa "escada" evolutiva ascendente, metaforicamente representada por Jacó e descrita no Velho Testamento, ocorre no plano físico e também nos planos astral, mental, búdico, e outros. Quem está mergulhado no mundo denso da matéria, encontra-se imerso nesse paralelismo energético-vibratório entre todos os planos evolutivos. Não há como eliminar esses paralelismos porque fazem parte da natureza criada por Deus. Assim, existe interação e um amplo processo cooperativo entre todos os planos evolutivos, sendo que o maior e mais sutil contém o menor e menos sutil, por uma questão de lógica das ciências matemática e física e da Lei Universal. Exemplificando, podemos afirmar que: o plano mahaparanirvânico contém o paranirvânico, que contém o nirvânico, que contém o búdico, que contém os planos mental superior e inferior, e este último contém o astral. No caso do plano físico, para que cada ser vivo seja constituído de matéria biológica densa, precisa de um corpo paralelo chamado duplo-etérico com características fisionômicas similares ao corpo físico, além de agregar os chacras e fluxos energéticos, o qual viabilizará o acoplamento energético entre o corpo astral e o respectivo físico-biológico.

Nesse ponto, é interessante observar que um determinado ser encarnado ou um desencarnado permanecendo com o seu corpo astral, ambos possuem os demais corpos sutis acima de seu estado evolutivo (mental inferior e superior, búdico, nirvânico, paranirvânico e mahaparanirvânico). Só que eles se encontram adormecidos, ou seja, ainda não despertaram, porque a consciência deste ser se encontra ainda presa a planos inferiores. Somente o tempo, com a expansão consciencial e da capacidade de amar, gerará amadurecimento da alma o suficiente para ir desabrochando, ou despertando a consciência, em cada um dos corpos sutis nos respectivos planos superiores subsequentes.

O plano físico diz respeito não apenas a quem está encarnado, mas também ao plano consciencial de quem, mesmo desencarnado e vivendo no plano astral, ainda se encontra mental e emocionalmente escravizado ao mundo da matéria, tal como ocorre aos espíritos humanos primários e a muitos dos que se encontram já em fase intermediária de evolução, mas que, apesar de terem evoluído intelectualmente, ainda estão extremamente dependentes de vícios e apegos à matéria e a paixões inferiores – há inclusive espíritos antigos nessa situação.

Essa interação e superposição vibratória entre os vários planos evolutivos, que dependem de padrões conscienciais e de estados de sutileza e ampliação de sentimentos superiores, demonstra a importância de todos eles dentro da Criação divina, como um mapa sistêmico-evolutivo. E, por isso, há uma interdependência entre os seres que compõem ou que se encontram em cada um desses planos e que formam famílias espirituais e famílias cósmicas. Assim, um ser humano é tão importante quanto um anjo, e vice-versa: um precisa do outro na consecução da expansão e evolução da infinita obra divina, cada qual no seu nível e com suas funções.

Os seres arcangelicais e angelicais precisam dos que ainda se encontram nos planos astral e físico, pois estes representam canais para que realizações aconteçam nos planos mais densos da evolução. Mas, ao mesmo tempo, ajudam os que se encontram menos evoluídos a avançar, porque sabem que novos espíritos virão e novas oportunidades surgirão para os que chegam lá atrás nessa caminhada.

Quem avança mais, é porque já ultrapassou os planos anteriores. Quem chegou ao plano mental, por exemplo, já se desvencilhou da vestimenta astral[1] e, quando precisar encarnar no plano físico, os anjos terão de ajudá-lo no sentido de recompor sua vestimenta astral, por uma necessidade de adensamento energético-corpóreo. Seres muito evoluídos, quando atingem certos níveis dos planos angelicais de evolução, só conseguem encarnar em planetas onde há dimensões físicas muito sutis, por mera questão de capacidade de densificação energético-vibratória – há preceitos da Lei que não podem ser rompidos, porque assim é a Lei Maior.

A interação entre os vários planos existe, também, ao se observar que aquele que está mais à frente no progresso sente-se compelido pelo amor, pela compaixão, e impulsionado pela força atrativa da Luz e da fraternidade cósmica, a ajudar quem está mais atrás na senda evolutiva. Esse impulsionar se faz ainda mais forte dentre aqueles que compõem a mesma família espiritual (desde os tempos monádicos) e cósmica (numa perspectiva mais ampla de planeta, sistema solar, constelatório e galáctico), respectivamente.

Por isso, é muito comum que haja como guia espiritual de um encarnado alguém que, no passado, já foi um familiar consanguíneo, um amigo, um instrutor, ou até um inimigo que vê nessa oportunidade uma chance de perdoar e construir laços de compaixão e amor. Há casos até de alguém no plano invisível que admira ou que guarda algum afeto a uma dada alma encarnada ou prestes a encarnar, decorrente de encontros antigos, e que decide ser seu guia como oportunidade de reencontro de almas e reaproximação de membros do mesmo grupo familiar espiritual. Contudo, há casos de entidades espirituais muito evoluídas que aceitam ser guias de encarnados porque simplesmente os identificam como membros da mesma família cósmica, numa perspectiva mais ampla de consciência.

Apesar das distâncias vibratórias, um ser que se encontre em estágio primário ou intermediário de evolução, em certas circunstâncias, pode alcançar momentaneamente a cone-

[1] Para entender o que foi escrito nos parágrafos anteriores e conectá-los com o que está sendo exprimido neste parágrafo, é necessário aprofundar-se na compreensão sutil de que, mesmo perdendo corpos energéticos, o ser mais evoluído (e em estágio avançado de progresso espiritual) vai conter o menos evoluído com sua consciência sutil, expandida, com seu amor mais amplo e mais magnânimo.

xão pela prece ou pela sintonia mental-emocional a planos e entidades superiores. Afinal, anjos, arcanjos e seres que se encontram avançados no círculo do progresso espiritual são ricos em amor fraternal e estão sempre de "corações" abertos a interagir, a recepcionar e a servir, em nome de Deus, além de possuírem uma consciência bastante ampliada. Essa interação ocorre via processo mediúnico intuitivo, hipersutil e direto, induzido pela prece ou disposição em dialogar com Deus ou espíritos mais avançados. É um processo tão sutil que, geralmente, o rogador encarnado nem percebe tal interação áurica ou energética.

Esta obra se destina justamente a explicitar esse processo de interrelação, interação, interinfluência e cooperação, bem como esclarecer o que ocorria no passado em relação a essas trocas vibratórias, as quais podemos chamar de *intercâmbios mediúnicos*. E como essa relação vem se processando atualmente, uma vez que o mundo evoluiu, principalmente do ponto de vista mental e tecnológico, o que permite uma compreensão mais avançada e clara desses mecanismos.

Como agentes de nosso amado Pai, estamos a postos para esclarecer e servir, em qualquer paragem do Universo, com qualquer roupagem energético-vibratória, por meio de inúmeros servidores anônimos e amplas equipes de cooperadores do Alto, via os mais variados corpos e através dos mais diversos nomes, de forma direta ou por meio de medianeiros no mundo astral e físico.

Que a luz do Cristo ilumine o caminho de cada irmão nessa infinita jornada evolutiva.

Paz!
Ramatís

Introdução

Esclarecimentos gerais sobre processos mediúnicos atuais

Como esclarecimento introdutório ao tema de que trata este livro, é necessário explanar alguns pontos referentes aos processos mediúnicos na atualidade. Contudo, para que o leitor possa aceitar tais considerações, é importante que abra a mente para horizontes maiores, despindo-se de tradições e costumes que merecem atualizações, pois a evolução do Universo pressupõe evolução de tudo o que nele existe, a começar pelas mentes humanas, as quais, se desejam evoluir, precisam estar aptas a se conectarem com mentes amplas e avançadas, a interagir com seres dos planos astral superior e mental intuitivo, da Terra e de outros orbes. Esse processo de expansão mental representa um treino para que o ser um dia possa chegar aos planos angelicais, quando terá que dispor de uma mente em tal nível de ampliação universal que seja capaz de captar sinais cósmicos advindos de arcanjos e do nosso Pai.

Os princípios cósmicos[2] no campo da ética e do amor

[2] Veiculados por algumas afirmativas que compõem a Grande Lei Universal Divina, balizadas por preceitos que demandam compreensão humana ampliada e sentimento de fé esclarecida, como por exemplo: Deus é um Ser incriado e infinito que permeia a tudo e a todos com sua consciência e amor infinitos; a evolução e a Lei de Causa e Efeito (lei de carmas – toda ação tem uma reação correspondente) são bases do progresso e amadurecimento espiritual humano em qualquer paragem do Universo; a reencarnação é um princípio essencial para que o ser se lapide paulatinamente, amplie sua consciência e amadureça em sentimentos nobres; ampliar a consciência é fator indispensável de evolução e representa o roteiro para o amadurecimento dos sentimentos rumo à fraternidade universal; existe uma força propulsora do progresso espiritual ou fluxo fototrópico que representa o caminho de todos os seres criados rumo à Luz Central da Vida (o retorno de centelha de vida ao Pai), com consciência desperta e ampliada e amor imanente em sua aura; a evolução se processa pelo equilíbrio entre razão e sentimento, o que inclui a capacidade de servir incondicionalmente, dentre outras.

universal sempre existiram e vão continuar a existir por todo o sempre. Contudo, conceitos e métodos precisam evoluir. E isso significa transformar-se continuamente, manter-se dinâmico, sereno, otimista, resiliente, e ir se sutilizando e alcançando níveis consciencíais cada vez mais ampliados. Então, que o ser desejoso de evoluir não se prenda nem mesmo a dogmas e padrões religiosos ou espirituais, mas que, balizado pelas leis universais, tenha a mente aberta, compatível com o tamanho do Universo, evidentemente respeitando suas limitações de compreensão e sem querer dar passos além de sua capacidade de "digerir" novos conhecimentos e horizontes de aprendizado, por pura influência do orgulho.

Assim como ocorre na Terra atual, inundada de novas e avançadas tecnologias no campo da medicina, biologia, física, química, engenharia e de tantos outros segmentos das ciências que a cada dia progridem, no plano astral e mental do planeta e de outros orbes esses processos de inovações também continuam progredindo de forma incessante, pois isso faz parte da dinâmica do Universo, em contínua expansão e evolução. Muito antes de se materializarem no plano físico da humanidade, variadas inovações já haviam sido maturadas nos mundos invisíveis e mais avançados que a Terra. Para exemplificar, podemos citar os casos de sensores captadores de sinais à distância (que balizaram conceitos científicos relativos aos sinais de rádio, radares, TV e, mais tarde, no caso das comunicações digitais) e os já hoje obsoletos *pendrives* como armazenadores de memórias, dados e informações.

Desse modo, o uso de tecnologias de dispositivos sutis, sensores, envio de informações, imagens e sons a distâncias consideráveis é muito antigo em mundos avançados tecnologicamente, inclusive nos planos espirituais superiores. É evidente que nada disso elimina a telepatia e o envio de sentimentos de amor que se estendem por milhares de quilômetros da Terra, ou mesmo anos-luz entre seres que se telecomunicam em qualquer paragem do Cosmo. Essas tecnologias avançadas no campo da comunicação e intercâmbio espiritual representam apenas aparatos para facilitar tais comunicações e tornarem-nas mais fidedignas entre emissores e receptores

– especialmente se considerarmos as limitações do cérebro humano em captar sinais com elevadíssimas frequências, de seres espirituais ou de outros orbes com padrão mental-espiritual muito avançado.

Como os humanos já se encontram minimamente amadurecidos no campo intelectual, de modo a compreender certas informações, sentimo-nos à vontade para trazer algumas novas abordagens. Afirmar, por exemplo, que não há somente uma maneira de se transferir mensagens mediúnicas dos planos astral e mental para os médiuns, embora as antigas e eternas mensagens telepáticas, a qualquer distância do Cosmo, continuem sendo as mais utilizadas, especialmente para os que se encontram em níveis avançados de evolução ou dispõem de alta sensibilidade mediúnica e sintonia com as vibrações de seus emissores.

Trabalhos como os realizados nesta obra e em diversas outras já se utilizam de gravações antecipadas e inserções de mensagens em arquivos astrais, guardadas em dispositivos astrais e etéricos, com nanossensores ou antenas astrais receptoras e emissoras de sinais, que permitem trocar mensagens, dados, informações, bem como enviar e receber dados, vibrações e pensamentos – tanto do mentor para o médium como o contrário, num verdadeiro diálogo, na maioria das vezes em nível subconsciente ou inconsciente por parte do encarnado, tendo em vista o grau de distância vibratória entre um cérebro físico e os planos sutis.

Esses sensores e dispositivos sutis são feitos com material astral semelhante ao da natureza energética do cérebro astral. No mundo denso da matéria, é o que a ciência atual poderia denominar de biomateriais, pois mesclariam tecidos humanos construídos a partir de DNA e filamentos artificiais ou nanoestruturas nervosas similares à biológica. Só que, no caso do plano astral, feitos com matéria-astral e DNA-astral, carregando ao mesmo tempo altíssima tecnologia de captação e transferência de som, imagem, aroma, sentimentos e outras sensações.

Contudo, esse processo demanda autorização do médium – durante o sono ou em estado de semiconsciência –, bem como aval de seu guia espiritual. Desse modo, com autorização superior, podem ser instalados no cérebro astral do medianeiro tanto sensores como nanodispositivos astrais (inseridos no respectivo corpo astral) e etéricos (instalados no chacra coronário ou frontal, em ambos, ou também em outros chacras, conforme a situação), tornando-se um mecanismo potente na telepatia entre mundos invisíveis e entre estes e o mundo denso dos encarnados.

Evidentemente que o canal mais natural de comunicação, que é através da telepatia e da transmissão energética da vibração dos guias e mentores de forma direta para médiuns e tutelados, ainda é o mais utilizado e tem sido massificado desde a segunda metade do século XIX, mais enfaticamente nos últimos cinquenta anos, embora poucas pessoas se deem conta do quanto se comunicam inconscientemente com seu guia espiritual e com obsessores ou intrusos, também. Sintonia que se dá proporcionalmente à faixa vibratória áurica e de intercâmbio de fluxos de informação correspondente ao interesse do encarnado e do grau de simbiose ou parasitismo entre ele e o desencarnado, e vice-versa.

O mecanismo artificial por meio de implante de sensores e dispositivos astrais e etéricos deverá ser utilizado de forma mais ampla daqui para frente e no futuro próximo, nos casos de médiuns que se comprometeram ou que vierem a se comprometer, antes do reencarne, a trazer informações do mundo espiritual, principalmente nestes tempos de transição físico-espiritual por que passa a Terra; especialmente nos casos de médiuns psicógrafos e psicofônicos, o que deverá ser providencial nos momentos mais tensos do planeta, já agora e nos anos do porvir[3].

Nos planos mais sutis, o sistema de vida e os padrões mentais e de sentimentos possuem frequências bem mais elevadas que o plano material da Terra. O corpo físico dos terráqueos é muito denso e a maioria dos encarnados encontra-se mergulhada num ambiente de frequências cerebrais

[3] No futuro da Terra, haverá inclusive aparelhos similares a TV 5D, com interação de aromas, áudio e visualização tridimensional de imagem, em que comunicações entre mundos sutis do Astral e de outras dimensões extraterrenas com o plano dos encarnados será prática rotineira.

bastante lentas, inerentes ao meio de natureza densa em que estão imersos. Não se deve confundir frequências mentais velozes com agitação mental-emocional, típicos dos tempos terráqueos atuais, o que também dificulta a melhor sintonia entre guia ou mentor e médium, de modo que esses sensores ajudam muito no processo de interlocução entre os planos sutis e os densos.

Um ser humano encarnado muito inteligente e que pensa rápido, ainda assim estará muito distante de um ser ligado ao plano astral superior ou plano mental, com sua mente livre, sem a pressão limitante do corpo físico, ou mesmo se comparado a um ser de outro planeta com corpo físico bem mais sutil que o terráqueo.

Nos mundos mais sutis, frequências mais rápidas significam dinamismo no pensar, mesclados com paz e harmonia interior. Ao contrário do elevado estresse mental-emocional, comum aos terráqueos, e que dificulta o repasse de informações aos médiuns, cujas mentes estão quase sempre tensas e abarrotadas de preocupações estressantes, mesmo quando tentam relaxar – com raras exceções.

Essa prática de uso de sensores e dispositivos astrais auxilia o plano espiritual a tornar mais ágil, e ao mesmo tempo mais eficaz, o processo de transmissão de mensagens, ajustando sintonias frequenciais, bem como permitindo buscar-se, também, dados e informações que já se encontram no campo subconsciencial e, por conseguinte, nos arquivos cerebrais do médium (conhecimentos e experiências adquiridos na presente vida ou em vidas passadas), necessitando apenas de despertamento via estímulos baseados no envio de sinais com frequências apropriadas a cada situação e assunto.

Além do processo de descarregamento de informações paulatinamente ou de forma intermitente e pontual do subconsciente para o consciente do médium, esses nanosssensores astrais e etéricos auxiliam o médium e a Espiritualidade nas transmissões de mensagens à distância e imediatas, de qualquer ponto da geografia extrafísica do planeta. É importante atentar-se para o fato de que a adoção desse mecanismo artificial não dispensa a preparação e os esforços do médium, com disciplinas e vigilâncias diárias, preces e trabalhos de sintonia com o guia ou mentor,[4] na hora de realizar normalmente a psicografia diária.

Esses sensores e memórias adicionais sutis são apenas suplementos de intercâmbio informativo. Mecanismos como esses criam uma dinâmica de transferência de mensagens que permitem quase uma contínua sintonia (a depender somente do médium) para captar o conteúdo que se encontra armazenado no seu cérebro astral e no seu campo etérico (e na base de dados dentro do dispositivo sutil).

Para que esse mecanismo artificial seja viabilizado, é necessário que haja a inserção de dois dispositivos e sensores, respectivamente no corpo astral e no duplo-etérico do médium. O primeiro é mais sutil e o segundo um pouco mais denso, criando assim como se fosse uma sequência de rebaixamento energético-vibratório gradual.

O tempo tem se tornado cada vez mais escasso e dinâmico, tanto para os terráqueos encarnados como para os viventes do outro lado da vida que estão engajados em trabalhos na seara do Cristo, desde socorro e resgate de almas sofredoras a orientações e estudos no campo espiritual ou na preparação de novas encarnações, em especial nestes tempos prestes a se iniciar a aceleração de grandes acontecimentos planetários, como já foi mencionado em tantas outras obras.

Assim, a utilização de mecanismos como esses visam a ajudar com mais proximidade os seres humanos da Terra. O plano espiritual superior e os amigos de outros planetas que se encontram no orbe terreno, em dimensão mais sutil, estão todos imbuídos do papel de auxiliar por amor incondicional, tanto sofredores como almas sintonizadas com eles, e também almas necessitadas de esclarecimento e de despertamento para o amor fraternal – há muitas almas terrenas já com bons propósitos interiores e bom nível de consciência, mas que ainda têm dificuldades de praticar o amor fraternal, sem nada esperar em troca.

[4] Para efeito de alinhamento conceitual com os leitores, entendemos aqui que a entidade que transmite as mensagens de uma obra, por exemplo, podemos chamá-la de mentor; e guia espiritual seria aquela entidade que assiste mais diretamente e de forma próxima a pessoa tutelada espiritualmente (algumas religiões chamam o guia espiritual de anjo da guarda).

Apesar da plena disposição em ajudar por amor incondicional, os mentores têm muitas tarefas a realizar nos mundos astral e mental. Por isso, não podem estar sempre à disposição dos médiuns, pois há mais de 2 mil anos que a Terra tem muito trabalho a ser feito e poucos trabalhadores na seara do Cristo. Com tais tecnologias, esses contatos ficam mais fáceis, flexíveis e ao mesmo tempo com conexão direta, independentemente de distâncias físicas e vibratórias, Além do que, normalmente, os mentores trabalham em equipes e, portanto, há muitos membros dessas equipes auxiliando-os em processos de repasse de mensagens e orientações aos médiuns e aos encarnados em geral, sem precisar que eles (mentores) estejam transmitindo diretamente e naquela determinada hora, ou acionando sensores para proceder à transferência de mensagens.

Existem vários auxiliares espirituais que atuam supervisionando, monitorando e às vezes ativando as transmissões que ocorrem via dispositivos sutis e nanossensores. Dependendo da situação, um mentor pode estar num plano sutil, atuando em outras frentes de trabalho e, em dado momento, também, acionar remotamente, via sensor, o dispositivo e enviar alguma mensagem ou algum dado complementar ao médium, seja para efeito de psicografia ou simplesmente no sentido de fornecer alguma orientação a ficar gravada no arquivo mental do médium. Reforçando o entendimento: o dispositivo sutil vai descarregar, aos poucos, na mente do encarnado, o volume de informações enviado pelo mentor ou guia.

O guia do médium pode exercer esse papel de auxiliar em transmissão de mensagens de mentores, também usando o nanossensor e ativando o dispositivo sutil, de maneira que este possa descarregar certas informações programadas anteriormente pelo mentor, principalmente quando ele tiver enfrentando alguma dificuldade em se sintonizar com o médium. O médium pode, por exemplo, estar com a mente agitada ou concentrada em outra tarefa, tornando-se fechado à recepção da mensagem. E então, espera-se alguma brecha mental para descarregar a informação.

Esses materiais astrais e etéricos possuem sensores de

frequência com uma sensibilidade extraordinária que permitem ir distribuindo gradativamente as informações nas horas de sono e sonho, nos momentos de relaxamento da mente do médium (às vezes quando está distraído, dirigindo ou sentado no banco de passageiro do veículo, caminhando, andando de bicicleta, cozinhando, enfim, nos mais comezinhos momentos da vida). São aqueles *insights*, aquelas ideias ou esclarecimentos que vêm repentinamente, complementando as informações já repassadas anteriormente, e que precisavam de ajustes ou de serem suplementadas. O guia espiritual do médium pode, também e eventualmente, se comunicar com seu tutelado por meio desses nanossensores e dispositivos sutis.

A viagem energética de uma mensagem entre o plano astral superior ou intermediário e o plano físico é longa, tendo que passar pelo corpo etérico até chegar ao cérebro físico, ainda que possa demorar alguns décimos de segundo. E será mais longa se vier de uma entidade que se encontra no plano mental superior, tendo que passar pelo mental inferior, antes de chegar aos corpos astral e etérico, respectivamente, ainda que isso ocorra de forma muito rápida, em décimos de segundos ou num piscar de olhos. O risco de perdas na completude, qualidade e fidedignidade da informação sempre vai existir.

Ao longo desse trajeto "relâmpago", há risco de perdas de alguns dados se os corpos do médium não estiverem bem alinhados energeticamente – o corpo mental, astral, duplo-etérico e o corpo físico onde está o cérebro, respectivamente, precisam ter um bom nível de alinhamento entre si. A informação vai se decompondo entre os vários corpos até alcançar seu cérebro físico e, consequentemente, chegando ao campo intuitivo, de raciocínio e compreensão. No final, o corpo físico é muito denso, se comparado com os outros, e as frequências são muito letárgicas, ao contrário do dinamismo existente nos planos mais sutis. Por isso, esse encaixe ou sintonia nem sempre é simples.

Soma-se a isso, o fato de que muitas vezes o médium não está apto ou receptivo para certas mensagens, seja por diferenças vibracionais (mesmo na hora disciplinada da psicografia), seja por ausência de dados e informações no seu cérebro, de modo que não consiga identificar determinada novidade, ou seja por algum estado mental-emocional que exija elevada sintonia fina para gerar fidedignidade entre o que se deseja transmitir e a decodificação por parte do cérebro do encarnado. Não raras vezes, bloqueios mentais são criados pelos próprios encarnados. E quando a mente relaxa, então essas barreiras mentais são desbloqueadas, permitindo conexão entre os níveis subconsciente e consciente, e um intercâmbio entre esses níveis (por meio dessas tecnologias), facilitando assim o trânsito de informações provenientes do dispositivo sutil que, dependendo de sua programação e do grau de intervenção do mentor, poderá ajudar o médium na organização de informações que já existem arquivadas em seu subconsciente e no cérebro físico.

Esses dispositivos sutis permitem um certo tratamento das informações e dados e, em seguida, vão diluindo em fragmentos ou em maior volume de informações na mente do médium, conforme o estado mental-emocional deste, tanto na hora marcada para o disciplinado trabalho de psicografia ou psicofonia, como ao longo do dia. Há situações em que o volume de novidades e informações densas em conteúdo exige do receptor uma condição que nem sempre o médium possuirá em sua integralidade. Desse modo, esse acoplamento mental entre o mentor e o médium pode ser realizado com ajuda desses sensores e dispositivos, além de permitir que o material informativo vá sendo digerido pelo cérebro físico, podendo receber correções ao longo do tempo, com trabalho e intervenção à distância por parte do mentor (vencendo as barreiras vibratórias entre o mentor e o médium encarnado).

A "máquina humana" é uma invenção divina quase perfeita. Para os padrões humanos, podemos até dizer que é perfeita, mas dizemos "quase" porque somente a Mente Cósmica é perfeita; somente Deus é pleno, é atemporal, incriado, infinito e completo em perfeição. Todavia, numa perspectiva cósmica, o corpo físico é uma expressão divina com elevadíssimo grau de perfeição. O cérebro humano, por exemplo, teria capacidade gigantesca de captar, armazenar e interpretar dados e informações vindos da mente astral e da mente localizada no plano mental do próprio ser humano, bem como de gigantesco acervo informativo proveniente de seres localizados em planos mais sutis.

Em que pese sua ótima qualidade fisiológica, a sensibilidade dos neurônios e conexões nervosas, o cérebro físico tem certa rigidez se comparado com o "cérebro astral". Além disso, grande parte das limitações do médium estão relacionadas com o grau evolutivo de sua mente e seu estado mental-emocional, que é quem governa o cérebro. Essas limitações estão muito ligadas ao estresse, à acomodação, a distrações, baixa concentração, focos mentais não construtivos, poucos estudos, má administração do tempo, pouco exercício de criatividade e poucas horas de dedicação em servir à melhoria do seu mundo interior e do mundo que o cerca. A mente preguiçosa ou pouco dinâmica mergulhada num corpo denso fica mais letárgica ainda, se comparada com a de corpos mais sutis.

Os mecanismos cerebrais de um ser encarnado na quarta dimensão física, ou um desencarnado do plano astral, são bem mais ágeis que os encarnados terráqueos da densa dimensão física. Todavia, quanto mais o ser humano se sintoniza mentalmente com planos superiores, mais estará apto a ampliar seu campo mental, pelo arejamento energético e expansão mental vindos do Alto, que penetram em sua mente sintonizada, gerando efeitos benéficos ao cérebro físico e em sua capacidade armazenadora e interpretativa de dados e informações.

O plano espiritual não pode esperar médiuns perfeitos ou em estado ótimo de equilíbrio e evolução, para prosseguir com o intercâmbio necessário entre os planos físicos e astral, especialmente nestes tempos de grandes mudanças na Terra. Os trabalhos entre os dois planos precisam continuar e ser ampliados, e de fato o serão doravante e nas próximas fases evolutivas do planeta. O plano espiritual necessita, acima de tudo, de almas de boa vontade dispostas a se engajarem no mutirão espiritual que se avoluma no orbe terreno, sejam encarnadas ou desencarnadas. Só evolui quem está, simultaneamente, aberto a melhorar-se intimamente e a servir.

O trabalho de psicografia ou qualquer forma de transmissão de mensagens pelo canal intuitivo,[5] com ou sem o sensor e o dispositivo sutil, favorece que no médium sejam despertadas informações e dados preexistentes no seu subconsciente ou consciente. Dessa maneira, o processo de expansão espiritual de cada ser ou a construção de uma obra é de certo modo um trabalho de parceria entre o mundo invisível e o médium, o que sempre exigirá leituras, diálogos elevados e estudos por parte do encarnado. O uso desse artifício em nenhum momento visa a estimular a preguiça ou a acomodação do médium. Pelo contrário, é um facilitador para quem está imbuído do propósito de trabalhar na senda espiritual. O esforço pertence às duas partes.

Há situações em que muitos artistas, cientistas ou escritores criam e pensam que criaram sozinhos. Normalmente são trabalhos de parceria entre uma ou várias entidades desencarnadas e o encarnado. Por isso, é quase impossível trazer-se uma mensagem com cem por cento de fidedignidade do mundo espiritual ou de dimensões mais sutis, ao mesmo tempo em que esse processo de parceria é louvável e esperado, pois cabe também a quem recebe fazer a sua parte no trabalho, seja por seu conteúdo mental-cerebral já preexistente, seja pelo que irá pesquisar ou estudar.

No caso da transmissão via nanossensores, obviamente que durante a construção de uma obra, por exemplo, em muitos momentos o mentor irá direta e presencialmente supervisionar a escrita do livro ou a mensagem que está sendo executada (há mentores que, em razão do seu grau evolutivo, podem se desdobrar nos corpos astral e mental), em situações condizentes com suas rotinas de trabalho, acompanhando e verificando se o conteúdo está adequado, com fidedignidade ou dentro de padrões aceitáveis, mantendo-se principalmente a essência do que se pretendia transmitir.

Há que se considerar, nesse processo, a capacidade, o estilo e a forma de escrita de cada médium, os quais os mentores respeitam. E normalmente há entidades da equipe do

[5] Daqui para frente, o processo mediúnico por intuição será mais e mais disseminado, ao contrário das antigas formas de incorporação ou transmissão por via inconsciente do médium, e ainda por meios de mediunidade mecânica que praticamente inexistirão no futuro, com raríssimas exceções.

mentor (que pode coincidir em ser o próprio guia espiritual do médium) que estarão acompanhando e ajudando diariamente o médium no processo psicográfico, na hora marcada para os disciplinados trabalhos de psicografia. A reflexibilidade, dinamismo e uso de avançadas soluções são bastante difundidas no mundo astral e mental dos desencarnados. Soma-se a isso, a constante intervenção de irmãos extraterrenos que, igualmente, se aproximam do orbe para trabalhar fraternalmente, trazendo muitas novidades em informações e avanços do conhecimento.

Cabe salientar ainda que o guia pessoal do médium, ou algum espírito sob orientação da entidade que transmite as mensagens, em função da responsabilidade que o trabalho de psicografia requer, fica constantemente em alerta, como um guarda, para evitar que alguma entidade negativa, sagaz e muito inteligente interfira no processo. Muitas vezes, entidades mal-intencionadas, auxiliadas por avançadas tecnologias desenvolvidas por cientistas das Sombras, podem realizar alguma avaria no referido dispositivo e sensor, retirando-os, colocando algum *chip*, visando a intenções maléficas, ou mesmo aproveitando o próprio sensor e dispositivo instalados no duplo-etérico para realizar alguma ação negativa, via um processo obsessivo à distância. Essa situação demandará, portanto, redobrada vigilância do médium, para que não se sintonize com entidades inteligentes e maléficas.

A propósito, com ou sem o dispositivo sutil e o sensor, o médium e qualquer pessoa em geral deverá estar sempre vigilante e orando para se manter protegido e evitar invasões da sua privacidade interior.

Como é natural que ocorram oscilações de sentimentos, impulsos e pensamentos, por parte de qualquer pessoa (e o medianeiro não foge a essa regra), cabe ao médium atenção redobrada e discernimento nos momentos de sintonia para realização dos trabalhos psicográficos e mesmo ao longo do dia, nos mais comezinhos momentos da vida cotidiana, já que o mentor ou o dispositivo sutil poderá descarregar ou enviar "fragmentos" de mensagens para o médium, exatamente em situações em que ele esteja distraído, ouvindo música, caminhando, ou em qualquer situação de relaxamento mental.

Esses "fragmentos" de informação podem ser liberados para fins de ajuste de detalhes ou complementações ao texto original da obra ou mensagem. Assim, cabe ao médium vigilância para não captar informações indevidas, pois nesses momentos de distração podem ocorrer interferências por parte de entidade negativas. O "orai e vigiai" e o uso do discernimento por parte do trabalhador encarnado serão sempre um "protetor natural" e ajudante automático dos guias e mentores.

Via de regra, o mentor instala no dispositivo astral e no sensor de intercomunicação frequências muito acima daquelas em que trabalham entidades negativas. Mas essas frequências não podem ser muito acima do grau evolutivo do médium e precisam estar dentro de certos limites, pois, do contrário, nem mesmo o médium conseguirá captar com mais constância e fidedignidade as mensagens ali inseridas.

À medida que o ser evolui, vai deixando de utilizar artifícios ou tecnologias como a do dispositivo sutil e dos nanossensores. Encarnados e desencarnados evolutivamente muito avançados se conectam diretamente com mundos sutis; sabem utilizar pura e naturalmente o potencial magnífico e imensurável de sua mente e, por conseguinte, de seu cérebro, bem como de seus sentimentos em qualquer latitude do Cosmo.

Portanto, esse mecanismo representa um ato de doação incondicional dos mentores amoráveis, de auxílio no processo mediúnico, aplicável àqueles que estão principalmente em trabalhos de psicografia, mas também de psicofonia, com vistas a cumprir compromissos assumidos antes de sua reencarnação. Espera-se que esses médiuns, imbuídos do propósito de realizar transmissão de mensagens provenientes de planos extrafísicos e de entidades de outros orbes possuidores de vibrações e frequências muito avançadas, se comparados com o grau evolutivo em que os seres da Terra se encontram, possam minimizar certas dificuldades relacionadas com a sintonia e alcançar maior fidedignidade de comunicações e intercâmbios.

Paz, serenidade e discernimento!
Ramatís

Capítulo 1

Mundos paralelos e a interação entre os dois sistemas

Pergunta: - O que são esses mundos paralelos?

Ramatís: – São os mundos físicos (os planos dos encarnados, em suas várias dimensões) com os mundos extrafísicos (dos desencarnados, com seus vários planos de sutilidade, sintonizados com os vários níveis de consciência; os planos evolutivos) coexistindo de forma paralela, interpenetrando-se como frequências de rádio que convivem harmoniosamente, sem provocar interferências diretas umas nas outras, mas que de algum modo se conectam. Ou seja, possuem formas de intercomunicação por meio de canais ou portais interdimensionais, no caso dos mundos físicos, e canais ou portais interplanos, no caso dos mundos extrafísicos.

As conexões entre os mundos físicos e extrafísicos se dá através dos canais mediúnicos, por meio da sensibilidade/sensitividade e percepção. Contudo, os médiuns encarnados também têm possibilidades de comunicação com seres que habitam dimensões físicas mais sutis, exigindo para tanto que os seres mais evoluídos estejam na segunda ou, no mínimo, na terceira dimensão, haja visto as limitações de ordem físico-psíquicas.

Detalhando melhor: os mundos físicos possuem conexões entre si, via pontos de ligação interdimensional ou portais de intercâmbio entre as várias dimensões, criando cordões de sustentação e formando grandes redes invisíveis de sustentação física (invisíveis aos olhos humanos terrenos), as quais permitem que o Universo se mantenha estruturado em redes ou telas cósmicas, em cada uma de suas infindáveis dimensões. Os mundos físicos são ambientes de almas encarnadas, desde pouco a muito evoluídas, desde o mais denso ambiente físico (como a vida terrena na primeira dimensão) a biodimensões extremamente sutis. Somente seres muito evoluídos possuem tecnologia e condições de perpassar tais portai. Quem está mais avançado pode descer para dimensões físicas mais densas; o contrário é praticamente impossível, salvo em casos de uso de tecnologias muito especificas e acessíveis a algumas civilizações.

A Terra tem vida na primeira (onde se encontra a vida mais densa) e na décima (onde existe uma civilização avançadíssima em termos espirituais e tecnológicos) dimensão. Há vida em outros planetas do Sistema Solar, só que em dimensões físicas muito sutis – a física quântica terrena, com a teoria das cordas, já se aproxima de conceitos que provarão a existência de vidas biológicas e materiais em outras dimensões físicas[6] ou dimensões paralelas. Vale frisar ainda que existe vida na primeira dimensão física de muitos e muitos planetas, tal qual ocorre na Terra, só que em orbes fora do Sistema Solar.

Os mundos extrafísicos, por outro lado, são para almas desencarnadas, igualmente indo de planos astrais mais densos aos mais sutis, e de planos mentais mais densos aos mais sutis, e assim sucessivamente, passando pelos vários planos evolutivos crescentemente mais sutis. Todos eles possuem também portais de conexões entre si. Contudo, somente seres muito evoluídos conseguem transpassar de um para o outro. Obviamente, seres mais evoluídos acessam planos menos evoluídos, mas o contrário não é possível, dado aos fatores vibracionais e graus de conhecimento e sensibilidade ou amadurecimento no campo da sabedoria e do amor universal.

Considerando suas variabilidades dimensionais, nos diversos planetas do Cosmo ocorrem também variadas culturas, estágios evolutivos espirituais e tecnológicos diferenciados.

Apesar de haver separações estruturais básicas, pois geralmente os mundos físicos são mais densos que os extra-

[6] No livro *Missão Planetária*, da **Editora do Conhecimento**, há fartas informações sobre como se estruturam e ocorrem as várias dimensões físicas, em que o assunto poderá ser facilmente compreendido.

físicos, e considerando o fato de estarmos lidando com ambientes de encarnados versus desencarnados, ocorrem certos graus de interação energética entre si, numa lógica sistêmica e holística, sob coordenação de espíritos superiores, anjos e arcanjos, em amplitudes e complexidades jamais imagináveis pelos seres humanos terrenos que habitam a primeira dimensão física.

Pergunta: - Mas o que significa a interação entre esses dois sistemas? Quais seriam esses dois sistemas?

Ramatís: – Ao se falar de dois sistemas, nestes casos especificamente, estamos nos referindo ao mundo dos encarnados e ao dos desencarnados. Chamamo-los de sistemas porque são regidos por princípios conforme expressos na lei geral sobre sistemas, as mesmas referidas e conceituadas pelo biólogo austríaco Bertalanffy.[7]

Esses dois sistemas são os mesmos mundos paralelos aos quais nos referimos na resposta anterior. Apesar de terem realidades próprias, eles interagem de algum modo pois são dois sistemas abertos e não fechados, em que pese haver regras próprias que regem cada um deles.

Os planos conscienciais ou de evolução dos seres (planos físico, astral, mental inferior e superior, búdico, nirvânico, paranirvânico e mahaparanirvânico) representam estágios evolutivos inerentes a seres encarnados ou desencarnados. Quando estão encarnados numa mesma dimensão física, é claro que os seres de variados estágios evolutivos interagem de forma direta e física. No entanto, quando desencarnam, são automaticamente atraídos para o seu correspondente nível consciencial, no mundo extrafísico.

Os mundos sutis dos desencarnados precisam dos planos físicos para viabilizar os processos evolutivos do Universo, desde o nanoscópico nível subatômico aos complexos corpos humanos, condição essencial para o despertamento consciencial, absorção de aprendizagem, aprimoramento de sensibilidade, drenagem de imperfeições da psique e, ao mesmo

[7] Nota do médium: Para facilitar a leitura, vale a pena o leitor inteirar-se dos conceitos básicos da Teoria Geral de Sistemas, aceita na ciência terrena e veiculada no mundo denso da Terra por vários estudiosos e cientistas, dentre eles o seu criador, o biólogo Karl Ludwig Bertalanffy.

tempo, para adquirir experiência indispensável para o amadurecimento de almas que já chegaram ao plano mental mas que ainda necessitam despertar de forma profunda o sentimento crístico, o que é essencial para o futuro anjo, rico em amor incondicional e de grau consciencial ampliadíssimo.

Quando o ser encarna num mundo material, os impactos nas profundezas da alma são consistentes e bem enraizados, tanto para adquirir conhecimentos, habilidades, experiências e reflexos condicionados positivos, como para adquirir maturidade e lapidação sob os efeitos da Lei do Carma, tendo em vista suas atitudes primárias, grosseiras, rudes, equivocadas, errôneas e maldosas, com reflexos condicionados negativos. E se for na dimensão física mais densa, como a existente na Terra, os impactos serão ainda mais fortes que em outras dimensões físicas mais sutis.

Contudo, todas essas experiências são importantes para o amadurecimento da alma em evolução, em ritmo de expansão da consciência e que, de algum modo, permite que ela amplie seu intelecto e a sensibilidade. Assim, com o passar do tempo, o aprendizado pela dor ou pelo suor vai se sedimentando nas profundezas do ser, ao passar por muitas e muitas encarnações, desde mundos primitivos, como em tempos pré-históricos terrenos, de provas e expiações (momento atual do planeta Terra) até os de regeneração (futuro do planeta Terra).

Após progredirem espiritualmente e passarem da fase de regeneração, não possuindo mais carmas negativos ou possuindo-os em pouquíssimas quantidades, mas já tendo chegado ao nível evolutivo do plano astral superior, o planeta e seus habitantes podem migrar para o estágio de vida superior, qual ocorre atualmente na civilização marciana da quarta dimensão física e de outros orbes com padrões de evolução espiritual e tecnológica ainda mais avançados.

Pergunta: - Poderia retomar a explicação sobre os planos dos desencarnados? Por exemplo, um ser que se encontra evolutivamente no plano mental superior, só poderá viver nesse plano estando desencarnado? Poderá ele encarnar numa civilização da primeira dimensão?

Ramatís: – O ser, qualquer que seja, estará consciencialmente atrelado a algum plano, do mais denso ao mais sutil, esteja ele encarnado ou não. Pode ocorrer que um ser ainda primário, preso às rudezas do instinto, esteja consciencialmente atrelado ao plano físico, estando encarnado num corpo físico ou habitando o mundo astral inferior. Por outro lado, pode ser que uma alma ligada ao plano evolutivo mental superior esteja encarnada e nem por isso deixará de estar conectada mental e vibratoriamente a esse plano, mesmo vivendo em um planeta com civilização densa, habitando a primeira dimensão. Ela poderá estar ali em missão encarnatória de ajuda, para exercitar a expansão de sua capacidade de amar fraternalmente. Quando desencarnar, será automaticamente atraída para o referido plano consciencial; no caso, o mental superior.

Pergunta: - Mas vamos supor que esse ser ligado ao plano mental superior cometa algum equívoco ou erro e adquira algum ou alguns carmas. Quando desencarnar, não poderá ser atraído para o plano astral, e quem sabe até para o Umbral, ao invés de ir para o mental?

Ramatís: – Não existe involução ou retrocesso na escalada evolutiva. O ser que avançou consciencialmente e em sensibilidade a determinado degrau, não descerá. Mas nem por isso estará livre da Lei do Carma, que é pura justiça cósmica. Em regra geral, o ser que chega ao plano mental superior não possui mais carma, já zerou seus débitos. Todavia, quando esse ser encarna novamente, estará sujeito a tropeços, pois ainda é humano em aprendizado, longe da perfeição.

Com isso, poderá adquirir carmas sim, especialmente se estiver encarnado em um mundo de provas e expiações, onde há riscos a todo instante, pelas próprias características do ambiente e das almas ali viventes. Neste caso, ao desencarnar, será atraído natural e vibratoriamente para o plano mental superior (nos mundos extrafísicos), e nem por isso anulará esse carma ou carmas adquiridos e terá, em algum momento, que reencarnar para saldar esse débito, preferencialmente no planeta onde o adquiriu ou mesmo em outro orbe.

Não há como retroceder evolutivamente alguém que alcançou um grau de consciência avançado, com elevado padrão mental, e que certamente terá também adquirido um bom grau de sensibilidade e avanço no campo do sentimento – sendo uma pessoa que não guarda ódio, nem sentimento de vingança, nem inveja ou ciúme, nem se sinta escravizado a vícios ou paixões inferiores. Se adquiriu carmas, com certeza, não foi por atitude maléfica; pode ter sido para se defender ou por equívoco. Enfim, certamente terá sido por motivo de impacto cármico negativo relativamente baixo.

Pergunta: - Desculpe-nos a insistência neste tema, mas... e os casos dos chamados "anjos caídos"? Não seriam entidades muito evoluídas que sofreram tentações e caíram em armadilhas das zonas trevosas, deixando-se ludibriar e retornando a estágios evolutivos inferiores?

Ramatís: – Isso não existe. Os seres que atingiram o nível evolutivo do Astral superior ou do plano mental já conquistaram avanços extraordinários em consciência, com um elevado grau de consciência e práticas do bem internalizadas. Se por alguma circunstância fizerem algo que lhes cause carmas negativos, conforme afirmamos anteriormente, não será por maldade contida em sua essência, mas por acidente ou situação muito pontual, como por exemplo de autodefesa, pois são seres que já ultrapassaram estágios primários e intermediários de orgulho, vaidade e egoísmo, isto é, estão libertos desses sentimentos rasteiros, bem como de apegos à materialidade ou paixões inferiores.

Nos casos de almas que desceram a zonas infernais ou umbralinas, em razão de quedas substanciais por atitudes negativas ou maléficas, estas alcançaram, no máximo, o plano astral intermediário em suas consciências, com limitada capacidade de amar. Com isso, guardam fragilidades internas que as tornam susceptíveis a quedas acentuadas, pois os princípios e padrões crísticos e de elevada consciência ainda não estão bem estruturados e internalizados dentro de si. Na maioria das vezes, são espíritos muito antigos, que já viveram muito, trazem uma inteligência brilhante, mas ainda estão aprisionados ao próprio ego e orgulho ou escravos de bens materiais e paixões inferiores. Lutam contra as fraquezas internas e, dependendo da situação, numa tentação por parte de comparsas ou inimigos do passado, encarnados e/ou desencarnados, se dobram às próprias fraquezas ainda presentes dentro de si e caem.

Para as pessoas de fora da situação, desavisadas e com baixo discernimento, essas almas "caídas" podem lhes parecer terem sido seres angelicais – ludibriados que foram, pois geralmente deixaram-se envolver por uma "capa" de aparências, por belas palavras ou expressando atitudes inteligentes, mas no fundo são desprovidos de profunda e verdadeira aura de bondade, sem amor incondicional e com grau consciencial titubeante entre o bem e o mal, em que pese sua ampla inteligência (materialista e imersa em muito orgulho e egoísmo).

Há ainda casos de almas que adquiriram um bom nível de conhecimentos espirituais. São capazes de realizar palestras estupendas, com abordagem convincente e palavras sofisticadas. No entanto, ainda não as internalizaram, encontram-se no limiar de iniciar o processo de autoconhecimento e autotransformação, mas decidem ficar apenas na entrada dessa "porta interior", sem realizar o trabalho de mergulho e desbravamento íntimo, que exige esforço, dedicação, boa vontade e, acima de tudo, humildade para aceitar a própria imperfeição.

Algumas dessas almas podem, inclusive, ter conquistado poderes mentais decorrentes de aprendizados de vidas passadas, quando estudaram, treinaram e se utilizaram de técnicas com as quais, com disciplina mental, conseguiram avançar em domínio da mente e desenvolveram poderes de influenciar os outros e até multidões.

Muitas pessoas se deixam impressionar por tais poderes mentais e capacidade de magnetizar multidões, levando-as a pensar que são "anjos". E, ao praticarem atrocidades ou deslizes, então surge o mito de que teriam sido anjos caídos. Porém, essas almas com poderes especiais não realizaram o trabalho de internalização do aprendizado, transformando conhecimentos em novas atitudes e, principalmente, promovendo a modificação de seus sentimentos de orgulho e vaidade em humildade e simplicidade, e de egoísmo em serviço fraterno incondicional, ou seja, são moralmente fracas, e um dia suas "máscaras" acabam caindo. De um modo geral, essas almas antigas tropeçam na própria arrogância espiritual.

Pergunta: - Como se processa essa interação entre os sistemas dos encarnados e dos desencarnados, ou seja, como se processa a interação entre esses mundos paralelos, já que possuem regras ou sistemas próprios?

Ramatís: – Todo e qualquer sistema do Universo está sujeito a princípios da Sabedoria Universal, pois ninguém está isento da Lei Maior, apesar de regras menores existirem em sistemas específicos, sejam em dimensões físicas ou no mundo dos desencarnados. E, para que o Universo se sustente, com seus sistemas planetários, solares, estelares, galácticos, e se submeta a processos gravitacionais e magnéticos inerentes a cada sistema e orbe, integrando corpos físicos, minerais, vegetais e animais, bem como seres desencarnados, existe uma complexa rede de interação sutil entre cada sistema e astro com seus respectivos habitantes, e gerenciada por anjos e arcanjos.

A fraternidade universal é uma das mais belas dádivas do nosso Pai. Graças a essa fraternidade cósmica é que ocorre a evolução dos mundos físicos e extrafísicos. Quem está mais à frente ajuda quem está mais atrás, seja um encarnado para outro encarnado, seja um desencarnado para outro desencarnado, seja um desencarnado para um encarnado, e vice-versa.

No caso de interação entre os mundos físicos e extrafísicos, esses processos cooperativos ou ajudas mútuas podem se manifestar de várias formas, das mais complexas às mais simples e cotidianas. Por exemplo, por meio de trabalhos de cura ou de tratamento e ajuda espiritual, durante trabalhos mediúnicos quando encarnados disponibilizam ectoplasma e bioplasma, auxiliando assim guias e mentores desencarnados e até seres encarnados de elevado padrão espiritual em dimensões físicas mais sutis, a fim de que usem esse material etéreo em ajuda a pessoas ou seres necessitados, desencarnados ou não. Ajudas podem ocorrer durante uma pesquisa científica, com sugestões do guia ao pesquisador; podem ocorrer numa situação de emergência ou perigo que o encarnado esteja passando e precise ser socorrido, ou mesmo nas mais rotineiras situações da vida, dependendo de cada caso e situação.

Há casos de seres humanos encarnados que, mesmo estando em estágio evolutivo primário ou com baixo nível consciencial, por força do fluxo cósmico fototrópico ou força de atração à Luz Central da Vida (Deus), são levados involuntariamente a várias situações em que tenham de estender as mãos e ajudar o próximo, seja por intempéries da natureza, cataclismos, fome, desastres ou situações inerentes à condição de mundos primários ou em expiação, visando à busca de sobrevivência e de luta contra os desafios ambientais, sempre com olhares e "mãos espirituais" de amigos, amoráveis e anônimos protetores, ex-familiares consanguíneos e auxiliares invisíveis. Por trás dessas situações, também ocorrem oportunidades para resgates cármicos dos envolvidos, graças à bondade divina que sempre cria chances de aproximação de antigos inimigos.

Esses casos, de ajudas realizadas por força maior, são também processos cósmicos de estímulo ao aprendizado de servir, que começa desde cedo para aqueles que ainda trilham os primeiros passos no reino humano. Soma-se a isso, os casos em que os primeiros sinais de sensibilidade começam a despertar no ser, como nas relações de pais para com os filhos e vice-versa, relações de fraternidade consanguínea ou mesmo nos casos de amizade, por exemplo.

Resumindo: quando este capítulo aborda a interação entre os dois sistemas, está se referindo à interrelação e interinfluência existente entre esses inúmeros planos dos desencarnados com os diversos mundos dos encarnados. Há entidades perdidas, obsessoras ou desorientadas convivendo com encarnados, e os encarnados não os veem, não os percebem e raras vezes os sentem. Da mesma maneira, existem os guias espirituais, amigos, mentores e seguidores do bem que atuam sobre os encarnados quando necessário, por orientação superior ou quando os encarnados pedem ajuda em nome de Deus, e estes podem proceder a tais ajudas, conforme méritos, necessidades próprias e permissões superiores.

Igualmente, quando um encarnado dorme, seu corpo astral se descola do corpo físico e este pode realizar projeções ou viagens astrais, interagindo com o mundo dos desencarnados. Na maioria das vezes, ele não se lembra ou muitas vezes traz apenas sensações ou lembranças pontuais expressas em sonhos e sentimentos, bons ou ruins, dependendo do lugar astral por onde andou. Há casos de encarnados que realizam trabalhos de cura ou de auxílio espiritual quando dormem e vão com seus corpos astrais ajudar os guias espirituais em seus trabalhos noturnos, levando consigo um importante material energético-vital – o ectoplasma –, de extrema importância para os guias e mentores usarem-no como insumo para curas, resgates de almas penadas e diversificados tratamentos físico-espirituais.

Há interações entre esses dois mundos também para vivência de situações menos dignas, mas que fazem parte do aprendizado daqueles que ainda se encontram presos ao mundo das formas, como no caso de encarnados se descolam do corpo físico para andanças astrais em busca de prazeres, disputas, brigas, cobranças e outras atitudes menos dignas.

Como se pode observar, mesmo havendo desconhecimento quase generalizado por parte dos terráqueos, existe uma ampla e contínua interação entre o mundo dos encarnados e o dos desencarnados, e vice-versa. Com isso, podemos sintetizar a resposta numa palavra: todos os seres humanos são médiuns, mesmo que inconscientes, mesmo sem saber que estão sendo usados para fins nada nobres ou mesmo sem saber, conscientemente, que estão colaborando com o plano espiritual superior. Na maioria das vezes, o seu espírito em desdobramento aceita colaborar, mas essa lembrança não alcança o seu campo mental-consciente.

É bom ressaltar que apenas entidades negativas ou desorientadas podem invadir a individualidade de um encarnado ou desencarnado, influenciando-o, obsidiando-o ou dominando-o, sem pedir licença, ou sem que este tenha solicitado.

Guias verdadeiros e mentores do bem só o fazem com autorização do encarnado ou quando este pede ajuda superior, ou ainda em situações de perigo e peculiares, quando há intervenção de altas esferas espirituais.

Pergunta: - Essa disponibilização de ectoplasma não pode ocorrer também quando um ser disponibiliza esse material para seres desencarnados com intenções maléficas, como nos casos de trabalhos espirituais de magia negra? Ou mesmo nos casos em que o ser encarnado, de boa índole, se deixa vampirizar por entidades negativas, por invigilância? Não podem ocorrer, ainda, casos de entidades negativas invadirem trabalhos mediúnicos para roubar esse material etéreo tão valioso no mundo astral?

Ramatís: – Sim, todas essas hipóteses são verdadeiras, porém, respondendo aos últimos pontos considerados pelo irmão, vale ressalvar que, se o trabalho mediúnico tem uma corrente segura e sintonizada com os guias ligados às falanges do bem, certamente não haverá invasão de entidades negativas. Nesse sentido, torna-se essencial que os médiuns da corrente alimentem a fé firme nos guias. Mas, sem dúvida, um trabalho mediúnico com corrente frágil, com o dirigente inexperiente ou sem uma consistente estrutura espiritual, ou mesmo nos casos de médiuns fragilizados pelo medo, falta de fé ou de boa vontade em servir, pode haver invasões indevidas, sim.

Contudo, quando um grupo ou um médium ou qualquer pessoa se disponibiliza a ajudar de coração e com firme propósito mental, em nome do Cristo, certamente ali haverá segurança e ajuda superior, de modo que a retirada do ectoplasma do médium ou da corrente para um serviço do bem (com permissão dos doadores encarnados) será realizada com êxito.

Antes de tudo, é preciso alimentar a fé e fazer uma prece do fundo do coração, com consciência, com verdadeiro estado de doação incondicional. Essas são as senhas para se garantir a segurança do trabalho. Os guias sabem que não há ser humano perfeito ou sem falhas, sem erros ou tropeços, e por isso jamais cobrarão perfeição do encarnado, jamais serão juízes e, consequentemente, não exigirão condição para ajudar o próximo.

No campo do amor, não há resistências ou limites, e o amor é a grande mola propulsora do progresso espiritual e de evolução da humanidade. Assim, basta que o médium ou qualquer pessoa se disponibilize a servir em nome de Deus, será ajudado e ali poderão estar entidades para realizar o trabalho de transfusão energética, com coleta de bioplasma e/ou ectoplasma, conforme o caso.

Em planetas de provas e expiações como a Terra, há variados casos de encarnados que, quando dormem, disponibilizam suas energias oriundas do ectoplasma para trabalhos de magia negra, mancomunados ou sintonizados com entidades negativas e perversas. Nesses casos, encarnados e desencarnados só estarão ampliando seus débitos cármicos e criando amarras terríveis com as leis cósmicas, as quais gerarão sofrimentos e cobranças futuras – sejam cobranças por entidades negativas, criando-se elos de escravizações, sejam por elementais ou seres da natureza utilizados nesses trabalhos.

Pergunta: - Por que o ectoplasma e o bioplasma são materiais vitais tão valiosos? E como um ou outro é utilizado?

Ramatís: – Somente seres vivos possuem bioplasma. É o material energético inerente principalmente aos fluxos sanguíneos. É aquele calor que se sente quando a pessoa se aproxima de alguém biologicamente vivo.

Esse material está atrelado ao sistema fisiológico como um todo, desde às batidas cardíacas, à respiração que capta o prana do ar e alimenta as células, ao sistema digestivo (que capta o prana dos alimentos) até e principalmente ao sistema circulatório. Se um corpo morre, é porque não respira mais, não processa mais alimentos, nem há batida do coração nem sangue circulando pelas veias e artérias; portanto ali não há mais bioplasma ou energia vital básica.

O bioplasma representa a soma energética de toda a energia vital de uma pessoa, ou seja, é essencial para manter a vida de um vegetal, animal e de um ser humano encarnado. No mundo dos desencarnados, esse material energético é importante para os guias ajudarem pessoas encarnadas doentes ou necessitadas de energia vital (importantíssimo em trabalhos de cura mediúnica em casos de desvitalizações).

No mundo extrafísico e em dimensões físicas sutis, como as existentes em outros orbes planetários mais evoluídos, há tecnologia para se captar e armazenar esse material para ser transportado em ajuda a alguém distante. Há casos em que esse material energético é usado para entidades recém-desencarnadas despertarem ou se alimentarem, principalmente entidades muito atrasadas espiritualmente e ainda presas ao mundo físico. Há ainda casos de entidades atrasadas espiritualmente ou com índole maléfica que se utilizam desse material para fins torpes e satisfação de desejos primários, ou realizar maldades.

O ectoplasma é um material mais sutil que o bioplasma. Ele só existe em corpos com sistema nervoso, como seres humanos, mamíferos e a maioria dos animais. Esponjas marinhas, fungos, bactérias, vírus e plantas não possuem sistema nervoso. Todavia, o ectoplasma dos seres humanos é o que possui uma melhor qualidade em termos de força vital, sutileza, capacidade de ser armazenado por mais tempo (perenidade) e um maior espectro em utilidades. É importante para trabalhos de cura ou tratamento espiritual, tanto para uso no corpo físico como no corpo etérico e mesmo astral.

No mundo astral dos desencarnados, é utilizado para resgates, despertamento de seres recém-desencarnados ou adormecidos, para promover choques energético-astrais no sentido de recobrar consciência, de alimentar desencarnados enfraquecidos e ainda dependentes de material vital, como alimentos. Ele é mais sutil que o bioplasma, contudo ainda mais denso que as energias prânicas de origem astral.

Tanto entidades do bem como as maléficas, se utilizam desse valioso material no mundo astral, absorvido dos encarnados (pela invasão de sua aura por entidades negativas ou presas ao mundo da matéria, como também, para fins nobres, por parte de entidades servidoras do bem, que se utilizam desse material doado voluntariamente por encarnados). Reafirmando: o bioplasma é usado para ajudar ou mesmo prejudicar (neste último caso, por parte de seres negativos) encarnados ou desencarnados.

Nos casos de processos de materialização de coisas por força mental de seres desencarnados, utilizam-se de ectoplasma e bioplasma de encarnados em sintonia com eles.

Nos dias atuais, em que há poucos trabalhos mediúnicos de assistência espiritual e tratamento físico e espiritual à distância (se comparado com a demanda do planeta Terra agora e dos anos e décadas vindouros), é essencial a existência de trabalhos que permitam a disponibilização voluntária de ectoplasma e de bioplasma para que os guias e servidores do Cristo possam atuar em seus trabalhos de assistência a milhões de desencarnados – em resgates, auxílio, despertamento, orientação, desobsessões, tratamento psíquico e tantos outros fins nobres – e de encarnados sofredores, em casos de doenças físicas e psíquicas, desobsessões e variados processos de ajuda.

Pergunta: - Nessa interação entre os dois mundos, dos encarnados e dos desencarnados, é possível que Deus, o Cristo Planetário, Jesus ou algum arcanjo ou anjo possa ter contato direto com um ser encarnado, ou ele precisará de médiuns ou intermediários desencarnados para fazer esse contato?

Ramatís: – Deus é tudo e possui sua aura e consciência integralmente envolvendo e transpassando tudo e a todos no Universo, desde uma minúscula partícula subatômica, seres encarnados e desencarnados, em qualquer dimensão física ou plano evolutivo, chegando ao nível macrocósmico, a galáxias e toda a infinitude cósmica. Não há uma folha que caia sem que ali exista a consciência divina. Portanto, não há necessidade de intermediários ou médiuns para que a Mente Divina interaja com qualquer ser do Universo. Sua energia não está concentrada em um único ser ou numa aura específica (a aura de Deus é a aura do universo infinito).

Desse modo, uma criatura qualquer, seja primária, em suas primeiras encarnações humanas, ou esteja em nível intermediário ou avançado de evolução, enfim, qualquer um pode em suas preces e meditações se sintonizar e interagir com Deus, pois Ele está presente em cada um. Essa ligação se dá por meio de mediunidade intuitiva direta. Em muitas situações, a pessoa em prece estará ligada ao Pai Maior e nem sempre terá consciência dessa conexão, mas Ele sim, totalmente.

O Cristo Planetário é uma consciência planetária; é a própria aura do planeta como um todo. Traçando uma comparação geral, é como se fosse uma amostra ou uma representação de Deus restrita ao nível do planeta. É um arcanjo transpassando todas as consciências humanas ali existentes, encarnadas e desencarnadas, em todas as suas dimensões físicas e planos invisíveis, bem como todos os animais, plantas, minerais e cada átomo. Portanto, tem sua energia consciencial e de amor incondicional dispersa, envolvendo o planeta inteiro, isto é, não está concentrada num ser específico. Por isso, assim como ocorre com Deus, os seres de um planeta, sejam encarnados ou desencarnados, podem acessar diretamente o Cristo e este a cada um, sem necessidade de intermediários astrais ou médiuns encarnados.

Um anjo como Jesus, o governador ou gestor da Terra, por não ter atingido ainda a arcangelitude, sua consciência não possui dimensão divina de modo a transpassar conscien-cialmente um planeta inteiro e todos os seus seres de modo disperso e sutil, automático e espontâneo, penetrando conscien-cialmente a todos os átomos, moléculas, minérios, vegetações, animais e seres humanos igualmente, tal como ocorre ao Cristo Planetário.

A aura de Jesus é gigantesca e envolve todo o planeta Terra, mas ainda sem penetrar nas essências individuais com a mesma eficácia que o Cristo, apesar de ser o "médium" mais fidedigno e de maior sintonia com o Cristo dentre os que já encarnaram neste planeta. Sua consciência interage principalmente quando é chamado em preces e meditações, com todos os seres humanos e até mesmo com os outros seres vivos do planeta, alcançando os planos espirituais evolutivos físico, astral, mental-inferior e mental-superior, búdico e nirvânico do orbe terreno, bem como as suas várias dimensões físicas, especialmente a primeira e a décima, onde há vidas.[8]

[8] Na obra *Missão Planetária*, da **Editora do Conhecimento**, há explicações sobre essas biodimensões na Terra.

Embora consciências no nível evolutivo de Jesus, que se encontra ligado ao plano nirvânico, possam alcançar corações e mentes de todos os seres humanos habitantes do orbe, ainda possuem *status* de seres individualizados, em que pese a sua ampla amorosidade, podendo encarnar em planetas com dimensões físicas mais sutis que a primeira dimensão terrena. Anjos no nível de Ismael, que é o mentor espiritual do Brasil, por exemplo, são ligados ao plano consciencial-evolutivo do nível búdico e possuem um grau de consciência passível de pulsar e interagir com as almas dos habitantes de uma nação inteira.

Jesus, que tem sua individuação carregada em magnitude gigantesca (como uma usina nuclear), possui uma carga energética com concentração áurica tal que envolve de forma natural todos os humanos da Terra, de forma consciente e amorável. Considerando os parâmetros de tempo dos planos angelicais, em breve Ele estará entrando na faixa consciencial paranirvânica, que é a fase pré-arcangelical, e estará ligado a responsabilidades no âmbito do Sistema Solar, em mais estreita ligação com o Cristo Solar, que já é uma consciência paranirvânica em avançado grau de expansão consciencial – considerando a faixa evolutiva em que se encontra e a caminho de uma consciência constelatória.

Quando Jesus encarnou, sofreu resignada e serenamente para (com a ajuda de anjos) realizar o abaixamento vibratório, com o adensamento de corpos, ou seja, com a reconstrução de um corpo mental (superior e inferior) e astral, até chegar ao seu nascimento com a construção de seu duplo-etérico e corpo físico, por vias biológicas, sob a maternidade de Maria e paternidade de José. E quando atingiu a idade de 33 anos, Ele não aguentava mais estar preso a um corpo denso, que limitava tanta energia, com sua aura gigantesca. Sofria de hemorragias internas, rompimento de veias e artérias, tal era a pressão energética aprisionada num corpo físico.

Assim, esses anjos que se encontram ligados à Terra, e em especial Jesus, dada sua magnitude e íntima sintonia com o Cristo Planetário, já possuem a capacidade de penetrar na intimidade física e espiritual dos terráqueos, incluindo desencarnados, mas o fazem à distância, pois não podem se aproximar com sua essência individual (onde se encontra o seu centro emissor de energia e luz áurica) de corpos físicos e de corpos astrais.

Dada a grande quantidade de energia que carregam, esses anjos com altíssimas frequências e cargas de elevadíssima potência, poderiam explodir as estruturas físicas de um ser encarnado ou mesmo causar danos a um corpo astral, caso se aproximassem diretamente com suas estruturas de pura Luz desses seres com baixa ou intermediária faixa vibratória. Por isso, necessitam de apoio intermediário (médiuns nos planos búdico, mental-superior, mental-inferior e astral superior, respectivamente) de entidades desencarnadas muito avançadas. E então vai se criando uma cadeia mediúnica de seres que vão rebaixando a carga energética, como numa sequência de transformadores, até chegar aos seres mais densos, como desencarnados ligados ao plano astral intermediário e inferior, e finalmente até pessoas encarnadas.

Porém, é válido lembrar que esse procedimento ocorreria se houvesse uma aproximação áurica da individualidade energética de Jesus a alguém. Todavia, Ele pode alcançar a mente e o coração de qualquer um apenas por ligação sutil e consciencial, sem aproximação "físico-energética" direta, via telepatia e envolvimento com sua consciência carregada de amor incondicional.

Em síntese: se uma pessoa na Terra faz uma prece a Deus, Este a ouvirá e a sentirá e fará a conexão direta com ela. Além disso, automaticamente essa prece estará em sintonia com o "representante" de Deus na Terra, ou seja, o Cristo Planetário (que também fará a conexão direta com o agente da prece); e, por sua vez, este se sintonizará com o governador planetário (Jesus, no caso), que ouvirá e sentirá também essa prece, fazendo uma conexão consciencial. Todas as preces ao Alto são ouvidas e atendidas conforme cada caso. Dessa maneira, Jesus mobilizará entidades ligadas vibratoriamente a Ele visando a atender aquela prece. Então, se criará uma cadeia hierárquica e vibratório-energética de cima para baixo, envolvendo muitos seres superiores, com elevada consciência, ricos em amor e abnegados, os quais serão mobilizados até se chegar ao guia espiritual daquela pessoa que fez a oração.

A prece ou pedido será atendido naquilo que seja o melhor para a pessoa, podendo ser um silêncio, podendo ser uma não intervenção direta face a uma provação necessária para o encarnado, por exemplo, exigindo que ele passe por alguma situação específica, ou mesmo podendo ser atendida naquilo que foi demandado, dentre tantas outras considerações e respostas possíveis, sempre baseado no amor infinito do Pai e na postura do mestre ou orientador pedagógico de almas (um guia supervisor do guia espiritual da pessoa, por exemplo). Em tudo que vem dos planos superiores da Espiritualidade, do Cristo e de Deus haverá discernimento, sabedoria e amor infinito, sempre buscando-se o melhor para o amadurecimento e evolução da pessoa encarnada ou desencarnada.

Pergunta: - Parece-nos incrível a quantidade de seres mobilizados para um pedido ou uma prece de um simples mortal ou mesmo vinda de um desencarnado em papel de guia espiritual.

Ramatís: – Deus respeita e ama a todos e a tudo. Deus ama todos os seus filhos e por isso todos serão ouvidos e atendidos naquilo que precisam para o seu melhor processo evolutivo e sua felicidade como um ser que caminha em direção à Luz Maior. Cada um terá aquilo que precisa, considerando--se fatores cármicos e méritos individuais. Deus, o Cristo, Jesus, todos os demais anjos e irmãos da Espiritualidade Maior amam a todos indiscriminadamente, seja o micróbio, o verme ou o ser humano, seja a pessoa boa ou má. Afinal, a maldade nada mais representa que a manifestação de imperfeição ou imaturidade consciencial e de sentimento de um ser humano rude, que um dia estará mais burilado, pela dor e pelo esforço de autotransformação, e aos poucos se aperfeiçoará em inteligência, em capacidade de amar e servir incondicionalmente.

Desse modo, será sempre providencial que um ser mais avançado intelectual e evolutivamente não julgue nem amaldiçoe, nem condene, nem se vingue ou discrimine um ser menos evoluído, mas sim que cultive a compaixão, o perdão, a sabedoria, a capacidade de ajudar o próximo a se educar, pacientemente, apoiando-se na compreensão e no respeito ao livre-arbítrio, no discernimento e no amor fraternal.

Pergunta: - Desculpe-nos a consideração, mas não há casos em que devemos ser firmes, agindo com determinação e certa rudeza, quando lidamos com seres humanos delinquentes ou patologicamente imersos na maldade e violência contra os outros, seja um encarnado ou mesmo um desencarnado num trabalho de desobsessão? Isso não nos levaria a crer que devemos ser compreensivos e compassivos num sentido geral, mas que paciência tem limites?

Ramatís: – Nada será mais forte e terá poder mais eficaz do que o amor, mas sempre balizado pelo discernimento. Nos dias atuais, não cabe mais a fé cega, mas com sabedoria, nem a bondade indiscriminada e "cega", sem que se utilize do discernimento, buscando-se olhar com lucidez o que é melhor para o crescimento espiritual de cada um.

O discernimento é que dirá quando se poderá usar da firmeza para conter uma alma do Astral ou uma pessoa encarnada desequilibrada. Contudo, essa força ou firmeza deverá estar carregada de compaixão, sabedoria e isenta de ódio, sem sentimento de vingança ou atitude calcada na violência. O que se cultiva no coração e se traz na consciência é o mais importante. Um ser desequilibrado e no limiar da loucura, assim como um delinquente firme na maldade, em muitas situações precisa de um ato firme e de contenção de suas ações maldosas ou enlouquecidas. Muitas vezes, um ato de amor para com o próximo será uma atitude de controle e de firmeza dura (e até de aprisionamento, dependendo do caso), sob risco de o indivíduo desequilibrado ou mergulhado na maldade causar danos desnecessários a outrem ou ao ambiente.

Educar-se ou ajudar a educar o próximo representa atitude crucial para a melhoria e aperfeiçoamento do ser, e educação sem amor não tem eficácia. Ainda que possa haver qualquer tipo de ajuda a alguém, ela não terá a mesma efetividade e longevidade se não estiver calcada no amor lúcido, esclarecido, sereno e incondicional.

Muitas sociedades terrenas, de países ditos desenvolvidos, se apegam a processos educativos que tentam moldar comportamentos pela pressão social e cultural e até conseguem, mas raramente atingem a essência do ser porque, em geral, lhes falta o afeto imantado nas atitudes. Por isso, muitas dessas almas tendem a reencarnar em sociedades ou países que tenham em suas culturas maior volume e práticas de mais afeto, a fim de que amoleçam seus corações, tornando-se mais amoráveis, fraternas e sensíveis à dor do próximo, sendo levadas ao aprendizado do amor para que ajam consigo mesmas e com os outros não só pelo campo mental, mas também carregadas de sensibilidade.

A educação, como processo de diálogo, ensino, troca de informações, experiências e orientação, seja durante uma sessão de desobsessão ou na conversa com qualquer ser humano encarnado ou desencarnado, deve estar permeada por atitudes de amor sincero, de análise e compreensão, respeito às limitações do próximo, compaixão, desejo verdadeiro de ajudar com atenção, carinho e cuidado. E isso exige paciência, uma firmeza serena, esclarecimento, lucidez, disposição em servir sem esperar agradecimento, e prosseguir com determinação, persistência, autoconfiança, fé nos desígnios superiores e resiliência, cultivando a disposição de recomeçar sempre, com alegria e esperança.

Capítulo 2

O processo mediúnico ao longo da História da humanidade O papel de Kardec e de seus subsequentes instrutores no esclarecimento do tema

Pergunta: - Sempre houve mediunismo ao longo da História humana?

Ramatís: – Sim. Só que no passado havia poucas pessoas com sensibilidade para captar os sinais do Invisível. Algumas foram citadas na Bíblia. Outras surgiram de forma esporádica ao longo dos séculos, numa humanidade extremamente rude e atrasada no campo do conhecimento. Na Idade Média e até meados do século XVIII, vários foram queimados em fogueiras sob a acusação de feiticeiros e hereges, simplesmente porque possuíam sensibilidade mediúnica, alguns até acusados de loucos porque viam coisas e seres do plano invisível. Aliás, essas acusações de loucura ou desequilíbrios mentais persistem até os dias de hoje em muitos lugares, por pura ignorância.

Na época da Atlântida, havia muitos médiuns, chamados de feiticeiros. Na Idade Antiga, igualmente. Desde tempos remotos houve os videntes, leitores de mãos, de runas, cristais, cartas, varas de radiestesia e outros variados tipos de médiuns, que recebiam ativação de seus chacras (em pouca quantidade, se comparado com os dias atuais, mesmo proporcionalmente à população). E existia também os sensitivos que haviam conquistado por esforço próprio aptidões mediúnicas ou poderes mentais, ou aprendizado de técnicas sensitivas com o uso de artes divinatórias. Nos tempos antigos e mesmo atuais, existiam e existem indígenas, aborígenes, nativos da

África e até monges e seguidores do budismo que realizavam e realizam trabalhos mediúnicos, inclusive de incorporação.

Depois que Kardec passou pela humanidade, deixou um conjunto de obras e informações que abriram a mente de várias almas encarnadas para o fenômeno. E a época de Kardec coincidiu com a encarnação de vários médiuns com alta sensibilidade, o que fazia parte de uma estratégia dos planos superiores para acordar a humanidade para o mundo espiritual de uma forma mais intensa, científica e massificada, a fim de mostrar-lhes que havia um mundo paralelo que não podia ser desprezado ou desconhecido. Com o decorrer do século XX, e mais intensamente nas últimas décadas, vem se ampliando o grau de sensibilidade mediúnica em maior quantidade de pessoas.

Pergunta: - Já ouvimos comentários sobre obras dizendo que nos tempos posteriores à partida Jesus para o plano espiritual, Maria e outros discípulos participavam de trabalhos mediúnicos escondidos dos romanos. É verdade?

Ramatís: – Sim. Isso ocorria no interior de cavernas e catacumbas. Mesmo antes e depois de Jesus, muitos povos realizavam trabalhos dessa natureza. Na África, Oceania, Ásia, nas Américas pré-colombianas e mesmo no velho continente europeu (como os vivenciados pelos druidas, vikings, ciganos e outros), havia sessões mediúnicas conduzidas por sensitivos, mestres espirituais ou xamãs. Faziam essas práticas em ambientes reservados e às vezes escondidos da maioria das pessoas, pois havia muitas perseguições por mera ignorância.

Pergunta: - Mas ainda hoje verificamos perseguições ou discriminações, inclusive no Brasil, que tem uma Constituição Federal que garante o pleno exercício da atividade religiosa ou espiritual.

Ramatís: – O mundo melhorou, está menos rude, mas longe dos níveis mais básicos de respeito humano e liberdade a crenças multidiversas. Poucos humanos absorveram de fato os ensinamentos e exemplos de Jesus. Ainda se encontram encarnadas muitas almas atrasadas e repletas de preconceitos, muitas das quais presas a consciências medievais e de séculos passados. Infelizmente não conseguiram se desprender de certos atavismos e memórias aprisionantes da alma.

O sentimento de vingança, os impulsos de orgulho e dominação, o sectarismo, traumas de vivências passadas e impulsos à violência ainda imantam muitas delas, inclusive no Brasil, lugar para onde se direcionaram para o reencarne grande número de almas abertas em suas consciências e aptas a vivenciar tempos aquarianos de visão multifacetada para o universalismo espiritual. Todavia, lugar onde encarnaram também muitos seres necessitados de esclarecimento e amor, atrasados consciencialmente, perdidos e aprisionados a padrões mentais do passado. Essa mescla de almas de várias origens e níveis evolutivos variados cria um ambiente heterogêneo e desafiante, nem sempre fácil mas oportuno para quem deseja colocar em prática os ensinamentos do amor crístico, o respeito à diversidade, com treino de paciência, tolerância e disposição em servir.

O planeta ainda é de expiação e provas, e por isso está sujeito a que haja convivência entre seres de diversos matizes evolutivos, dos mais rudes aos que possuem mais avançado padrão consciencial, de maneira a que estes possam se ajudar, uns aprendendo e outros servindo, e propiciar aos mais avançados o estender das mãos para aquelas almas mais atrasadas.

Essa prática de intercâmbio e aprimoramento pelos atritos fraternos e respeitosos (ainda que em muitas situações não ocorram posturas fraternas, mas violência e rudeza, como fruto de carmas do passado e de aprendizado na adversidade) é inerente a quem decide trilhar os caminhos da evolução sob a égide do Cristo. Traçando um paralelo, é como o esmeril que, através do atrito, burila o diamante bruto, transformando-o em brilhante. A qualidade do brilhante dependerá, no entanto, da capacidade, habilidade e grau de sabedoria do usuário ou condutor do esmeril, que obviamente possui a consciência mais aberta que as pedras brutas.

Pergunta: - Falando da mediunidade de nosso Mestre Maior, naqueles velhos tempos da Palestina, por que Jesus afirmou, em sua passagem pela Terra e em momentos próximos à sua crucificação, que Ele e seu Pai eram um? Isso tem a ver com sintonia mediúnica entre eles?

Ramatís: – Sim. Jesus, anjo que ao retornar ao mundo espiritual ascendeu ao nível nirvânico de evolução (não tendo mais condições energéticas de adensamento e reencarnação na primeira dimensão física, que é a dimensão mais densa, como a existente na Terra), como dirigente do planeta, era o médium com maior sensibilidade e sintonia com o Cristo Planetário, dentre os anjos ligados à gestão do orbe terreno.

Ele era, há 2 mil anos e ainda é, o médium mais fidedigno do Cristo Planetário, o qual, por sua vez, está em sintonia direta e plena com Deus, a Mente Universal, que permeia a todos e a tudo com sua consciência e amor plenos e infinitos.

Em certo momento, Jesus teve plena consciência de sua sintonia direta com o Cristo, sabendo que este estava em sintonia direta com Deus. Quando afirmou que Ele e o Pai eram um, havia plena lucidez de sua parte. Naquele momento, ocorrera sintonia mediúnica direta entre eles três, como um alinhamento cósmico – qual ocorre por vezes nos casos de alinhamentos de astros siderais com forte efeito magnético no Sistema Solar e que permite a sintonia e alinhamento entre os cristos planetários desses orbes, sempre no sentido de estímulo à evolução do conjunto de almas e coisas dos mesmos. Afinal, membros de um mesmo sistema possuem interrelação, interação e interinfluência entre si.

Pergunta: - Naqueles tempos, qual dos discípulos de Jesus tinha a mediunidade mais sensível?

Ramatís: – Todos os discípulos traziam certo grau de sensibilidade, com características diversificadas, em termos de potenciais mediúnicos e habilidades pessoais, mas alguns possuíam-nas com mais intensidade, como foram Pedro, Paulo, os dois Thiagos. Entretanto, João, o Evangelista, era o mais sensível e sensitivo de todos, e com a consciência mais ampliada dentre eles. Era o que possuía a inteligência e intuição mais alargadas, o que mais compreendia a mensagem e missão cósmica de Jesus, e que mais tarde reencarnaria como Francisco de Assis.

Os povos da época, e mesmo a maioria dos discípulos, eram pessoas com limitações intelectuais acentuadas, sem educação formal. Possuíam padrões mentais obtusos, apesar de terem sido ricos em amor e fidelidade ao Mestre, e de terem sido preparados para a missão de apoiar a causa cristã, num tempo de muita rudeza e brutalidade da humanidade. Eram pedreiros, marceneiros, carpinteiros, pescadores, apesar de haver alguns ligados às letras, às atividades públicas e à justiça, mas foram, acima de tudo, mobilizados pelo campo intuitivo e pelos sentimentos. Aliás, era parte do plano maior demonstrar para a humanidade que era mais importante ser uma pessoa simples e rica em amor do que um intelectual corrupto, injusto, arrogante e egoísta – exemplo que serve até os dias atuais para a civilização terrena.

Pergunta: - João Evangelista, assim como outros videntes, a exemplo de Nostradamus e muitos que vieram depois, possuíam uma mediunidade bastante aberta para a época?

Ramatís: – Sim, e eram almas que já traziam certo grau de evolução e sensibilidade conquistados por si próprios. Diferente da maioria da mediunidade ou sensibilidade provocada, existente na época de Kardec e atualmente, a qual é fruto de sensibilização dos vórtices de energia ou chacras, durante o processo de reencarne, que é realizado por mentores espirituais no plano astral.

Pergunta: - Em se tratando de Francisco de Assis, o qual era a reencarnação de João Evangelista, que era vidente: por que não se tem informações de que ele (Francisco) teve visões futuristas naqueles tempos medievais tal como ocorrera a João, quando este compôs os textos do Apocalipse?

Ramatís: – Ele teve muitas visões, intuições e uma percepção incrível da realidade humana e espiritual. Mas não teria sido sua missão naquela encarnação escrever previsões futuras, mas sim disseminar o amor cristão, exemplificar como Jesus fez o que era o perdão, o amor compaixão, o respeito ao próximo e à natureza, o amor fraterno. Ele era futurista em suas atitudes, era ecumênico, o primeiro ecologista conhecido na humanidade terrena, e possuía uma profunda ligação com a Mãe Terra e seus componentes, com o Sol, com anjos e em especial com Jesus e o Cristo Planetário. A simplicidade e a humildade eram os exemplos maiores de sua personalidade naquele tempo, e de sua natureza angelical.

Pergunta: - Quer dizer que, mesmo nos tempos antigos, havia seres que já traziam a sensibilidade mediúnica naturalmente e outros que passaram por sensibilização "artificial" ou por intervenção de guias espirituais?

Ramatís: – Sim. Existem almas que conquistaram por esforço próprio a sensibilidade, que se esforçaram em aprender e a se melhorar intimamente, ou sofreram e se tornaram sensíveis ao sofrimento alheio graças à lapidação dos próprios sentimentos, além de aprendizados com práticas espiritualistas e educadoras da mente como o yoga, meditação, jejum, uso de técnicas de desenvolvimento das potencialidades mentais, realização de trabalhos de diálogo consigo mesmo visando a transformar suas fraquezas e fragilidades morais em fortalezas espirituais – isso, em geral, é inerente a espíritos muito antigos.

Para diferenciar a mediunidade provocada artificialmente pelos guias e mentores, antes do reencarne, daquelas que o ser já traz consigo, alguns denominam essa sensibilidade acentuada adquirida por méritos próprios de: sensitividade ou de poderes paranormais. No caso da mediunidade provocada artificialmente, isso ocorre geralmente para aqueles espíritos que já possuem um certo grau de velhice como almas calejadas em vidas físicas, por já terem encarnado muitas e muitas vezes, mas que não conseguiram colocar em prática o que aprenderam, ao longo de tantos séculos, e tropeçam em suas próprias mazelas e viciações. Então, o plano espiritual superior, graças à infinita bondade divina, cria o mecanismo de sensibilização dos centros de força no corpo astral e principalmente nos vórtices energéticos do duplo-etérico (também conhecidos como chacras) antes de reencarnarem, nos momentos finais de fechamento do processo reencarnatório.

Assim, muitas vezes se vê pessoas com uma sensibilidade e mediunidade aguçadíssimas, mas cheias de imperfeições, desequilíbrios emocionais e com muitos tropeços ao longo da vida. Aliás, muitas dessas almas recebem uma carga enorme de sensibilização mediúnica para ver se, pelo caminho do choque, mudam de rota em suas atitudes e pensamentos viciosos do passado, pois estão calejadas em reencarnes e demoram a internalizar o que já conhecem intelectualmente, em decorrência de reflexos condicionados muito enraizados em vícios, orgulho, egoísmo e apegos materiais.

Não por acaso, muitos desses médiuns, sejam de cura, psicofônicos, psicógrafos, de incorporação ou palestrantes e doutrinadores acabam por se perder no caminho, pois ainda se encontram imersos em suas mazelas passadas, que os viciam, tornando-se prisioneiros de suas próprias egrégoras, resistindo em aceitar a proposta superior de mudar de rota no pensar, sentir e agir, o que exige esforços transformadores.

Muitos desses irmãos com alta sensibilidade mediúnica perdem a oportunidade oferecida pelo plano espiritual superior. Alguns deles cumprem apenas parte do que se comprometeram. Outros poucos conseguem, mesmo com tropeços e quedas, cumprir os compromissos assumidos antes de sua reencarnação.

Lembramos que situam-se aí dois pontos importantes: 1) a necessidade de neutralização de carmas do passado por meio de boas ações. 2) atitudes internas de modificação de sua índole, conduta e padrão de pensar e agir, ou seja, o compromisso com sua própria consciência, decidindo firmemente e tomando a iniciativa de iniciar o processo de autoconhecimento e autotransformação, compreendendo que isso é um trabalho de longo prazo e que o ser deve se sentir feliz por simplesmente já se encontrar no caminho da autorrenovação. Mesmo que ocorram tropeços e aparentes retrocessos comportamentais, deve persistir no caminho.

Torna-se muito importante o ser criar o hábito diário de se exercitar, via meditação e prece, a fim de treinar a humildade no pedir, especialmente solicitando forças interiores para prosseguir na caminhada e vencer suas fraquezas internas. Exercitar diariamente a reflexão em avaliar atitudes, pensamentos e sentimentos, desde os mais íntimos e escondidos no fundo da alma até os mais rotineiros, realizando um trabalho de transformação daqueles pensamentos e atitudes mais rudes e incoerentes com o que já conhece intelectualmente sobre ética cósmica e amor universal.

Pergunta: - Kardec parece que foi muito científico e mental em suas abordagens e menos apegado a práticas espirituais ou pouco ligado à fé espiritual enquanto sentimento. Que tipo de mediunidade possuía?

Ramatís: – Ele era médium intuitivo. Foi um praticante de experimentos e pesquisas científicas. Possuía íntima ligação com o plano espiritual superior, sob inspiração direta e nos momentos de desdobramentos. Enquanto dormia, através de sonhos, ele acessava muitas respostas de que precisava para seguir em sua missão. Era muito mental, trazia uma história pregressa afeita aos estudos (tanto no campo científico quanto no ocultismo) e vivia no país berço do Iluminismo e do Cartesianismo, num tempo em que os riscos do misticismo e sensitividade poderiam colocar em descrédito sua obra.

Kardec tinha uma missão muito específica e se estruturou intimamente por muitas vidas e sintonia com o plano espiritual superior, absorvendo um vasto cabedal de conhecimentos, equilíbrio emocional, firmeza, sensatez e avanços evolutivos indispensáveis para que cumprisse sua nobre e desafiante missão.

Ele veio numa época em que explodiam conceitos rígidos no campo das ciências, baseado no nascente método científico, especialmente da física, química e mecânica. Naquele tempo, começavam os primeiros ensaios científicos no campo da biologia, agronomia e até da sociologia, todas apoiadas pelo pensamento positivista e cartesiano. Pensava-se naquele período que a ciência deveria dominar a natureza e ser a promotora do progresso material. Aliás, esse pensamento ainda é dominante na Terra nos dias atuais – já se percebem hoje os movimentos de vanguarda, sinalizando as vibrações do novo tempo aquariano, em que já desponta no horizonte a revisão desses antigos conceitos, os quais ainda possuem o seu valor e espaço analítico.

Kardec tinha que se adaptar àquela época. Do contrário, não seria nem ouvido. Influenciou movimentos na Inglaterra e nas Américas, principalmente no Brasil. E cumpriu seu papel, inclusive de mostrar que o Espiritismo era antes de tudo ciência e não religião.

Naqueles tempos, a Revolução Francesa e o advento do império napoleônico lideraram o arrefecimento da forte influência (tornando-a quase subterrânea ou oculta) da Igreja Católica na França e sua presença direta na política. Nesse país, surgira o Iluminismo e parte dos novos pensamentos democráticos modernos. Não por acaso Kardec reencarnou na França. Se houvesse reencarnado no Brasil, na Ásia ou em outro país, não teria sido ouvido, ou sua obra não teria tido o eco que alcançou (principalmente no Brasil), e certamente seus efeitos positivos teriam desaparecido.

No século XX, o Espiritismo se expandiu mais intensamente no Brasil, mas certamente e ultimamente está sendo reativado em outros países e mesmo lentamente na França, ressalvando-se que com contornos mentais não tão abertos e com foco mais intelectual e sem as bases da sensibilidade mediúnica, como existente no Brasil.

Apesar de Kardec ter sido possuidor de uma sensibilidade intuitivo-mediúnica bem acentuada, resultado de conquistas ao longo de várias vidas, face à natureza de seu trabalho e à necessidade de cumprir suas metas, o plano espiritual superior e a sua própria consciência e disciplina ferrenha lhe impuseram uma postura mais científica e de experimentador, condição básica para que viesse a realizar e validar seus testes, experimentos e conceitos.

Pergunta: - Chico Xavier parece ter sido o grande médium do século XX. Teve um papel crucial na fixação do Espiritismo e dos mecanismos de mediunidade no Brasil. O que nos diz o irmão?

Ramatís: – Chico Xavier era e é um espírito extremamente sensível, que passara por diversas e dolorosas experiências e aprendizados ao longo de várias vidas, o que lhe propiciou tal sensibilidade aflorada. Mas, além de sua sensibilidade natural, teve auxílio do plano espiritual ao receber mais forte dinamização de seus chacras antes de reencarnar.

Assim sendo, teve uma mediunidade muito aguçada e cumpriu plenamente sua missão espiritual. Mesmo tendo sofrido tentações, soube perseguir sua trilha espiritual, com disciplina e suporte atencioso de seu guia Emmanuel. Ele deixou impactos positivos inimagináveis na difusão dos conceitos espíritas, com amplo reflexo nas comunidades cristãs e espiritualistas, sendo respeitado até em religiões não reencarnacionistas, dado seus exemplos como pessoa lúcida e amorável. Mesmo tendo sofrido perseguições e acusações infundadas, principalmente nas fases iniciais de seu trabalho psicográfico, soube resistir com firmeza e fé. Praticamente todos os brasileiros e muitos estrangeiros, principalmente de origem latino-americana, respeitam essa alma bondosa.

Capítulo 3

Preconceitos, desinformação e artimanhas do mundo invisível inferior

Pergunta: - Onde nasce o preconceito contra processos mediúnicos e práticas espiritistas, mesmo nos dias de hoje?

Savannah: – Nasce no ego e no orgulho dos invejosos e ciumentos. Daqueles que se sentem menores do que realmente são (com complexos psíquicos, baixa autoestima, recalques), olhando a conquista ou oportunidades dos outros com desdém.

Ao mesmo tempo, nasce nos corações e mentes daqueles que se encontram fanatizados ou aprisionados em tradições antigas, desde o tempo em que reencarnavam como defensores de certas práticas religiosas convencionais, com horizontes mentais limitados. E, não raras vezes, essas tradições persistem até os dias atuais em muitos movimentos religiosos, sempre em contraposição ao que os próprios mestres ou entidades de elevada consciência que serviram de referência à criação dessas instituições pregavam no passado, como Jesus, Buda, Confúcio, Maomé ou outros mentores, guias e gurus.

Jesus, como o mais evoluído anjo a descer ao mundo material terreno, foi perseguido e contestado por almas ignorantes e imersas na maldade; e Ele advertiu que seus seguidores o seriam. Portanto, faz parte do aprendizado compreender e ter compaixão pela ignorância, primariedade e brutalidade alheias. O preconceito é um ato de prejulgamento e repulsão àquilo que está em desacordo com a forma de pensar da pessoa, o que significa falta de tolerância, de humildade em ouvir e ver o outro e suas atitudes com mente aberta, compreensão e respeito. Desse modo, é uma atitude anticristã, anti-humanista, arrogante, contrária ao momento da humanidade que busca o entendimento, a paz, a harmonia e o universalismo, às portas de uma nova era aquariana, em que as mentes e corações precisam ser da largura e extensão do Universo.

Pergunta: - Essas mentes fechadas podem estar relacionadas à ignorância ou à desinformação?

Savannah: – Sim, sem dúvida tem relação com ignorância sobre o assunto ou com informação equivocada. O contrário exige que a mente da pessoa esteja aberta ao novo, a conhecer o diferente e a ampliar sua visão, além de possuir ou cultivar um coração desprovido de resistência em ouvir, de sentir-se apto ou pelo menos de se esforçar para processar com parcimônia a informação internalizada, sem fanatismos, sem discriminação. E então, a partir daí, gerar sua conclusão, comentário ou opinião, mas respeitando as diferenças de pensar, sentir e agir do outro, compreendendo que existem formas diferentes de se olhar a vida e o Universo, e de ser como pessoa.

O fato de alguns que se encontram no décimo andar de um prédio possuírem uma perspectiva de visão, com horizonte mais amplo, do que aquele que se encontra apenas no primeiro andar exige o cultivo da humildade de ambos – do que está mais no alto, alimentando a compreensão e compaixão, e do que se encontra mais em baixo, sem condições de olhar os limites do horizonte, respeitando suas próprias limitações.

Pergunta: - Mas nos parece que temos de ter cuidado, precaução, e que devemos olhar com profundidade e prudência, pois muitas vezes a outra pessoa pode estar manifestando uma opinião agressiva e contrária com o intuito de aniquilar o diferente (no nosso caso, o médium ou o processo mediúnico), seja por ignorância ou por pura intenção maldosa. Seria plausível essa forma de pensar?

Savannah: – "Sede mansos como as pombas e prudentes como as serpentes", já afirmava Mestre Jesus. Quando se habita um planeta de provações, como a Terra, realmente é preciso não ser ingênuo e que se esteja com a mente e a sensibilidade aguçadas para perceber as artimanhas e as maldades de seres fantasiados de mansas ovelhas. E isso ocorre tanto nos meios dos encarnados quanto dos desencarnados, nas zonas sombrias e escuras do Astral. Há de fato uma luta entre o bem e o mal, ainda que isso possa parecer contos de fadas – os contos foram inspirados em "fantasias" reais, com roupagem infantil ou lúdica e às vezes com exageros, mas sempre trazendo um fundo de verdade, com amplos aprendizados para o campo psicológico do ser humano.

Existem mentes diabólicas e inteligentes nos planos inferiores do Astral, tentando desmoralizar e destruir todos aqueles que trabalham em prol da paz, da Luz e do amor no planeta. Não nos iludamos que essa luta não exista e que os planos inferiores não se utilizem de armadilhas para criar descrédito entre os médiuns e aqueles que labutam nas falanges do bem.

Essa influência pode ocorrer diretamente de um desencarnado sobre um médium encarnado, na forma de obsessão incisiva ou sutil. Pode ocorrer por intermédio direto de uma pessoa encarnada para outra, sendo a segunda pessoa um médium, por exemplo, e a primeira envolta por uma carga mental e emocional desequilibrada e repleta de egoísmo, vaidade, orgulho e apego fanático e irracional, presa a padrões arcaicos do passado. Ou mesmo, o que é bastante comum, pode ocorrer a obsessão de um desencarnado a um encarnado face à sintonia entre ambos, que se locupletam e se retroalimentam energeticamente no prazer de fazer o mal, de denegrir a imagem de outros, ou de desmoralizá-los, quase sempre com mentiras ou artifícios falsos, para engendrar alguma culpa ou descrédito ao outro, direcionando energias mentais e comentários negativos a um ou a vários médiuns ou ao processo mediúnico propriamente – podendo haver aí cobranças do passado ou mobilização das forças trevosas para aniquilar com movimentos que promovam a Luz.

Existem hordas do mal no Astral, com representantes entre encarnados, imbuídos do propósito maléfico de causar descrédito e destruir a imagem do Espiritismo e da mediunidade, bem como contrárias aos movimentos direcionados à construção de uma nova era planetária apoiada no amor crístico. E essas hordas, sob comando de seres inteligentíssimos e aprisionados a vícios do passado, ao orgulho e egoísmo, se utilizam de mentes frágeis em inteligência e conhecimentos, e ainda que tenham corações endurecidos para o amor incondicional (encarnados ou desencarnados), a fim de os utilizarem como medianeiros dessa destruição.

Por incrível que possa parecer, esses seres maléficos se utilizam de muitos membros de igrejas cristãs, além de muçulmanas e de outros credos, que não se utilizam de práticas mediúnicas de forma ampla e aberta, e que tomam como base conceitos infundados para combater princípios trazidos por Kardec. Vale frisar que muitas dessas instituições praticam a mediunidade, adotando outras nomenclaturas e dizendo que não recebem espíritos de desencarnados, mas o Espírito Santo (que no fundo é a mesma coisa). Reagem por puro preconceito e imaturidade. As hordas inteligentes do mal se utilizam dessas pessoas e almas ingênuas, fixadas em fanatismos e padrões mentais envelhecidos, para atacar (às vezes de forma brutal) a mediunidade e os movimentos espíritas e umbandistas, em suas diversas agremiações.

Esses preconceitos se estendem às casas de origem afro, ainda que muitas destas estejam presas a envelhecidas práticas de matança de animais e outros vícios arraigados e sintonizados com às zonas do Astral inferior e que, sem dúvida, precisam ser renovadas, considerando os novos tempos da era terrena de aquário chegando, que demandam formas de agir, pensar e sentir mais elevadas.

Pergunta: - E onde ficam os protetores espirituais do médium, ou dos processos da mediunidade ou mesmo da causa espírita ou umbandista? Não seria a hora de intercessão dos protetores para evitar esse tipo de arbitrariedade?

Savannah: – Não necessariamente. Pode ser que esteja acontecendo algum processo cármico de resgate de débitos passados. E, também, isso vai depender do grau de proteção criado pelo próprio médium ou da casa espírita e umbandista à qual serve. O pensamento, o sentimento prevalente e as atitudes no dia a dia do médium é que vão ditar seu grau de proteção, por meio de seu campo áurico aberto, mais ou menos aberto ou fechado, aliado às preces e pedidos que esse médium fará, humildemente, para que receba proteção.

E claro, não adianta pedir proteção se a postura do médium não busca estar sintonizada com um processo de autoconhecimento, autotransformação, práticas de caridade e sintonia com a causa do bem. É um exercício de humildade para qualquer ser humano, a começar por aqueles que praticam a mediunidade, pedir proteção diária aos seus guias espirituais, em nome do Cristo.

Sempre que houver pedido e permissão por parte da pessoa para que a proteção chegue e entre no seu lar ou no ambiente de trabalho profissional ou espiritual, e que essa solicitação seja feita com sinceridade, vinda do fundo da alma, certamente ali haverá proteção. Mas essa proteção evidentemente levará em conta balanços áurico-energéticos segundo a extensão dos carmas então envolvidos no processo, bem como do sincero esforço empregado pela pessoa em promover transformações íntimas. Será providenciada pela Espiritualidade proteção, conforme o merecimento de cada um, no sentido de se evitar interferências negativas, seja por parte de pessoas intrusas ou por entidades maléficas em atingir a imagem ou estrutura dessas pessoas, das casas de trabalho espiritual e da prática da mediunidade.

Há muitas pessoas, e nesse escopo incluem-se médiuns e membros de casas espíritas ou de Umbanda, que trazem carmas do passado, fruto de atos contrários a outrem, que atingiram a imagem e as estruturas de pessoas ou de instituições espirituais ou religiosas em tempos antigos. Assim, precisam resistir com fé, autoconfiança e resiliência, a seus processos cármicos, recebendo o que plantaram no passado, sem ódio, sem instinto de vingança ou contendas, mas com compreensão, firmeza, compaixão e permanecendo com seus propósitos e práticas espirituais de forma pacífica e respondendo com o bom exemplo e esforços de transformação íntima. Tais esforços e propósitos serão o fiel da balança nos processos protetivo-espirituais. A Espiritualidade ajuda, mas é preciso que cada um faça a sua parte.

Pergunta: - Temos visto há vários anos a Igreja Católica, com os carismáticos, e várias instituições evangélicas com muitos crentes sensíveis, que recebem a inspiração ou a incorporação que dizem ser do Espírito Santo. Isso não seria prática mediúnica?

Savannah: – Sem dúvida alguma. Enquanto os centros espíritas e umbandistas recebem a inspiração ou incorporam entidades do plano astral, os quais se manifestam como tal, os irmãos cristãos católicos e evangélicos recebem o "espírito santo", que na verdade, em grande parte das vezes, são entidades do plano astral ligadas às falanges do Cristo e que se apresentam anonimamente como o "espírito santo".

Capítulo 4

A inspiração nas ciências, nas artes e no dia a dia

Pergunta: - De que forma se processa a mediunidade nas ciências?

Savannah: – A todo momento. Reafirmando mais uma vez: todo ser humano é médium por natureza: uns mais sensíveis que outros, uns mais intuitivos que outros, ou com a visão e audição espiritual mais aguçada que outros, e assim por diante.

Um pesquisador ou cientista, quando está criando ou buscando uma solução para algum problema na agricultura, na biologia, na medicina, na física, na química, no direito, nas áreas sociais e de gestão ou qualquer ramo das ciências, tem possibilidade de receber ajuda espiritual, por meio intuitivo ou inspirativo. A inspiração nada mais é que a captação intuitiva, auditiva sutil e até por meio de sonhos, quando recebem sinais, imagens, sons, textos, poesias e informações vindas do mundo espiritual.

E esse processo será mais ou menos constante e fidedigno no intercâmbio, tanto quanto estiver a mente e o coração desse profissional aberto ou fechado em sua essência. Por exemplo, um cientista que tem bom coração, tem intenções sinceras e positivas, no sentido de descobrir algo necessário para a humanidade ou para seu campo profissional, terá grandes chances de ser intuído por amigos espirituais ou por cientistas desencarnados que tenham o mesmo propósito de gerar soluções para a melhoria da qualidade de vida da humanidade ou visando ao avanço da ciência.

Aliás, isso ocorre também para o lado negativo. Ou seja, cientistas que buscam desenvolver soluções para a guerra ou criação de bombas e artefatos militares, certamente terão assessoria invisível de cientistas desencarnados sintonizados com esses propósitos.

Pergunta: - Pode ocorrer aquilo a que o psicanalista austríaco Carl Gustav Jung se referia ao falar da sincronicidade, ou processo de intercâmbio mental espontâneo entre aqueles que pensam igual, mesmo entre pessoas encarnadas? Isso não deixa de ser uma manifestação mediúnica?

Savannah: – A sincronicidade se refere a não casualidade de acontecimentos ou encontros, mas a determinada causalidade. Quer dizer, há alguma causa para que ocorram certos encontros ou acontecimentos. É a sintonia entre energias ou fluxos vibratórios mentais e emocionais que se encontram sintonizados entre encarnados, nos quatro cantos do planeta, ou entre pessoas e coisas que possuem vibração igual ou semelhante. Os iguais se atraem, seria o resumo desse conceito. Essa sintonia pode ocorrer também entre encarnados e desencarnados que estejam num determinado orbe planetário, ou mesmo entre os desencarnados.

Sincronicidade nada mais é que sintonia vibratória entre almas e energias que estão no mesmo diapasão frequencial e de interesses, podendo ocorrer até mesmo entre almas que estejam em planetas diferentes. Obviamente que, em razão das distâncias físicas, isso ocorre com menor frequência ou possibilidade, mas não é impossível. Aliás, é comum para seres com elevado grau de evolução mental-espiritual. É certo porém que, olhando-se por um prisma mais amplo e sem barreiras mentais, a sincronicidade propagada por Jung pode ocorrer não apenas em situações do mundo material ou de seres encarnados, mas por influência espiritual de um desencarnado sobre alguém encarnado ou alguma situação ou coisa nos planos astrais ou físicos.

Por exemplo: alguém que busca encontrar uma pessoa ou alguma coisa, e então o que ele buscava se materializa. Nesse caso, pode ter sido por mera influência da mente encarnada buscadora daquilo, por conta da atração vibratório-energética (a mente é criadora; Jesus já falava que se a pessoa tivesse a fé do tamanho de um grão de mostarda moveria montanhas) ou por interferência espiritual de alguma entidade amiga que o ajudou a encontrar a pessoa ou algo que ela procurava.

Na medida em que podem ocorrer processos de sincronicidade ou sintonia entre encarnados e desencarnados, certamente isso denota ser um processo mediúnico, mesmo não havendo consciência por parte do encarnado de que isso esteja ocorrendo. Essas situações são bastante comuns no campo dos intercâmbios mentais nas ciências, nas artes e na vida cotidiana.

Pergunta: - Então, nas artes, esse intercâmbio ocorre com frequência, seja na composição de uma música, poesia, ou na criação de um roteiro de filme ou de peça teatral, ou no momento de se desenhar, pintar ou trabalhar algo? E não haveria criação do próprio artista, sem interferência externa ou de algum espírito?

Savannah: – Em qualquer atividade humana ocorre o intercâmbio mental-emocional e inspirativo entre almas encarnadas e desencarnadas e vice-versa, na grande maioria das vezes, sem consciência do encarnado. Nas artes, esse intercâmbio mediúnico é ainda mais usual. Porém, nada é fixo, imóvel ou sem dinâmica no Universo. E o processo criativo obedece a essa dinâmica de parceria entre o mundo invisível e o visível, mas pode sim ocorrer de a criação ser mérito apenas de um encarnado.

O momento em que os seres humanos mais se parecem com Deus, o Criador, que é pura criação e criatividade cósmica, é quando eles criam algo, geram um filho, inventam alguma tecnologia ou produto, têm uma ideia. A criatividade é inerente à criatura criada por Ele. Contudo, o intercâmbio entre o visível e o invisível, e vice-versa, é muito mais comum e usual do que o mundo material possa imaginar.

A questão da sincronicidade abordada anteriormente nos faz mencionar que, ao se pensar, sentir ou fazer algo, no mundo das formas, automaticamente criam-se formas-pensamento e formas-sentimento no plano etérico e astral e, junto com elas, ondas, frequências, energias que se movimentam no espaço e no tempo, alcançando mentes encarnadas e entidades desencarnadas sintonizadas frequencialmente com aquelas emissões. Essa sintonia pode ficar circulando e conectando somente várias mentes entre si ou podem aproximar astralmente uma ou mais entidades àquele emissor original da onda (o que é muito comum). Essa emissão de ondas mentais-emocionais (densas, medianamente densas ou sutis) podem também ser estimuladas por alguma entidade desencarnada sobre uma mente encarnada.

Pergunta: - E quando se cria uma música pesada ou algo que tem baixa vibração ou que induz outras pessoas a pensar ou sentir algo ruim, como energia densa, dor de cabeça, impulsos de violência, mal-estar, tristeza, depressão?

Savannah: – Todos somos filhos de Deus em caminhada evolutiva rumo à Luz Central da Vida, e todos os seres criados por Ele, desde o nascedouro cósmico (como mônadas ou *atmans*), puros, mas necessitados de despertar suas consciências, passarão por inúmeros reinos (mineral, vegetal, animal) até chegar ao reino humano e iniciar um processo de despertamento e ampliação de suas consciências e de sua capacidade de amar. Essa caminhada será muito longa, por milhares, milhões, bilhões de anos, passando por vários planetas. E como filhos, nenhum será abandonado, ainda que alguns se atrasem no caminho, por serem mais revoltosos ou renitentes em encontrar a Luz. O fototropismo é inerente à existência, em qualquer paragem do Universo.

Assim, nessa longa trilha, existem uns que avançam mais que outros, que se atrasam na escola evolutiva dos vários orbes planetários espalhados pelo Cosmo infinito, como há seres mais rudes e atrasados, os quais, certamente, criarão coisas de cunho material e espiritual vibratoriamente mais grosseiros ou de natureza atrasada, e nem por isso deixarão de ser filhos de Deus. Ele os perdoará e os compreenderá por suas imperfeições e rudeza, e terá paciência porque sabe que um dia retornarão à sua casa, após muitas experiências amadurecedoras de suas almas.

Nesse sentido, é natural que existam entidades rudes e atrasadas inspirando pintores, músicos, cientistas e tantas pessoas em diversos ofícios similares ao que gostam ou com que vibram. Nisso se incluem as hordas que inspiram traficantes de drogas, roubos, crimes contra a vida humana e todos os tipos de maldades e de estímulo a vícios degradantes, num contínuo intercâmbio entre o mundo dos espíritos e dos encarnados. Esse intercâmbio mediúnico é inevitável, em que pese a grande massa das pessoas encarnadas não se darem conta disso.

Quanto ao sentir-se mal, com dores de cabeça, mal-estar ou sensação pesada ao ouvir certas músicas de baixo teor vibratório, certamente isso ocorre com quem já possui mais evolução e sensibilidade espiritual, pois, ao contrário, aqueles ainda presos aos ambientes e energias densas sentir-se-ão alimentados e em sintonia com as vibrações desses acordes musicais ou letras que só estimulam o aprisionamento a vícios e práticas violentas, desequilibradas e apegadas ao mundo denso da matéria, certamente sintonizados com as zonas umbralinas, abismais ou densas do Astral.

Pergunta: - E no que se refere a influências no dia a dia? Como se processa essa relação entre encarnados e desencarnados?

Savannah: – O processo mediúnico se processa a cada minuto da vida, com qualquer pessoa, pois, reafirmando o que já dissemos, todos os seres humanos são médiuns, sendo uns mais sensíveis que outros, uns com essa sensibilidade hiperaguçada e outros mais embotados pelo próprio estado mental-emocional e atitudes em que se envolvem cotidianamente, sendo uns mais atentos que outros. Uma alma embrutecida ou uma mente tensa e ansiosa, certamente terá mais dificuldades em sentir e observar os sinais e influências do mundo espiritual.

Basta se emitir ondas mentais-emocionais que naturalmente ocorre a conexão entre mentes e almas (encarnadas ou desencarnadas) sintonizadas com essas emissões, incluindo aí sintonia com egrégoras (energias formatadas nos planos invisíveis) ou formas-pensamento e formas-sentimentos, sejam boas ou más, sutis ou pesadas, com frequências rápidas e dinâmicas ou lentas e letárgicas. Essa conexão poderá ser, ainda, com o mundo interior da própria pessoa, por intermédio do acesso ao arquivo de dados, memórias contendo informações, conhecimentos e experiências em nível subconsciencial ou inconsciente adquiridos em inúmeras vidas. Essa múltipla interação informacional é extremamente dinâmica: com o mundo externo e interno da pessoa, de seres visíveis e invisíveis – a conexão ocorre por meio das múltiplas energias em forma de pensamentos, informações, sensações, emoções e impulsos.

Desde os velhos tempos da humanidade, existe essa relação mediúnica de troca de informações, interinfluências e intercâmbios entre o mundo espiritual e dos encarnados, tanto para o lado do bem como no sentido dos ignorantes, viciosos e maldosos. Só que nos dias atuais, principalmente desde a vinda de Kardec, esse processo de intercâmbio tem se ampliado paulatinamente no mundo terreno, até pelo aumento da população no orbe planetário; com mais vigor nas últimas décadas e de forma mais ampla e profunda nos dias e anos vindouros, tanto para o bem como para o mal, pois cabe a cada um escolher a sua rota, graças ao livre-arbítrio.

De modo geral e considerando o estágio evolutivo atual da Terra, um ser encarnado está normalmente cercado ou próximo a entidades espirituais, sem se dar conta desse fato – apenas médiuns mais sensíveis conseguem se perceber tais presenças. A maioria dessas entidades é composta por seres perdidos, desorientados, revoltados, aprisionados aos bens e vícios do mundo material. Claro que existem também os maldosos, que agem na maldade de forma espontânea e patologicamente fria, a exemplo do que ocorre numa via pública normal de uma cidade terrena, quando existem pessoas de todos os matizes conscienciais.

Se nessas ruas de cidades existem muitos transeuntes, no plano invisível existem duas, três, quatro ou cinco vezes mais almas desencarnadas transitando do que encarnados, dependendo do tipo de ambiente e situação, e carregando todo tipo de interesse e de padrão vibratório.

Mas é importante lembrar que há não apenas espíritos perdidos, viciados ou maldosos transitando pelas ruas das cidades. Existem também seres do bem, prontos para ajudar ou intervir numa situação de necessidade. E podem também ser guias espirituais que estão acompanhando seu tutelado. Existe, ainda, a situação em que um encarnado transeunte faz uma prece ou pede uma ajuda espiritual e, dependendo da situação e merecimento, entidades de planos superiores podem surgir repentinamente entre os transeuntes para proceder ao socorro ou ajuda. Essas situações podem ocorrer dentro de casa, no ambiente de trabalho, na associação, igreja, clube ou qualquer lugar.

Obviamente que num ambiente de energias densas a predominância de entidades de vibrações pesadas será proporcional ao local. Num ambiente aberto e energeticamente mais disperso ou difuso, igualmente entidades de variados tônus vibratórios ali estarão, com suas vibrações espalhadas pelo lugar.

Às vezes, essas energias densas em ambientes abertos ou mesmo em certos locais fechados (como dentro de centros de trabalhos espirituais) podem ser filtradas com a ajuda de entidades que conheçam profundamente os mecanismos das forças naturais (como xamãs, magos do bem), que mobilizam forças da natureza, como do vento, das matas, da cachoeira, das pedras, do rio ou do mar, amenizando ou ajudando a minimizar danos energéticos no mundo astral e etérico pesados. As forças divinas da natureza e o plano espiritual superior estão sempre de "braços abertos" para ajudar incondicionalmente o próximo ou minimizar o lixo mental-emocional produzido pelos humanos terráqueos.

Quando caboclos, xamãs, magos do bem ou alguém que conheça bem a manipulação das energias do ambiente são mobilizados, por pedido de um encarnado ou desencarnado, eles entram em ação, mobilizando as forças da natureza – quase sempre demandando apoio de elementais e devas, de modo a sanear as energias densas presentes.

Os bons pensamentos e sentimentos alimentam saudavelmente pessoas e entidades desencarnadas sintonizadas com esse "alimento energético" e, havendo reciprocidade, ocorre verdadeiro processo simbiótico positivo e construtivo. Da mesma forma, pensamentos e sentimentos energeticamente pesados satisfazem pessoas e entidades com o mesmo diapasão frequencial.

Essa troca de energias, com intercâmbio de ideias, emoções, impulsos instintivos, e alimentação mútua de vibrações, sempre ocorreram e ocorrerão entre encarnados e desencarnados, em qualquer ambiente e de conformidade com a intenção, sentimento e pensamento emanados de ambas as partes, de um encarnado em direção ao invisível e vice-versa. E isso tudo pode se reafirmar e se resumir numa frase: é natural, comum e coexistem constantemente intercâmbios mediúnicos, ainda que de forma inconsciente – quase sempre sem a devida percepção ou noção por parte do encarnado.

Pergunta: - Então esse intercâmbio, mesmo que inconsciente por parte do encarnado, pode ocorrer no ambiente de trabalho profissional também?

Savannah: – Sem dúvida. Conforme já abordamos, em qualquer ambiente ou situação. Um ser do bem e sintonizado com as forças superiores, seja um guia espiritual ou qualquer servidor anônimo do Cristo, poderá auxiliar um médico e/ou enfermeiro numa cirurgia, em atendimento rotineiro ou numa consulta. Um outro anônimo servidor do bem poderá intuir um pesquisador no campo da engenharia, biologia ou da agronomia, ou um trabalhador rural, um faxineiro, um pedreiro, um comerciante, um funcionário público ou qualquer cidadão em serviço digno à sociedade ou ao bem comum. Portanto, qualquer um poderá estar atraindo e recebendo as mais diversas ideias, sugestões e frequências mentais-emocionais.

Em várias situações, o encarnado achará que ele está tendo uma ideia ou mobilizando uma vontade que veio de dentro de sua alma (e poderá ocorrer isso sim, também), mas em muitos casos poderá será fruto de uma influência espiritual, ou seja, de um intercâmbio mediúnico, que ocorrerá evidentemente segundo a sintonia existente entre as almas, a abertura mental do encarnado ou em decorrência da bondade superior cobrindo as almas humanas, em atendimento a um pedido de alguma entidade amiga ou em decorrência das preces diárias do encarnado.

Pergunta: - Desculpe-nos, mas essa interação entre os dois mundos não parece demonstrar interferência excessiva dos planos invisíveis sobre o visível? Os planos sutis não deveriam deixar a vida material correr sem interferência e segundo o livre-arbítrio de cada um e do conjunto? Quando Jesus disse: "Dai a César o que é de César e a Deus o que é de Deus", não estava se referindo ao fato de que existem leis na Terra que devem ser cumpridas e leis espirituais que devem igualmente ser seguidas? Em outras palavras, não estaria Ele aludindo ao fato de que cada mundo (visível e invisível, respectivamente) deve cuidar de si?

Savannah: – Quando Jesus mencionou essa máxima, estava se referindo à necessidade de os seres humanos encarnados cumprirem as leis terrenas (pagamento de impostos e outros preceitos básicos normativos da época, por exemplo), as quais estavam sintonizadas com o grau evolutivo, com a cultura e as necessidades humanas daquele tempo e lugar. Essa expressão serviu para os demais períodos subsequentes da História da humanidade e também para os dias atuais.

E ao falar que deve se dar a Deus o que é de Deus, referia-se Jesus às leis maiores, à Lei da Ética e do Amor Universal (Lei do Carma, por exemplo), de modo que, esta lei sendo maior, contempla a lei de César, que é menor.[9] Mas, naquele momento, não caberia a Jesus fazer explanações sobre um tema de extrema complexidade para a mente e a cultura da época, pois ninguém presente ali o entenderia.

---

[9] Nos balanços cármicos, análises complexas são realizadas pelos anjos de carmas e especialistas no assunto no plano invisível, as quais levam em consideração aspectos culturais e legais de uma época e do lugar onde se encontram os encarnados, sendo aplicados fatores redutores nos cálculos, dentre outras considerações como: o(s) efeito(s) direto(s) de causa e efeito sobre quem praticou algo de bom ou ruim, conforme seus impactos em uma ou mais pessoas e seus efeitos ao longo do tempo. Entretanto, isso não anula a consciência maior sobre tudo que tem um peso apropriado.
Nota do médium: na obra *O Sentido da Vida: da engenharia de carmas ao processo de autotransformação*, publicado pela **Editora do Conhecimento**, há vasta explicação sobre este assunto.

O mundo material tem evidentemente as suas leis apoiadas na cultura e no grau de evolução da civilização e, a propósito, elas são bastante variáveis conforme os vários países e culturas da Terra, em que pese existirem alguns princípios gerais aplicáveis à grande maioria das nações.

De qualquer modo, as leis e normas culturais de um lugar e época devem ser respeitadas, e cada indivíduo tem o ambiente, o governo e a sociedade que merece, em face de sua história pregressa, seus carmas e necessidades evolutivas. Ou a pessoa pode ter aceitado vivenciar voluntariamente certo tipo de existência, e antes do seu reencarne ter concordado em passar por certas situações e viver em determinados ambientes (como provação ou sacrifício e como agente do bem para ajudar a evoluir aquela comunidade ou sociedade). Nada é por acaso e está tudo certo, segundo os desígnios superiores. Nesse contexto, há aquelas almas que encarnam de forma compulsória, dado o baixo nível evolutivo ou orgulhoso grau consciencial em que ainda se encontram.

Cabe a cada um saber se adequar ou transitar por certos ambientes e desafios, devendo usar com sabedoria "o caminho das pedras" para lidar com o ambiente físico e social em que esteja inserido; do contrário, estará sujeito à Lei do Carma, a qual variará sua aplicabilidade conforme cada situação e realidade espiritual individual.

Quem está no orbe terreno pertence à Terra e, portanto, tem suas responsabilidades individuais para com o planeta, independentemente de serem almas desencarnadas ou encarnadas. Os que avançaram mais no campo intelectual e espiritual (o que, em grande parte, denotará serem almas mais velhas), em qualquer parte do orbe, terão naturalmente mais responsabilidades sobre a vida invisível e também visível do planeta – e isso pressupõe exercitar o amor fraterno e a expansão da consciência onde quer que se encontre, com a vestimenta biológica ou com o corpo astral, seja lá vinculado a que país ou comunidade esteja.

Quem está encarnado, um dia voltará para o mundo dos desencarnados, e quem está no plano invisível terá seu momento de reencarne, com exceção das entidades que não precisam mais reencarnar na Terra e que se encontram no plano invisível do orbe terreno como colaboradores da fraternidade cósmica, em razão do seu saldo cármico e do grau de consciência que já atingiram. O período em que a alma ainda em evolução fica no plano astral ou mental é como se fosse um estágio preparatório para voltar ao mundo físico e, como tal, espera-se que o ser tenha interesse em que esse mundo físico esteja cada vez melhor, mais rico em paz, amor e harmonia. Quem está no mundo físico, tem que ajudar a melhorar a vida material, as relações sociais, contribuir para desenvolver e vivenciar princípios e práticas cidadãs – de respeito humano individual à convivência coletiva –, colaborar para melhorias no campo do conhecimento científico e na geração de tecnologias que proporcionem melhor infraestrutura e qualidade de vida, dentre outros compromissos, desde as tarefas mais simples às mais complexas. Mas, acima de tudo, que cada qual cumpra seu papel segundo as regras sociais e leis de onde esteja vivendo.

Em meio a essas trocas periódicas de roupagem física e recuperação do corpo astral, o ser vai e volta ao mundo físico e invisível, e vice-versa, e uns esperam que o mundo físico esteja cada melhor, mais humano, mais saudável e equilibrado. Igualmente esperam, ao retornar ao mundo invisível, que possam ser atraídos para um plano astral espiritual cada vez melhor, mais harmonioso, pacífico e amorável.

Ao mesmo tempo, existem aquelas almas que desejam um mundo visível ou invisível cada vez mais perverso, mergulhado em instintos desequilibrados e dependente das paixões inferiores, um ambiente de competição voraz onde os mais fortes vencem ou destroem os mais fracos, um ambiente rico em inveja, ciúme, arrogância, vaidades, egoísmo, e assim por diante. Ora, o clima bom ou ruim existe no mundo invisível e visível, dependendo para onde a alma se desloque ou seja levada, consciente ou inconscientemente, mas certamente alinhada com as leis cósmicas e atraída por suas frequências mentais-emocionais.

Baseado no que explanamos, parece ter ficado claro que não há como se desvencilhar o mundo visível do invisível e vice-versa, pois são dois sistemas abertos que inevitavelmente se interrelacionam, interagem e se interinfluenciam. O ser humano encarnado pode fechar os olhos e não querer ver o que existe de fato ao seu lado, seja visível ou invisível, vindo de dentro de si ou de fora. Aliás, em face do nível de imaturidade espiritual ainda prevalente na Terra, é o que ocorre com a maior parte da população terrena encarnada.

A propósito, só pelo fato de a pessoa estar dormindo, seu corpo astral estará descolado do corpo físico e, portanto, naturalmente sujeito à influência do mundo astral dos desencarnados e de interação com ele, sendo vibratoriamente atraído para locais densos ou sutis, para trabalhar em ajuda no sentido do bem, ou não. Sua alma será atraída para o ambiente condizente com o que normalmente pensa e sente, e principalmente para locais sintonizados com as vibrações que emana nos momentos em que se encontra deitado e quase "pegando" no sono.

Obviamente que a pessoa poderá ter um sono em que esse desprendimento do corpo astral seja muito sutil, permanecendo quase colado ao corpo físico e, com isso, terá sonhos puramente psicológicos, relacionados com seu subconsciente. Ainda assim, o que gerar de vibração decorrente desse mergulho interior inconsciente ou subconsciente, implicará em atração de energias e entidades amigas de planos invisíveis, equilibradas ou não. Essa relação com planos sutis, durante o mergulho interior de cada um, e de intercâmbio externo com o mundo astral dos desencarnados é inerente à natureza humana, não há como fugir disso.

Existe um processo de cooperação, a partir do mundo invisível, para proteção e auxílio, através dos guias ou anjos da guarda, e abertura de inspiração rumo à melhoria material e espiritual por meio daqueles que se encontram encarnados, via processo mediúnico consciente ou não. Por outro lado, existem almas desencarnadas que estão à espreita para interferir no mundo dos encarnados, seja para roubar energia vital, para sugerir atitudes nada nobres e uma série de intervenções em verdadeiros processos de simbiose, ou invadindo a aura (mente e coração) de pessoas desavisadas, ignorantes e fixas em suas mazelas íntimas.

É tudo uma questão de escolha. Ou se toma conhecimento dessas realidades, amplia-se a consciência e aprende-se a lidar com as próprias imperfeições e sugestões das Sombras, ou se torna um zumbi, um ser manipulado pelo invisível mal-intencionado. Vendo por outro prisma: ou então se aprende a interagir com o lado invisível positivo e torna a vida mais produtiva, construtiva e com maior disposição em servir, e assim busca-se melhorar intimamente para, um dia, quando desencarnar e sair da vida física, ser atraído para um lugar melhor no astral.

Pergunta: - Então, pelo que foi dito anteriormente, parece bem clara a influência mediúnica na área profissional, espiritual ou em qualquer atividade humana voltada para o bem ou para o mal?

Savannah: – Sim. Um traficante ou um cientista, a serviço de forças trevosas, certamente estará em sintonia com entidades que o induzirão a certas práticas ou caminhos degradantes e distantes dos princípios do amor, da ética e da paz.

Pergunta: - Um escritor que aborda temas históricos, ou mesmo um historiador, ou ainda, um roteirista de um filme ou de algum enredo que fala de situações antigas, fatos históricos, por exemplo, pode ser inspirado por alguém do plano invisível ou mesmo pode acessar informações em seu subconsciente por ter vivido os fatos sobre os quais está escrevendo?

Savannah: – É possível que haja uma ou outra coisa, ou mesmo pode haver uma combinação entre todas elas. Isto é, uma pessoa que se sente compelida ou mobilizada intelectual e emocionalmente a escrever sobre fatos históricos e o faz com empenho e motivação, certamente já os viveu. Ninguém ama o que não conhece. Ninguém sente atração por algo que não tenha ressonância em seus arquivos subconscienciais ou inconscientes, fruto de vivências passadas.

E isso serve tanto para pessoas numa situação em que, ao conhecer alguém, se tem a impressão de já tê-la conhecido antes, mesmo sem nunca a ter visto, como para lugares que se visita pela primeira vez e se tem aquela sensação do *déjà vu* (de já ter visto antes). O mesmo pode ocorrer ao se ler sobre certos fatos e lugares e algo tocar profundamente a alma, com boas ou más sensações, pois dependerá do tipo e qualidade da vivência passado, ou ao se ver fotos de um lugar onde nunca se esteve e ter a sensação de familiaridade.

Muitos historiadores, escritores e elaboradores ou diretores de roteiros de filmes e novelas, enquanto escrevem ou pesquisam em livros ou escritos históricos, em muitos casos, estão revivendo situações similares às que vivenciou no passado, ou viu situações semelhantes, ou acompanhou e observou de longe (por ter vivido na mesma época, ou por ter tido notícias e ter ouvido pessoas naquele tempo que passaram por situações abordadas na escrita ou no roteiro). Dessa maneira, informações que estão em arquivos subconscienciais são estimulados e sobem para o nível consciente em forma de impressões, sensações e inspiração para a escrita. A título de exemplo, o escritor italiano Umberto Eco foi padre franciscano na Itália, na Idade Média, e, ao escrever sua obra *O Nome da Rosa*, foi inconscientemente e com ajuda de seu guia, buscar informações em seus arquivos mentais subconscientes do passado, tratando de assuntos com os quais conviveu e teve notícias por terceiros, naqueles tempos.

Tal conexão pode ainda ser mais acentuada se o guia espiritual tocar em certos pontos dos chacras e de dados de arquivos akásicos do encarnado, despertando com mais nitidez essas lembranças que, de modo geral, o escritor vê como inspiração apenas. Essas "lembranças", aparentemente espontâneas, podem ainda ser complementadas pelo guia ou por entidades com que ele conviveu no passado, ou que vivenciaram aqueles fatos diretamente, reforçando informações sobre as quais escreve.

Capítulo 5

O exercício da humildade e a compreensão de que nada se faz sozinho

Pergunta: - Pelo que nos foi explicado nas perguntas anteriores, fica bastante claro que o ser humano não cria, nem produz ou trabalha sozinho...

Savannah: – De certo modo sim. Mas é preciso "ler" essa situação com certa relatividade. O ser humano, à semelhança de Deus, também é criador, dentro dos seus limites pessoais. Portanto, o ser humano cria e tem suas realizações pessoais sim, mas não se pode esquecer que o intercâmbio com o mundo invisível também ocorre de modo natural e espontâneo, às vezes de forma intermitente, temporária, às vezes de forma mais intensa e constante.

Relembrando o que já afirmamos: esse intercâmbio ou trocas mediúnicas constantes ou periódicas ocorrem tanto para o bem ou lado construtivo da vida, como para o mal ou lado destrutivo. Da mesma maneira que existem pessoas encarnadas do bem, com boa índole, ainda que cheias de imperfeições a ser lapidadas, existem também as negativas e de má índole, também repletas de imperfeições, de modo que a interação entre os dois mundos (espiritual e físico) é incessante. Mas a maioria dos encarnados não se dá conta disso, nem do quanto as pessoas do plano material são usadas por entidades negativas, maléficas, desequilibradas ou desorientadas e perdidas.

Nesse bojo, existem, claro, aquelas almas desencarnadas que se encontram sofridas, perdidas, desorientadas, vagando pelo mundo astral umbralino e, em muitos casos, são atraídas para a convivência com encarnados, interagindo com o plano físico, pois estão presas instintiva, emocional e conscienciálmente a ele. Permanecem invisíveis a estes, de quem se aproximam nem tanto por maldade, mas por ignorância, e acabam sugando-lhes a energia vital, muitas vezes involuntariamente, sintonizados que estão com elas, criando por conseguinte um ambiente de tristeza, insatisfações ou outros sentimentos, e até estimulando o consumo de certas comidas ou práticas sexuais desvirtuadas ou sem amor sincero, por carência e dependência afetiva e instintiva. Mas, ao final, sempre realizando vampirismo e trocas energéticas.

A arrogância de muitos seres humanos os predispõe a pensar que fizeram ou criaram algo sozinhos, cheios de si, mesmo no caso daqueles que possuem boas intenções no campo das ciências, das artes, dos cargos públicos ou nas mais simples profissões ou atividades humanas. Esse orgulho envaidecido permeia grande parte da humanidade e das coletividades terrenas, tanto em atividades visando ao bem comum como naquelas enraizadas na maldade, na alimentação de vícios ou apegos escravizados pelo mundo denso da matéria.

É certo que as pessoas trazem potenciais e experiências do passado, de tantas vidas pregressas, e estas sem dúvida se manifestam no dia a dia, nos processos criativos e afazeres. Dessa maneira, há méritos, sim, no que cada individualidade produz e realiza graças aos seus potenciais e habilidades pessoais. Por sinal, espera-se que isso ocorra de fato, já que demonstra que o ser está evoluindo mentalmente e se aperfeiçoando em habilidades diversas. Contudo, não raras vezes a produção criativa e a construção de pensamentos e mobilização de sentimentos que balizarão atitudes no cotidiano possuem participação do mundo invisível.

E, nessa complexa relação, que é multidimensional ou multifacetada, ocorre intercâmbio constante entre o subconsciente e inconsciente do indivíduo e seu campo consciente. Afinal, o ser humano quanto mais velho como espírito mais informações, experiências, conhecimentos e habilidades trará consigo, em sua alma milenar. Soma-se a isso, o fato de cada ser trazer sua centelha divina e, nesse caso, é claro que preexiste um universo infinito de informações imerso no seu inconsciente.

Quanto mais a pessoa meditar, amadurecer e mergulhar em seus níveis desconhecidos da alma, via autoconhecimento, mais desbloqueará o conteúdo que lá existe e mais ampliará sua consciência e sua criatividade, sejam potencialidades, aspectos construtivos ou mazelas a ser lapidadas. Agrega-se a isso tudo, a interação com o mundo invisível dos espíritos. Tudo isso pode se misturar, ocorrer simultaneamente, ou pode haver predominância de uma fonte ou de outra, conforme cada momento ou contingências da vida. Tudo é muito dinâmico e complexo, mas é real.

As entidades negativas não pedem licença, e costumam invadir a individualidade áurica ou mental-emocional de encarnados desavisados ou com elas sintonizadas. De outro lado, entidades do bem pedem licença para interagir com o encarnado, seja durante o sono ou mesmo quando este faz uma prece e pede ajuda, ou interagem também quando uma terceira pessoa pede ajuda ao Alto para interceder numa situação que envolve alguém querido, um familiar, um amigo, um conhecido ou pessoa ligada mental ou carmicamente a ela.

Um exemplo desse último caso pode ser verificado em situações de cirurgias, casos de emergências ou de acidentes, dentre outros. Ou quando uma mãe, um pai ou pessoa muito querida solicita ao Alto ajuda para alguém que esteja numa situação de dificuldade no campo da saúde, com entraves financeiros por falta de emprego e renda, desafios numa prova, momentos difíceis na vida ou outro tipo de dificuldade ou risco qualquer. Então, o plano espiritual superior delibera que haja intervenção de ajuda ou suporte àquele(a) necessitado(a), mesmo que este não esteja sabendo, não tenha solicitado ou não possua noção alguma dessa ajuda – é claro que isso envolve questões de méritos, fatores cármicos, desafios ao progresso individual e outras questões que são analisadas de forma lúcida pelos guias, conforme cada situação particular.

Assim, pode surgir a inspiração de uma composição musical, a escrita de um texto ou obra literária comum, ou a elaboração de um importante relatório de trabalho, a confecção de um artesanato ou a escolha de alimentos sadios para uma família, ou no cozimento deste. Enfim, nas mais comezinhas, sérias ou críticas situações da vida. Essa interação é mais comum e constante do que se possa imaginar.

Pergunta: - Em nossas observações, percebemos a forte vaidade humana muito presente no mundo das artes e das ciências...

Savannah: – A vaidade, o orgulho, a arrogância e o egoísmo se encontram presentes em todas as pessoas terrenas, ligadas a todas as atividades humanas, em maior ou menor grau de dureza, intensidade e volume, isto é, cada pessoa carregando a sua "mala" de mazelas íntimas, incluindo a vaidade e orgulho, sendo umas mais pesadas que outras. Mas nas ciências e nas artes essas mazelas se mostram muito salientes, principalmente a vaidade, e especialmente quando o cientista ou o artista se torna famoso ao produzir ou fazer algo que ele considera diferenciado, inédito, de impacto ou de grande importância, ainda que de fato não o seja.

O cientista pode sentir-se acima dos outros, achando que estudou muito e que possui uma inteligência ímpar. O artista pode achar que traz um dom que nenhum outro ou poucos seres humanos possuem. E claro, pode nenhum dos dois estar errado, isto é, podem possuir realmente inteligência e dom acima da média, respectivamente, além de terem imprimido grandes esforços em suas carreiras que os levaram ao destaque. Todavia, certamente receberam influências invisíveis também, boas ou ruins. E, além disso, trazem uma trajetória de vidas passadas que os coloca como seres propensos ao bom desempenho daquelas atividades, e isso não se pode negar.

Porém, o excesso de vaidade normalmente cega a pessoa, podendo torná-la insensível ao sucesso ou à dor do próximo, a ponto de se perder e cometer deslizes graves, podendo acumular muitos carmas em decorrência dessa "cegueira" mental.

Evidentemente que pelo bem que fizerem podem ganhar bônus ou créditos quando ajudam a humanidade ou fazem bem aos corações de muitos, levando-lhes alegrias, aliviando-lhes o sofrimento ou amenizando dores pela solidão, por exemplo. Contudo, podem ficar no "zero-a-zero", como se diz na linguagem popular, no que se refere ao balanço cármico – fruto de boas ações que acabam se anulando pelas más atitudes. Claro que podem até ficar com saldo positivo, mas a tendência de ficarem com saldo negativo no balanço final da vida será alto, se se perderem no falso pedestal da vaidade.

O balanço cármico será ainda mais agravado se a pessoa estiver mergulhada em vaidade e arrogância, por ter gerado conhecimentos ou tecnologias voltadas para a destruição ou qualquer outra maldade, ou se produziu e disseminou músicas ou outras obras de arte carregadas de vibrações pesadas, negativas, incentivadoras da violência e da permissividade irresponsável, e que certamente foram inspiradas ou intercambiadas com regiões densas do Astral. Nesses casos, houve sintonia da entidade negativa com o material consciente e/ou subconsciente que o compositor traz do passado.

Pergunta: - Quando cientistas ou artistas descobrem algo ou criam alguma obra de grande relevância para a humanidade ou para o bem-estar de muitos, mesmo que levados por interesses financeiros e estando imersos em vaidade e arrogância, suponhamos que essas pessoas não chegam a fazer mal a outrem, mas apenas se comprazem em sua vaidade. Estariam eles sujeitos ao peso do carma, com riscos de obterem um saldo cármico negativo no final de suas vidas?

Savannah: – É importante perceber-se que Deus não é um juiz com um chicote nas mãos, como certas alegorias pueris o descrevem, e que fará o julgamento final de cada um. Esse pensamento ainda está preso a uma visão do passado, rudimentar, estreita e insensível. Deus é puro amor, rico em perdão, compreensão, paciência e compaixão. Ele não julga nem condena ninguém, e sabe que um dia cada alma do seu rebanho O encontrará, uns antes, outros depois e até tardiamente, mas todos retornarão ao seu seio de amor. Mas existe a Lei da Causa e Efeito e cada um terá o retorno de seus atos proporcionais ao que plantou, de bom ou ruim. Além disso, a consciência pesada de cada pessoa é que gera culpas, autocondenações e autopunições.

O Universo dispõe de leis cósmicas baseadas na ética e no amor universal, e a Lei do Carma está nesse rol. Essa lei deve ser entendida, acima de tudo, como um mecanismo da natureza divina capaz de amolecer corações e ampliar a compreensão humana, pela bendita dor e por lágrimas que, um dia, levarão cada sentimento endurecido da alma a amolecer, tornando-se cada vez mais manso e amorável diante das vicissitudes da vida, diante dos desafios à criatividade, à resiliência e ao amor fraterno, um amor que tem compaixão, que perdoa e que compreende os limites e as imperfeições do outro.

Cada planeta e cada sistema solar possui seres amoráveis e com consciência hiperampliada, especializados em carmas: são os anjos de carmas, que sabem perfeitamente como lidar e orientar cada pessoa no enfrentamento de seus débitos, da forma mais otimizada possível e oportunizando ao encarnante ou encarnado os melhores caminhos para reduzir carmas, ampliar sua consciência e a capacidade de amar, respeitando sempre o livre-arbítrio e suas escolhas.

Assim, sob o comando sábio de Jesus, os anjos de carmas ligados à Terra realizam trabalhos muito complexos, auxiliados por entidades de mundos superiores e ligados aos planos mental e astral, os quais se conectam com os inúmeros guias espirituais de cada alma vivente no planeta. Essa rede de entidades responsáveis pela gestão de carmas na Terra, numa cadeia mediúnica de relações vibratórias e de consciências, conectam entidades de planos angelicais até os planos astrais, e destes ocorrem as conexões com cada ser humano encarnado.

Cada ser humano é um universo à parte e possui uma história e balanço cármico próprios, demandando complexos estudos e análises por parte dessa cadeia de seres desencarnados. Os que habitam o plano astral, por exemplo (que por suas limitações não alcançam padrões mentais de um ser que já se encontra no plano intuitivo ou angelical), se utilizam de equipamentos astrais avançadíssimos que fazem leituras de registros akásicos, análises de probabilidades estatísticas, de acordo com as tendências e natureza de cada alma que vai encarnar, incluindo análise do ambiente e das pessoas com as quais conviverá.

Nesse contexto, relembramos que existem, também, equipamentos astrais avançadíssimos para a projeção de imagens e sons de entidades muito elevadas, com o objetivo de transmitir mensagens, orientações e realizar "reuniões virtuai", mas carregadas de vibrações que transpassam as telas de tais equipamentos. Esses recursos tecnológicos do Astral também são utilizados no estudo e avaliação de carmas de pessoas em fase de reencarnação e daqueles que já se encontram encarnados e que são monitorados constantemente, com apoio dos seus guias.

Desse modo, quando uma pessoa no campo da ciência ou das artes realiza algo importante para o mundo ou para as pessoas que acessam tais produtos ou criações, mesmo estando repleta de vaidade e arrogância, é complicado afirmar se ela terá um saldo positivo ou negativo no balanço cármico ao final de sua encarnação, apesar de haver estatísticas e probabilidades cármicas realizadas em ensaios pelos planos superiores – o livre-arbítrio é algo que pode alterar roteiros previstos. Assim, somente esses seres especializados em carmas têm condições de realizar tais análises e conclusões.

É preciso levar em conta a leitura de sentimentos na intimidade de cada alma. Pode ocorrer de determinados grandes realizadores no mundo concreto serem pessoas vaidosas, mas, por terem sofrido muito em vidas anteriores, ficaram sensibilizados e com fortes raízes emocionais ligadas à preocupação com o próximo, seja apenas em relação aos familiares, ou limitada aos amigos, pessoas carentes ou mesmo desconhecidos que estejam sintonizados com o seu trabalho. Esses sentimentos possuem pesos positivos muito acentuados para compor um balanço geral. E então cada ato, sentimento e pensamento vivido pelo encarnado será levado em conta e disposto numa planilha com pesos relativos, até se chegar a um complexo balanço final.

Porém, mais importante do que o balanço cármico, que evidentemente tem o seu valor inestimável, será avaliada a intimidade da alma: que sentimentos positivos foram conquistados durante sua vida e no pós-morte física? Que grau de consciência se avançou durante a vida e no pós-desencarne? Nessa direção, é importante não se fixar numa análise puramente matemática de balanço cármico, mas é preciso se dar conta de que existem outros fatores nessa complexa análise, os quais poderão gerar pesos mais relevantes no final de sua vida física.

O despertar da consciência e o amadurecimento no campo do sentimento são peças cruciais no balanço cármico, principalmente como fatores indutores ou catalisadores na evolução da pessoa.

Muitas vezes, uma pessoa só vai despertar e crescer conscienciamente e no campo do sentimento, nos momentos finais da vida física ou mesmo após o desencarne, quando fizer um balanço interior e refletir, sentindo remorso e tendo a humildade de pedir ajuda espiritual superior, como orientação e suporte espiritual para vencer culpas, medos, desespero, autoflagelações e perseguição de inimigos no plano astral inferior ou umbralino. E assim, poderá se dar conta do tempo perdido, do que avançou e do que postergou para uma próxima existência no mundo denso da matéria.

Pergunta: - Essa análise nos coloca numa posição de reflexão muito profunda quanto à necessidade de vigiarmos a vaidade e o orgulho dentro de nós, transformando-os em humildade...

Savannah: – Na verdade, é preciso vigiar os pensamentos, os sentimentos e as atitudes, quaisquer que sejam eles, entendendo que vigilância significa estar atento, com consciência presente em cada situação da vida, e que isso não funcione como um processo de autoperseguição, paranoia e autopunição. Longe disso!

Que a mente esteja atenta ao ambiente e no ambiente, às energias e vibrações nas quais está imersa, às pessoas que a rodeiam, ao que vem de dentro dela, o que ela sente, pensa e aos próprios atos. Que se pergunte sempre: que impactos cada um dos meus atos realizados ou a realizar estão gerando ou gerarão aos outros? Que consequências meus sentimentos emanados, minhas palavras e pensamentos expressos provocarão nos mais próximos e a outrem, onde quer que estejam? Tais impactos podem gerar efeitos no curto, no médio ou no longo prazo, ou seja, como eles estarão impactando ou se comportando ao longo do tempo? Podem influenciar pessoas próximas ou distantes fisicamente, e até entidades desencarnadas?

Muitas vezes, uma entidade astralina desorientada, sofredora, obsessora ou negativa, quando observa o obsidiado de longe ou de perto poderá cair em si e mudar intimamente, ao vê-lo esforçar-se para mudar e se transformar interiormente.

Então, que a prece sirva de fator alimentador de energias superiores que o impulsionem ao progresso espiritual. Que a meditação e a reflexão diária sirva de insumo para que a alquimia interior se processe na intimidade da alma, transformando sentimentos densos em sentimentos cada vez mais sutis e amoráveis, tornando a mente com horizontes cada vez mais largos diante da vida e do Universo. É preciso ainda apoiar-se no discernimento como base da reflexão, e na consciência de que a evolução não dá saltos.

Não há mágica na evolução e os guias espirituais ajudam fraternalmente em muitas ocasiões. Contudo, não podem ficar carregando nas costas o seu pupilo, sob risco de alimentarem a preguiça mental e a falta de trabalho na intimidade da alma por parte de cada um. Os anjos e espíritos superiores são verdadeiros psicólogos siderais e conhecem profundamente as mentes e os sentimentos humanos. Sabiamente atuam de maneira a estimular cada alma para que ela cunhe o seu caminho espiritual por esforço próprio, ainda que em muitos momentos estejam de mãos estendidas para apoiar o caminheiro, enxugando suas lágrimas ou o suor, incentivando-o, confortando-o e ajudando-o a se levantar e a prosseguir.

Em regra geral, a evolução se processa lentamente. Poucas almas imprimem uma velocidade mais avantajada aliada à consistência consciencial e transformação de sentimentos de modo eficaz. Que a caminhada seja lenta, mas que seja consistente, para que a transformação seja verdadeira, profunda e efetiva e não apenas superficial.

Que o ser humano possa praticar diariamente a humildade, entendendo que essa consciência reside no fato de ele ser uma "célula amostral" do Pai e que por isso precisa sentir confiança em si, em seus potenciais, em sua criatividade e na necessidade de cultivar a responsabilidade como agente Dele, onde quer que esteja no Universo. Essa consciência deve lhe propiciar a materialização de pensamentos, sentimentos e atitudes construtivas na Sua grande obra. Mas, ao mesmo tempo, compreender que é apenas uma pequena "célula" neste infinito Universo, onde há muitos colaboradores mais evoluídos e dispostos a estender-lhe as mãos, e onde há seres menos evoluídos, necessitados de que a estes sejam estendidas as mãos fraternais.

Muitos vieram antes e geraram conhecimentos e obras no mundo denso da matéria; outros inspiraram a partir do plano espiritual e como resultante existem processos criativos frutos desse intercâmbio de informações ao longo do tempo da História humana, passando de geração a geração por palavras, por via escrita e por meio do intercâmbio mediúnico. O que atualmente na Terra chamam de *insights* nada mais é que inspiração vinda do mundo espiritual ou dos arquivos imersos no Cosmo e que, em formas-pensamentos e formas-sentimentos, transitam principalmente dentro de um orbe planetário, mas também podem escapar e transitar pelo Universo infinito e serem captados por mentes e corações sintonizados com eles.

Esse *insight* também pode ocorrer como fruto da subida ao consciente de alguma ideia já plantada da mente subconsciente do ser, adquirida por sugestão de algum guia ou que foi apreendida pela alma antes de sua reencarnação, quando ainda habitava o plano invisível, ou mesmo decorrente de conhecimentos e habilidades adquiridas em outras vidas.

Pergunta: - Ao se referir ao título deste capítulo, e resgatando um pouco do que se mencionou nos dois últimos parágrafos da resposta à questão anterior, vale a pena se aprofundar na humildade, no sentido de que as ideias e as produções humanas são coletivas e não apenas de uma única pessoa encarnada. Isso serve também para o caminhar espiritual? Não seria esse caminhar um processo essencialmente individual?

Savannah: – O ser humano é por natureza social e coletivo, apesar de ter sua individualidade que deve ser autoconhecida, burilada, amada e expandida. Há encarnações em que, como parte do aprendizado humano e espiritual, se faz necessário a pessoa viver sozinha ou ter momentos de solidão para que aprenda a se contatar consigo mesma. Porém, em grande parte, viverá em família, rodeada de parentes, amigos, colegas de trabalho, vizinhos ou imersa numa comunidade em que esteja inserida.

O ser humano tem uma natureza gregária e seus primeiros impulsos e sentimentos coletivos se manifestam quando se estabelece em tribos, em agrupamentos sociais primitivos, e mais tarde em comunidades e cidades. Com o tempo e amadurecimento da consciência como cidadão social, começa a desenvolver os sinais de um ser humano que um dia alcançará níveis avançados de evolução até chegar ao grau de um futuro anjo, que um dia terá sua consciência ampliada e disposição de amar uma coletividade inteira, um país (como o anjo Ismael), uma humanidade planetária (como Jesus, por exemplo), ou um ser arcangelical que tem Sua consciência e o nível de amor de tal maneira expandidos que englobará um planeta em sua plenitude total e com espontaneidade, como é o caso do Cristo Planetário.

Ao longo da jornada humana, das várias encarnações, o ser humano então vai aprendendo a conviver em sociedade, a amar as pessoas mais próximas, até um dia começar a amar os desconhecidos e a todos, por se tratar de filhos do mesmo Pai Celestial. E esse aprendizado ocorre também através da interação entre o mundo espiritual e o físico. Na interação mediúnica entre encarnados e desencarnados e vice-versa, de forma espontânea, conscientemente ou não, com postura madura ou não, por ações construtivas ou não.

O mundo dos espíritos do bem tem suas obrigações e afazeres, e o mundo dos encarnados idem. Os desencarnados perdidos ou apegados a vícios ou rudeza interiores também têm seus afazeres, ainda que aprisionados ao mundo denso da matéria e às suas paixões. Independentemente desses momentos de convivência entre si e da qualidade dessas relações (dos seres que habitam o mundo dos desencarnados, sejam eles densos ou sutis), existe um pulsar energético-vibratório e magnético que provoca a interação entre esses mundos, relações estas que demonstram a interdependência um do outro, condição indispensável para se evoluir, pois essa cooperação e interinfluência mútua é um exemplo claro de como funciona a fraternidade cósmica e as trocas energéticas, mesmo que entre seres primários.

Uns querem ajudar e proteger, e outros desejam conturbar e usurpar energias e bens dos outros. Há intercâmbio alimentar de energias entre os dois mundos, em faixas vibratórias pesadas ou leves. Assim, mesmo aqueles que fazem o mal estão interagindo com quem está em sintonia consigo e um dia amadurecerão, pela dor e pela incidência da Lei do Carma, e conhecerão a verdade e o amor em sua mais pura e consciente expressão.

Por isso, é inevitável e comum a todo ser humano encarnado interagir com o desencarnado e vice-versa (no mínimo na relação entre o guia espiritual e seu tutelado), seja cientista, artista, profissional de qualquer atividade, desde a mais complexa à mais simples. Todos intercambiam entre si, cada qual com a sintonia que lhes aprouver, e todos em aprendizado, sob a Lei do Carma e sob os olhares e intervenção do amor e consciência do nosso Pai.

Sendo assim, ninguém está sozinho no mundo. As coletividades humanas encarnadas e desencarnadas estão em plena atividade, com seus sistemas próprios, mas com interinfluências, interdependências e interações mútuas porque fazem parte de um sistema maior sob a égide dos arcanjos e anjos, a serviço de Deus. Desse modo, o exercício de humildade é parte essencial no cultivo de cada mente humana, para que compreenda e sinta que a construção e melhoria do planeta e do Universo é uma obra coletiva.

É evidente que a evolução de cada indivíduo começa dentro de si, na própria individualidade que é impulsionada pela força propulsora do progresso espiritual e, por isso, o cultivo da humildade será importante não apenas no sentido de compreender que tudo o que se cria merece os créditos a todos que no passado construíram ou geraram algo para se chegar ao ponto atual, mas também ao mundo invisível com sua colaboração imprescindível.

Sem dúvida, mais importante do que se preocupar com o mundo externo é focar no seu mundo interior no sentido de sua autotransformação. Contudo, o ser humano não pode ficar vivendo como um eremita, até porque só será testado em sua autotransformação ou levado a provas se interrelacionar-se com os que o cercam ou que cruzem o seu caminho (para que seja testado em sua paciência, tolerância, perdão, na capacidade de ouvir humildemente e servir no campo material, emocional e no diálogo...). E isso inclui não somente a interação com pessoas em corpo físico, mas com desencarnados também. Afinal, quem vive em mundos de expiações e provações está sujeito a esses testes de todos os lados.

Isso não significa que a pessoa ficará paranoica em relação ao mundo invisível, não. Terá antes de tudo que viver o seu mundo dos encarnados. Se a pessoa se focar, por exemplo em: como reagem seus sentimentos diante de uma agressão física ou por palavras; observar no que pensa comumente, compulsória ou obsessivamente; atentar-se para suas atitudes habituais, então estará acima de tudo focada no que vem dentro de si e isso é o principal a ser feito, com vistas à sua própria educação espiritual.

E, nessa busca interior, a humildade será essencial para o seu progresso íntimo. A humildade representa o primeiro degrau da escalada evolutiva, sem a qual as portas do plano astral intermediário e superior não se abrirão para os que desencarnam ou para aqueles que já habitam o mundo extrafísico. A humildade é o atributo do sentimento que se encontra do outro lado da "moeda" do orgulho, da arrogância, da vaidade.

Não existe radicalismo em orgulho versus humildade para os que se encontram na trilha evolutiva, a caminho, presos ainda aos planos físico e astral ou mesmo ao plano mental-intelectual. Isso leva à compreensão de que existe aí uma enorme escala de relatividade. Ou seja, um ser humano ligado ao plano astral inferior ou intermediário pode ser muito orgulhoso, mas aos poucos e a cada encarnação espera-se que evolua em direção à humildade. E assim, um ser dito humilde, já no final da escalada evolutiva do plano astral intermediário ou que já tenha adentrado o plano astral superior, é possível que ainda tenha algum grau de orgulho dentro de si, em variados níveis dessa escala. Somente os seres que alcançam o plano mental-intuitivo da evolução não possuem mais nenhum grau de orgulho e são plenamente humildes, libertos de carmas e de vícios humanos.

Como conclusão a essa questão, vale observar que mesmo pessoas muito negativas sempre possuem algo positivo lá no fundo de suas almas, e pessoas que já avançaram bastante na evolução podem ter no fundo de seus arquivos mentais-emocionais desequilíbrios ou mazelas residuais a ser lapidadas.

Por isso, um ser humano em evolução, estando em fases primárias ou intermediárias dessa trilha, poderá produzir pensamentos ou criações com aspectos positivos ou negativos em suas obras, ou mesmo mesclar as duas coisas numa única obra, pois ainda oscilam entre duas naturezas: com aspectos psicológicos que trazem o peso de vícios e mazelas e facetas íntimas desejosas de melhorar e já com a mente intelectual acessando pensamentos superiores. Assim, pode se sintonizar com entidades do bem e também negativas ou sintonizadas com as mazelas que ainda carrega dentro de si. Essas oscilações são bastante comuns e naturais para os que se encontram nas faixas intermediárias de evolução, ligadas ao plano astral. Lembremos um velho ditado: "Ninguém é tão mau que não traga algo de bom, ou tão bom que não tenha suas fragilidades morais ou apegos a vícios passados".

Esse quadro coloca à frente de cada um a obrigação de não julgar o próximo por seus atos, sentimentos e pensamentos, mas que se concentre na própria lapidação e cultive a humildade para também aceitar-se como alguém ainda imperfeito, consciente de estar na trilha da melhoria, como todos, respeitando e compreendendo suas fraquezas e as do próximo, esforçando-se para não se entregar definitivamente a elas.

Pergunta: - Entendemos que devemos nos libertar do orgulho e da vaidade, mas muitas vezes um cientista, um artista, um político ou qualquer outro profissional depende de um incentivo, de um aplauso ou reconhecimento para seguir em frente e motivado em sua senda profissional, pelo menos para aqueles que ainda não chegaram no plano intuitivo de evolução... e às vezes estão gerando bons produtos ou criações para a comunidade geral. Não seria plausível esse reconhecimento, mesmo que de certo modo afague o ego ou a vaidade?

Savannah: – Que cada qual aceite o nível evolutivo em que se encontra com um mínimo de humildade e sem artificialismos ou hipocrisias. É melhor e necessário a pessoa ter consciência e aceitar-se como alguém que ainda é imperfeito e com muitas mazelas, do que não ter o mínimo dessa consciência nem verdadeira humildade. E também, não seria de bom alvitre demonstrar ser aquela pessoa "aparentemente" humilde, sendo que apenas demonstra isso aos outros, mas nas intimamente é um ser extremamente vaidoso e orgulhoso, e empurra para debaixo do tapete consciencial suas mazelas, escondendo-as dos outros. Até porque, chegará um tempo em que essas mazelas escondidas "explodirão" para fora, dada a pressão que exercerão nas profundezas do campo mental-emocional, caindo a máscara por tempos ostentada.

Em um planeta de provas e expiações, há realmente muitas pessoas que ainda precisam dos aplausos ou reconhecimento como alimento para continuar dando força às suas vaidades e egocentrismo. E, em face do grau consciencial em que ainda se encontram, acabam por impulsionar seus afazeres, seja em suas atividades profissionais, seja na vida caseira, comunitária e até na trilha espiritual. Muitas vezes, funcionam como mecanismos motivacionais para a pessoa seguir em frente com atividades importantes para a melhoria ao seu redor e às vezes com impactos mais amplos (até em nível mundial, por exemplo). Em planetas como a Terra, isso é compreensível e aceitável e, se for importante e necessário (conforme a realidade evolutiva de cada um,) deve atuar como insumo à continuidade e expansão da consciência do ser.

De fato, aqueles que se encontram imersos no mundo físico e astral e ainda são repletos de vaidades, orgulho e egoísmo, precisam desse afago para seguir firmes e motivados em seus propósitos. No entanto, chegará um tempo, na encarnação presente ou numa futura, em que terão de enfrentar a si mesmos, olhar-se de frente, mergulhar dentro de si e abaixar o orgulho e a vaidade, compreendendo que o Universo é uma criação de Deus que tem seus aspectos de individualidade inerentes à cada espírito criado, mas tem uma natureza coletiva, em sua essência, que espera pela colaboração de todos focada no bem comum, de modo que quem der algo não precisa "mostrar a mão".

A postura infantil, carente e ávida por aplauso e reconhecimento, um dia terá de amadurecer e a pessoa se tornará um "adulto espiritual", pensando e sentindo de forma mais e mais coletiva, inclusive anonimamente, pois tudo no Universo tem um tempo. A economia e a contabilidade cósmicas esperam que cada ser caia em si e inicie sua caminhada consciente rumo ao autoconhecimento e à autotransformação em algum momento da vida. Espera-se que espíritos velhos que já encarnaram muito e tiveram muitas oportunidades (até por milhares de encarnações) comecem a amadurecer e a deixar de ser "crianças" espirituais.

Assim, mais cedo ou mais tarde, a própria realidade que o cerca, através das pessoas, de familiares próximos, amigos, chefes, colegas, parentes, vizinhos e desconhecidos que cruzem seu caminho, criará situações para que seu orgulho, egocentrismo e vaidade sejam afetados e a pessoa sentirá a dor do orgulho machucado.

Mas se a pessoa continuar resistindo, alimentando revolta ou sentimento de frustração, mágoa, tristeza, depressão e até recolhimento, por não se sentir reconhecida, o Universo vai continuar criando situações para que aos poucos ela caia do pedestal e os atritos mentais-emocionais comecem aos poucos lapidar esse orgulho e ego endurecido, de modo que de sofrimento em sofrimento, com o passar dos anos, décadas ou séculos, vai aprendendo que a "grande obra" é coletiva e que não há necessidade de ficar expondo seus feitos aos olhos alheios, nem aos olhos de Deus, a fim de receber palavras de elogio, prêmios ou recompensas celestiais depois. Viver o anonimato será inevitável no futuro; será o caminho a todos que um dia chegarão aos planos superiores da evolução ou estágios angelicais, fase em que sentirão prazer apenas por servir incondicionalmente.

O espírito velho que se recusa a amadurecer espiritualmente é como o adolescente que insiste em manter atitudes infantis, ou o adulto que chega aos 30 anos com postura de adolescente. Chega-se a um momento em que é preciso assumir com responsabilidade o grau evolutivo compatível com a idade espiritual, quer dizer, com a idade encarnatória ("espírito velho" que já era tempo de amadurecer).

O plano espiritual superior tem paciência e aguarda com compaixão que cada ser amadureça, mas não se pode romper com leis maiores no Universo. E o tempo é inapelável quando chega em seu limite e as "rugas" espirituais começam a surgir naquele ser que já encarnou milhares de vezes e ainda insiste em se manter com a mente e as emoções infantilizadas.

Quem se mantém endurecido no orgulho, vaidade e egoísmo será, de algum modo, afetado pela justa e amorável Lei do Carma, que é irredutível quando precisa e firme para os que, apesar de tantos aprendizados, insistem em alimentar suas mazelas, em se manterem estacionados na senda do progresso espiritual, evitando seguir em frente rumo à Luz Central da Vida.

Desse modo, pelo suor ou pela dor, a pessoa renitente a se transformar na intimidade, em algum momento da existência terá que dar os primeiros passos de humildade e será mobilizada a começar a desenvolver as primeiras e depois muitas e muitas manifestações de humildade interior. O ser será compelido a crescer interiormente em algum lugar do Universo, quando chegar no seu limite temporal. Mas, se continuar insistindo em permanecer na rudeza espiritual, a Lei do Carma continuará "martelando" nessa "pedra dura", assim como a água doce, mas firme, molda a pedra ao longo de milhares e milhares de anos.

Pergunta: - Desculpe-nos a insistência sobre esse tema,

mas, em nossas experiências de vida neste mundo tão competitivo, cheio de imperfeições elementares ainda, não seria justo incentivar, motivar, filhos, colegas e tantas outras pessoas, oferecendo-lhes prêmios por conquistas, mirando o lado positivo da existência, ao invés de só criticar e ver o lado amargo da vida? Não seria essa uma boa estratégia psicológica com foco construtivo, aproveitando imperfeições que as pessoas trazem por se encontrarem ainda no meio da trilha evolutiva? Ao mesmo tempo, isso não traz efeitos benéficos também àquela alma encarnada, e até para os que se encontram desencarnados e cheios de baixa autoestima e sentimentos de autodestruição por se sentirem menor? Há vários tratados no campo da psicologia atual abordando esse assunto e mostrando o quanto pessoas são beneficiadas quando tiram do seu foco de vida o lado negativo das coisas e passam a focar no viés positivo.

Savannah: – Sim, compreendemos essas preocupações, e esse assunto merece mais detalhamentos. Porém, antes disso, gostaríamos de abordar um conceito que muitas vezes geram confusões no entendimento e na aplicação na vida diária. Há muitas pessoas na Terra que consideram a vaidade algo positivo, tendo em vista tratar-se de questões ligadas à autoestima, ao cuidado com o corpo, à autovalorização e a importantes atitudes de amor-próprio. Todavia, é necessário usar-se a autopercepção, com muita atenção e aguçamento, bem como o discernimento, para se detectar o ponto de equilíbrio ou a fronteira entre o que é essencial e o que é exagerado, de modo a se evitar chegar a estágio psicopatológico ou dar alimento desnecessário às diversas formas de manifestação da vaidade – o que é bem natural nos dias atuais.

O termo *vaidade* utilizado na língua portuguesa ou mesmo no idioma inglês deriva do latim, e seu entendimento está associado a atitudes de futilidades e à arrogância.

Desde os tempos antigos e com expansão nos dias atuais, em decorrência do aumento populacional terreno, a aparência tem sido exageradamente valorizada. Há situações em que certas pessoas acabam por se adequar a determinadas vestimentas e maneiras de apresentação visual como forma de serem aceitas socialmente e na vida profissional – ainda que não dependam ou não se escravizem a essas maneiras de se expor. No entanto, mais grave que essas questões de aparência visual é a vaidade que habita as profundezas da alma, no que concerne a sentir-se superior aos outros, em qualquer campo de atividade ou na vida cotidiana.

Conforme afirmamos antes, cada um deve assumir, sem hipocrisia, o estágio evolutivo em que se encontra. Seria adotar uma postura hipócrita um indivíduo achar-se humilde e demonstrar para os outros ter humildade, mas no fundo sentir-se injustiçado ou não reconhecido, chegando à depressão, à baixa autoestima, à tristeza e até à autodestruição, o que demonstrará na verdade elevado grau de orgulho e egocentrismo.

Se a pessoa ainda precisa de aplausos e reconhecimento para prosseguir com suas boas ações, que não se iluda: isso poderá durar alguns meses, anos, décadas, ou mesmo sua encarnação inteira, mas chegará o momento em que essa postura de espírito emocionalmente infantil terá que mudar, pois do contrário o tempo e fatores cármico-ambientais serão capazes de criar situações que entrarão em colisões crescentes com seu orgulho e egocentrismo, até que aprenda a compreender e aceitar com humildade que é um pequeno agente do Pai Maior na melhoria do planeta e do Cosmo, onde todos são copartícipes e colaboradores, e que ser anônimo nesse cenário é só uma questão de tempo e amadurecimento – há uma infinidade de espíritos superiores amoráveis, anjos e arcanjos, trabalhando anonimamente em prol da evolução do Universo.

A gratidão, de fato, deve ser dada exclusivamente ao Pai Celestial,[10] por sua bondade infinita. Ser anônimo nessa grande obra divina deve ser não apenas virtude conquistada com esforço, mas um sentimento construído que, com o tempo, brotará espontaneamente dentro de cada um, à medida que amadureça. Que cada qual descubra e sinta a hora de começar a mudar.

[10] A rigor, Deus não espera agradecimentos, não cobra nada de ninguém nem precisa disso; afinal, é um Ser de pura humildade, sabedoria, amor e entrega incondicional. Deus não precisa das preces humanas, e quem acha isso precisa ampliar a consciência. O ser humano é que precisa Dele. O ato de agradecer a Deus é apenas um exercício de desenvolvimento da humildade dentro de si, sendo uma forma de desconcentrar o agradecimento a alguém especificamente, seja encarnado ou não, e distribuir tal gratidão ao Universo como um todo, isto é, a Deus, o qual está conectado indissociavelmente a todos os seres do Cosmo.

A vida é composta por desafios, os quais são indispensáveis para que a alma cresça. A preguiça acomoda o ser e, se não houver desafios (críticas, contestações e enfrentamentos às suas atitudes e pensamentos), a alma se acomodará e não fará os esforços necessários para melhorar-se naquilo que realiza como cidadão, profissional, membro de uma família consanguínea ou seja lá no que for levado pelo Universo a realizar em sua estação encarnatória.

Há estágios da evolução em que o reconhecimento e aplausos serão necessários para que se prossiga. É imprescindível que o tutor dessa alma perceba, compreenda e sinta isso, para bem orientar e reconhecer os avanços do seu pupilo. Há momentos em que o tutor ou amigo (pai, irmão, chefe no trabalho, psicólogo, professor, orientador espiritual, vizinho, colega, dentre outros, por exemplo) precisará levantar o moral e a autoestima de alguém que se desvaloriza ou que se autodestrói. Aliás, essas posturas mentais-emocionais de menos valia e autodestruição, às vezes guardadas no subconsciente, fruto de experiências remotas, podem causar depressão, câncer ou outras doenças autoimunes ou imunodestrutivas.

Vale deixar claro que tais posturas de menos valia e baixa autoestima, às vezes fantasiadas de pseudo-humildade, no fundo da alma, são típicas de elevado orgulho e egocentrismo represados, os quais se materializam ou se somatizam no corpo em forma de desequilíbrios fisiológicos.

A criação de mecanismos motivacionais em casa e no trabalho, incentivos e estímulos ao despertamento da criatividade e iniciativa a quem passe em seu caminho, com o uso adequado de linguagem e formas precisas de comunicação para liderar pessoas, orientá-las, engajá-las em projetos ou em atividades rotineiras, para a consecução de grandes desafios e qualquer tarefa simples na vida, são importantes sim, mas com o devido cuidado para não se ficar afagando demasiadamente a vaidade e o ego do indivíduo e levá-lo a desenvolver processos patológicos e dependência viciosa a tais estímulos.

De fato, é importante levantar a autoestima das pessoas e mostrar-lhes o quanto são relevantes e possuem potencialidades e habilidades a ser colocadas em prática. Afinal, todos são filhos do mesmo Pai, trazem aspectos inerentes à sua imagem e semelhança, como a capacidade de criar e realizar, e cada qual tem um papel nessa grande orquestra cósmica, do mais simples ao mais complexo. Que cada um se identifique e se localize nesse conjunto, cumprindo com alegria e sentimento de gratidão o que recebeu; e certamente recebeu o que precisava e podia receber por graças do Pai Infinito, que só visa ao melhor para cada ser, propiciando caminhos que melhor catalisem o verdadeiro encontro consigo mesmo, com suas potencialidades e realizações. Que as pessoas levantem a cabeça e sigam com disposição o caminho traçado pelo Alto e por suas predisposições cármicas e de possibilidades de melhoria íntima.

O estado de humildade não significa autoanulação, mas consciência de que se tem uma responsabilidade nessa grande obra divina. E como agente dessa imensa obra, que se cumpra com dedicação a parte que lhe cabe, mantendo consciência de que é apenas um elo dessa corrente, dentre tantos, o que exige consciência coletiva, consciência de cooperação e entendimento de que cada um faz a sua parte importante, mesmo que pequena e simples, o que deveria induzir o indivíduo a se conscientizar de que está imerso nessa infinitude anônima, não egocêntrica, chamada Universo.

Se o indivíduo ainda precisa do incentivo e do reconhecimento, que comece ter em mente que não se deve criar expectativas nem mesmo de agradecimento pelo que fez ou faz, pois há pessoas mais grosseiras, mais invejosas, ciumentas, orgulhosas, vaidosas ou ignorantes que ainda resistem ao amor fraterno. Esses seres precisam ser compreendidos e criam situações para que o indivíduo se coloque diante deles como ajudantes rumo à melhoria interior. Assim, pode-se testar e usar palavras e formas de comunicação adequadas e evitar-se alimentar raiva ou inconformação frente à imperfeição do próximo, em que pese, em muitas ocasiões, ser inevitável a indignação, principalmente ao se ver situações de injustiça – mas mesmo essas situações de injustiça precisam de leitura ampla, com discernimento, compaixão e visão espiritual que perpasse por várias vidas.

É bom evitar culpar os outros, jogando para fora o que na verdade vem, exclusivamente, de dentro de si, e portanto o tratamento e as modificações devem ocorrer intimamente. Se a vaidade, o orgulho e o egoísmo ainda lhe habitam o ser, observe em que aspectos e momentos eles se apresentam no campo dos seus pensamentos e sentimentos.

Um bom exercício é refletir sobre: se eles surgem como reflexos a uma crítica dos outros sobre suas opiniões, trabalhos ou quaisquer que sejam as tarefas realizadas? Se isto se dá num momento de ingratidão por parte de alguém de quem se esperava reconhecimento ou mesmo uma palavra de "obrigado"? Ou numa situação em que não se sente devidamente ouvido? Num momento de agressão por parte de uma pessoa violenta ou carregada de insatisfações? Enfim, em qual instante essas mazelas ou reações internas se apresentam no seu campo consciencial, no seu pensamento e sentimento? Como os sentiu? Qual a intensidade e duração? De que forma reagiu?

Em seguida, deve-se acessar os pensamentos e sentimentos que rotineiramente lhe habitam a intimidade, sem procurar camuflá-los ou negá-los. E ir aceitando-os com humildade, enfrentando-os amoravelmente, analisando-os com coragem, e refletindo sobre eles. Ao final, deve-se direcionar para eles jatos de boas vibrações, como num "banho" de elevada consciência, de aceitação, compreensão e compaixão, apoiando-se sempre no discernimento.

Ainda que haja quedas durante esse percurso de aprimoramento, não se deve deixar-se sufocar pela culpa nem pela cobrança desgastante, mas sim voltar-se ao trabalho de auto-observação, autoavaliação e autoeducação espiritual, o que leva à necessidade de cultivar a compreensão sobre o próprio papel e o do outro, vigiar a inveja e o ciúme, e a construção de que, se cada um fizer a sua parte com responsabilidade, dando o melhor de si, sem nada esperar em troca, estará cumprindo seu papel cósmico, seja uma realização de algo com pequeno ou com grande impacto sobre o meio, sobre si ou outras pessoas.

Pergunta: - E em relação à vaidade que muitos médiuns acabam alimentando, seja no atendimento a muitas pessoas necessitadas, em trabalhos de cura, psicografia de obras literárias, transmissão de mensagens de guias anônimos ou de mentores de elevada estirpe espiritual? Qual seria a recomendação?

Savannah: – Os guias e mentores penetram na alma de cada pupilo tutorado, encarnado ou desencarnado. Sabem de seus limites íntimos e respeitam suas limitações. Por isso, muitas vezes compreendem a vaidade e o egocentrismo ainda presentes nas almas humanas. E cada alma terá seus desafios e choques de acordo com o estágio evolutivo em que se encontre, conforme o que tenha de vivenciar para dar maiores avanços em seu processo de maturação espiritual. Cada um passará por momentos de dores e alegrias que criem oportunidades para reflexão sobre suas atitudes interiores. Deus não dá carga além da capacidade que cada um possa carregar.

Com isso, há casos em que o guia ou mentor deixa o encarnado seguir seu trabalho mediúnico e de ajuda ao próximo, mesmo sabendo das mazelas que ainda alimenta dentro de si. Porém, chegará um dia, na vida presente ou no futuro, em que terá de enfrentar essas suas fragilidades íntimas.

Então, que o médium consciente não adie para mais tarde o que pode enfrentar aqui e agora, porque agindo dessa forma estará recebendo forte apoio espiritual e estará se pondo como um "adulto espiritual", e não como uma criança ou adolescente que impulsivamente age pensando que sempre haverá alguém mais velho para protegê-lo e acobertar suas mazelas. Chegará um momento em que o ser deverá assumir com responsabilidade seus próprios passos evolutivos, entendendo que diante da Lei de Causa e Efeito (pelo que fez, faz ou se furta a fazer) a justiça se fará presente para todos, inevitavelmente.

Desse modo, é importante que se diga que a vaidade tem levado a que muitos médiuns se desviem do verdadeiro caminho espiritual. Alguns inclusive deixam de ser orientados por irmãos da Espiritualidade Superior e passam a ser guiados por entidades inteligentes e sintonizadas com as Trevas ou as

Sombras, e nem se dão conta dessa mudança de orientadores. Aliás, é muito comum que essas entidades frias e calculistas se apresentem com nomes de fantasia, de desencarnados importantes ou de pessoas que foram de renome enquanto viveram na carne, ou até mesmo se apresentem como entidade simples, "aparentemente humilde", usando exatamente ardileza para enganar alguns de boa-fé.

Já afirmamos anteriormente e voltamos a enfatizar que a vaidade cega a pessoa, reduzindo a sensibilidade fina e criando uma crosta áurica que a impede de perceber com clareza e sutilidade o que o plano superior lhe sinaliza. Ocorre, então, sintonia com seres igualmente vaidosos e orgulhosos do mundo invisível.

Alguns poucos desses médiuns, após quedas que lhes proporcionem dores, acabam retornando ao roteiro espiritual superior. Mas existem outros que adentram os caminhos de sombras da vaidade, inflando-se de arrogância e se perdem, só se dando conta após o desencarne, quando se deparam com o Umbral ou até com as zonas trevosas do Astral inferior.

O lembrete do "orai e vigiai" é, portanto, para todos os médiuns encarnados na Terra, os quais devem dar uma atenção especial e de aguçamento mental para as sutilezas das variadas expressões da vaidade e orgulho que lhes habitam as profundezas da alma, as quais podem lhes criar armadilhas, encaminhando-os para as Sombras, quase sempre auxiliados por entidades muito inteligentes que criam estratégias para que tropecem em suas próprias fraquezas.

Há vários casos ocorridos com médiuns que recebem elogios em relação a alguma obra ou trabalho realizado (de cura, de atendimento a um necessitado, de realização de uma palestra...) apenas para lhes inflar a vaidade e o egocentrismo (estimulado ou não por uma entidade desencarnada ardilosa), ou incentivando-os a "embarcar" num fluxo que induz à busca de poder (inclusive poder espiritual), por pura vaidade e posição de ***status***, até criando-lhes situações para prejudicar terceiros.

Podem ainda surgir críticas, uso de maledicência contra o médium, utilizando-se de fofocas e comentários destrutivos, como incentivo para que ele reaja a esse estímulo com agressividade ou devolvendo com a mesma moeda energética, suscitando clima de discórdia no ambiente.

Ou mesmo o médium pode entrar numa corrente de fofocas, ampliando comentários sobre terceiros, acabando por falar mal de alguém ou vindo a concordar com pessoas maledicentes, e então sintonizando-se e correspondendo a essas energias pesadas. Isso é muito usual em grupos com finalidades espirituais e exige muita vigilância, pois há intenções invisíveis inteligentes e ardilosas contrárias à disseminação da Luz no planeta Terra.

A vaidade e o orgulho machucados, a inveja, o ciúme, a maledicência e o clima de desunião só favorecem o enfraquecimento de uma corrente espiritual, facilitando a entrada de interferências negativas, às vezes muito sutis.

O médium recebeu ajuda espiritual antes de sua reencarnação, no sentido de dinamização e sensibilização de suas faculdades psíquicas, fruto de doação amorável e incondicional do Alto, por isso não deve se vangloriar de nada, mas apenas trabalhar e servir, igualmente de forma incondicional, doando-se e servindo de canal ao plano espiritual sem nada receber em troca: nem a expectativa de um cantinho especial no plano astral após seu desencarne, nem um "obrigado" ou aplausos. Afinal, aqueles que labutam servindo ao Pai não o fazem por comércio ou esperando algo em troca.

Pelo que foi exposto, então que o médium sirva por amor ao propósito de apenas servir. E, se ainda não sente esse amor no fundo de sua alma, que pelo menos seja disciplinado mentalmente, treine, cultive o amor fraterno dentro de si, vigiando seus pensamentos e sentimentos para não dar alimento à vaidade espiritual.

Essa vigilância contra a vaidade cabe não apenas aos médiuns de cura, intuitivos ou incorporadores, mas também aos palestrantes e doutrinadores, até porque conhecem muitas teorias espiritualistas ou espíritas. Muitos desses trabalhadores têm, também, ficado enceguecidos pela vaidade, que acaba por levá-los a caminhos tortuosos das Trevas e do Umbral durante o sono físico e quando desencarnam.

E não é por falta de avisos, recomendações e oferta de

novas oportunidades, posto que, graças à intervenção amorável de seus guias espirituais, em nome do Cristo, são criadas situações às vezes duras para o trabalhador espiritual encarnado, incluindo doenças, perdas, acidentes ou choques mentais-emocionais diversos, na expectativa de que ele caia em si e retome o caminho do amor-simplicidade e amor-humildade.

É preciso que o médium ou trabalhador espírita e espiritualista preste atenção às sutilezas do sentimento de vaidade, em suas várias facetas. A propósito: as egrégoras da vaidade e orgulho, para se manterem vivas dentro da pessoa, muitas vezes se utilizam de estímulos aparentemente simples e apoiadas por raciocínios ou justificativas mentais carregadas de pseudo-humildade, quase sempre reforçadas por entidades desencarnadas sintonizadas com a mesma frequência.

O cultivo da humildade é o antídoto providencial contra as armadilhas da vaidade, o que não significa que o médium vá se isolar, deixar de emitir suas opiniões, de ajudar a quem precise, de se expor em público ou de se colocar, quando chamado ou por necessidade de divulgação de algo importante, diante da grande mídia, de mídias sociais ou em ambientes que lhe oportunizem a divulgação da boa mensagem e do bom exemplo. A vaidade é um componente, acima de tudo interior, que habita as profundezas da alma, e não é um componente externo, ainda que o ambiente externo sirva de estímulo para que ela se apresente e se exponha.

Se o indivíduo já consegue identificar a vaidade dentro de si (por meio de suas variadas facetas), já é um grande passo para iniciar o trabalho transformador sobre ela.

Muitas pessoas que realizam trabalhos lidando com muita gente, como médiuns, palestrantes e trabalhadores de casas espíritas ou umbandistas, são testadas a todo instante para colocar para fora sua vaidade. Caberá a cada um observar, identificar e trabalhar essa vaidade, a fim de que ela não os cegue, nem os torne insensíveis por se encontrarem artificialmente num pedestal que, mais cedo ou mais tarde, lhes provocará quedas, com fortes reflexos no ego e no orgulho, gerando dores inevitáveis na alma, estejam encarnados ou após o desencarne.

Pergunta: - Por que invocar o guia espiritual em nome do Cristo? Existem guias não alinhados com Ele, ou seja, falsos guias?

Savannah: – Já foi dito antes que existem pessoas boas ou más, ignorantes ou sábias, éticas e antiéticas, orgulhosas ou humildes, egoístas ou altruístas, e de variados tipos de personalidades, tanto no mundo físico como no plano astral dos desencarnados. Por isso, há guias sérios, éticos e amorosos versus falsos guias nos dois mundos (material e espiritual).

Mas, antes de tudo, é importante deixar claro que não foi o Cristo nem Jesus que criaram o Cristianismo ou as religiões cristãs, mas sim os seus seguidores. E, no caso da realidade terrena, o Cristo é o Espírito da Terra, e com sua aura envolve, transpassa e integra a todos os seres do planeta, humanos e não humanos, animados e inanimados, encarnados e desencarnados. Voltamos a explicar que o Cristo é o arcanjo ou a contraparte energética e áurica de Deus restrita ao planeta. Assim, ao se invocar o Cristo, não importa que o invocador seja cristão, budista, islamita, confucionista ou mesmo ateu, estar-se-á conectando-se com a consciência maior ligada ao planeta Terra.

A título de recomendação, sugerimos que, ao invocar a presença do guia durante um trabalho espiritual, sempre se invoque em nome de Deus, do Cristo ou de Jesus (ou de alguma entidade espiritualmente elevada e que orienta ou supervisiona o trabalho), porque, dependendo da conduta íntima do médium ou trabalhador, existem muitas entidades mal-intencionadas que se passam por guias sérios. Esse tipo de desencarnado normalmente se aproxima do trabalhador (que mergulhou no seu turbilhão de vaidades), atraído por faixas vibratórias similares, e não raras vezes, em que o guia verdadeiro é afastado pelo próprio médium (que o rejeita por sua conduta íntima), se aproximam dele guias ou um novo guia, um falso guia espiritual, o qual assume o comando das interlocuções, na mesma sintonia de vaidade e arrogância.

Contudo, se a Casa tiver uma corrente forte, bem segura e apoiada pela fraternidade entre os membros, outros médiuns da corrente identificarão o falso guia e tentarão ajudar o irmão desajustado espiritualmente, desmascarando o falso guia e trazendo luz à percepção do médium.

Capítulo 6

Se a ciência avança no mundo denso, é porque ela está ainda mais adiantada no mundo invisível

Pergunta: *- Poderia nos detalhar a afirmativa do título deste capítulo?*

Savannah: – O ser humano geralmente se enche de vaidade para dizer que fez isso ou aquilo, que superou um desafio, que criou ou inventou uma tecnologia ou uma medicação, que criou uma poesia, ou uma música ou uma obra de arte, enfim, sem se dar conta que muitas das vezes foi inspirado.

Quando a ciência e as regras sociais avançam em direção a padrões mais civilizados e de melhor qualidade de vida, é porque no mundo invisível superior já se avançou muito mais, ou porque os avanços no plano material são fruto de inspirações de irmãos de planetas mais adiantados tecnologicamente, que então trouxeram a ideia e sopraram no ouvido ou na mente espiritual do encarnado terráqueo. As entidades do bem que estão ligadas ao orbe terreno e, portanto, se sentem comprometidas com a melhoria do planeta, dedicam seu tempo também a inspirar aqueles de bom coração e boas intenções, sintonizados com esse propósito de melhoria em todos os campos da vida humana, em pura cooperação e ação conjunta entre as várias dimensões físicas e planos extrafísicos.

É claro que há muitos casos de seres que encarnaram trazendo conhecimentos e habilidades de outros tempos e vidas (e mesmo informações adquiridas no plano astral, antes de sua reencarnação). Esse conteúdo se encontra no subconsciente, de modo que em algum momento é acessado ou estimulado nos instantes em que a pessoa está estudando aquele assunto ou mesmo as informações subconscientes são estimuladas a partir de "toques energéticos" em sua alma, operados pelo guia espiritual.

Os compromissos espirituais e de auxílio à evolução do planeta, inclusive material, social, psicológico, cultural, tecnológico e artístico, por exemplo, são compartilhados entre o mundo invisível e visível. E quem está ligado ao orbe terreno é responsável pelo desenvolvimento terráqueo, cabendo a ambos os planos tal responsabilidade, e não apenas ao mundo dos encarnados.

Pergunta: - Mas sempre a criação humana estará apoiada numa inspiração espiritual? Não é possível que uma pessoa de fato invente algo? Não seriam momentos em que a pessoa supera a si mesma, seja numa competição escolar, numa pesquisa científica ou mesmo numa competição esportiva, ou em qualquer tarefa?

Savannah: – Sim, reafirmando o que já dissemos: é possível que uma pessoa invente algo no campo das ciências, das artes ou em qualquer ramo da atividade humana, sem interferência do mundo invisível. Contudo, em muitas situações ocorre uma interação com o mundo espiritual, ou mesmo a intervenção inspiradora de irmãos de outros orbes planetários mais avançados que, com permissão do Cristo Planetário, se encontram no orbe em colaboração com os irmãos cósmicos habitantes da Terra.

Ao se ampliar a visão de mundo, o terráqueo poderá perceber que existe vida em todos os planetas do Sistema e que um habitante de Marte se sente comprometido, antes de tudo, com o Sistema como um todo, e não apenas com seu planeta especificamente. Do mesmo modo, o terráqueo deveria estar em sintonia com os demais planetas do Sistema Solar e imbuído do propósito de se sentir responsável energeticamente pelos bons ou maus fluidos que emite e que acabam afetando os orbes irmãos.

De qualquer modo, é preciso que o inventor ou realizador da tarefa na Terra tome consciência de que se ele deu um novo passo na ciência ou realizou algo importante é porque outros vieram antes e geraram conhecimentos e tecnologias que lhe favorecessem a chegada a esse novo patamar. Isso significa que houve uma rede de conhecimentos anteriores, sem o que o cientista ou trabalhador atual não teria alcançado o seu intento. Como conclusão, ninguém avança sozinho e a gratidão e colaboração aos seres anteriores deve ser considerada como parte do invento ou da realização da tarefa, o que exige humildade do inventor ou tarefeiro em aceitar que sua criação ou o produto do seu trabalho são resultantes da colaboração de muitos que vieram antes.

Sem dúvida, o ser humano encarnado pode se superar nas ciências, nos estudos, nas artes, nas atividades esportivas ou em qualquer tarefa, desde as mais simples às mais complexas, e pode ter méritos exclusivos em função de seus esforços pessoais. Mas, muitas vezes, ele se esquece de que não está só no Universo e que, em várias ocasiões, recebeu o sopro inspirador do guia espiritual ou de um ser visível ou invisível para realizar algo construtivo e bom, ou mesmo de um obsessor ou comparsa de outros tempos encarnatórios quando realizava falcatruas, atividades negativas ou sádicas para com o próximo – este último caso é muito comum na Terra no que tange a inspirações para se engendrar, produzir ou realizar coisas negativas.

Ao invés de afagar a vaidade e o egocentrismo, que todo esse quadro nos reporte à necessidade de se cultivar o senso de gratidão a todos os colaboradores que vieram antes e aos que contribuíram com a inspiração. E aí é sempre válido e providencial agradecer a Deus pela boa inspiração ou consecução de alguma obra ou trabalho. Não que Deus demande agradecimento, afinal Ele é puro amor incondicional, mas como exercício de humildade do ser humano, de aprender a agradecer a Ele e a todos que, direta ou indiretamente, contribuíram para a realização da boa obra. Todo esse recebimento de apoio ou inspiração representa oportunidade de crescimento mental e espiritual.

Essa consciência e sentimento de gratidão deve começar já nos mais simples momentos da vida, no acordar, no caminhar, no alimentar-se, no momento da prece, agradecendo ao

Pai pela sua própria existência , pela encarnação, pelo alimento de cada dia – que também teve a colaboração inestimável do Cristo Planetário pela energia telúrica que vem do centro da Terra, pelos minérios e matérias orgânicas que adubaram as plantas, pelo vento e chuva ou água, pelo Sol que gera vidas, pelas forças cósmicas, por todos os trabalhadores que ajudaram para que o alimento chegasse à sua mesa.

Pergunta: - Há, então, casos de boas ou nobres invenções rumo ao avanço tecnológico humano, como também inspirações vindas de espíritos inteligentes e maléficos para realizações ou inventos negativos?

Savannah: – Considerando o estágio espiritual da Terra, de fato, ocorrem as duas situações. Cabe ao ser humano usar de seu discernimento para não captar inspirações indevidas ou de baixo padrão vibratório. Todavia, se captá-las e materializá-las, é porque houve sintonia vibratória entre ambos – emissor e captador –, e cada um terá a colheita pela justiça divina do que plantou de bom ou mal.

Pergunta: - Seria possível nos citar exemplos de invenções ou criações inspiradoras vindas do mundo extrafísico e também de irmãos de outros planetas?

Savannah: – A invenção do avião foi um caso típico de inspiração de irmãos vindos de outro orbe – no caso os marcianos –, que durante décadas tiveram a paciência de inspirar cientistas terráqueos, desde o final do século XIX ao início do século XX, incluindo o brasileiro Santos Dumont,[11] o qual

[11] Quando sua alma chegou no limiar entre o plano evolutivo astral intermediário e superior, teve a oportunidade de encarnar em Marte, como estímulo às suas potencialidades no campo do astral superior, com despertamento de sentimentos superiores e, ao mesmo tempo, com intuito de lhe proporcionar novos conhecimentos e avanços intelectuais voltados à engenharia aeronáutica, o que lhe propiciaria, em futura encarnação, contribuir com o progresso terreno nesse campo. Mas, apesar disso, era uma alma que ainda trazia vários traumas e bloqueios no campo das emoções, os quais precisariam ser trabalhados, aliados a carmas para com o planeta Terra. Esses desequilíbrios no campo emocional lhe causaram quedas que poderiam ser evitadas, o que o levou ao fatídico ato do suicídio, custando-lhe caro no pós-desencarne, complicando seus débitos e se enovelando no terrível carma decorrente desse ato. Isso exigiu a intervenção de amigos espirituais de altas esferas no sentido de recuperá-lo da situação de sofrimento atroz e de zonas terríveis do Astral, implicando em enormes mobilizações para recuperá-lo no prazo de duas encarnações seguidas, até seu restabelecimento mental-emocional. Apesar de tudo, o impacto positivo para o progresso da ciência

recebeu muitas inspirações (sugestões essas que resgataram conhecimentos preexistentes que estavam alojados em seu subconsciente) por intervenção de seu guia espiritual que no passado remoto foi seu pai consanguíneo em Marte. Havia vários espíritos de cientistas marcianos e de outros orbes inspirando diversos inventores, naquela época de impactantes criações tecnológicas, que ajudariam no impulso progressista da civilização, importante para o amadurecimento intelectual e das consciências habitantes do planeta Terra.

A invenção da penicilina foi outra criação inspirada pelo plano espiritual, após milhares e milhares de pessoas terem morrido por infecções, ao longo da História, sem que a humanidade houvesse desenvolvido uma solução medicamentosa por si mesma, nem mesmo tivesse conseguido se sintonizar com inspirações de biomédicos espirituais. O uso de plantas e outros artifícios às vezes amenizava processos inflamatórios, mas não conseguia ser tão eficaz quanto viria a ser a penicilina, e com soluções medicamentosas com que mais tarde se avançaria para outros antibióticos necessários para casos emergenciais de saúde, tendo em vista o nível evolutivo da civilização terrena.

O recente desenvolvimento e uso de drones pelo ser humano atual foi fruto de inspiração advinda de irmãos extraterrenos, de Marte, que inspiraram vários pesquisadores encarnados, em diversos pontos do planeta, pois às vezes uns conseguem se sintonizar e captar a ideia inspiradora e outros não.

Dessa maneira, o plano espiritual e irmãos de outros orbes têm auxiliado na evolução da Terra, conforme permissão de entidades superiores e tendo em vista uma série de fatores, desde análise de carmas individuais e coletivos de países e do terráqueo em geral, passando por aspectos como esforços no campo das ciências, das leis sociais e de questões políticas, decorrentes de amadurecimento de uma nação ou do conjunto das nações do planeta. Nessa direção, os Estados Unidos, Japão, China, Alemanha, Reino Unido, França, e outros, têm tido grandes avanços em decorrência de seus esforços no campo da pesquisa científica e tecnológica.

---

aeronáutica no mundo lhe gerara muitos méritos espirituais.

Existe o carma negativo e o positivo. Os carmas negativos são resultantes de ações negativas, e os positivos de ações positivas que neutralizam débitos cármicos. Se existe esforço nas ciências ou em qualquer campo, é natural que haja retorno como consequência desse esforço: ação e reação, as quais podem se materializar no curto, médio ou longo prazo, numa mesma época ou encarnação ou em tempos futuros, com outras pessoas direta ou indiretamente ligadas ao que iniciou o esforço.

Pergunta: - E quando ocorrem pesquisas no campo da guerra e visando à realização de maldades ou artimanhas com o intuito de dominação e poder? Parece-nos que o drone foi inventado pensando em ataques e defesas, no campo de conflitos armados...

Savannah: – O velho ditado de que Deus escreve certo por linhas tortas vale para as obras humanas, sejam elas resultantes de árduos processos de pesquisa de encarnados ou não. Muitas vezes, um artefato de guerra foi inspirado por uma entidade guerreira e sintonizada com aquele grupo de pesquisa de encarnados.

Sim, o drone foi uma inspiração de irmãos de outros orbes direcionadas a pesquisadores do Japão, Reino Unido, Alemanha, Itália, Rússia, Israel e França, ao mesmo tempo, pois é onde havia ambiente fértil nesse campo. Mas, apenas nos casos do Japão e Itália (onde os pesquisadores e investidores da pesquisa tinham expectativas no campo comercial comum) não havia intenções militares nos ambientes de ciência propícios a que se captasse a ideia. Um pesquisador israelita e um grupo de norte-americanos conseguiram captar a ideia e avançar, mesmo estando conectados com intenções militares.

É bom lembrar que muitas das invenções humanas ocorreram em função de guerras e sistemas de defesa militar, pois foi o caminho encontrado pelas inspirações superiores para trazer ao mundo denso da Terra inovações importantes, as quais futuramente seriam usadas para fins pacíficos e ajudariam a abrir frestas mentais importantes para o progresso da ciência e da mentalidade terráquea.

Noutro sentido, podemos verificar invenções, como por

exemplo a do avião, que não teve como estímulo criativo o seu uso em guerras, mas apenas o desejo do ser humano de voar, e logo em seguida veio o interesse comercial. Porém, mais tarde, foi utilizado em batalhas sangrentas. Assim, mais importante que a tecnologia em si deve ser a postura mental-emocional e o comportamento da humanidade, a qual precisa ser educada em direção à paz e ao amor fraternal.

Em seus primórdios, nos mundos primários ou densos, o atrito entre os seres é um processo natural de lapidação, ou seja, uma condição básica para a evolução e aprimoramento de suas estruturas atômicas. No reino mineral, é o que ocorre, por exemplo, entre os seixos de um riacho, os quais vão se lapidando a partir do atrito entre as pedras brutas. Aos poucos e com o tempo, aquele aspecto pontiagudo vai se modificando, e então, com a ação delicada da água corrente, elas vão adquirindo a forma arredondada e se tornando mais delicadas ao influxo das forças naturais. Trazendo essa analogia para os mundos de provas e expiações, o mesmo processo é aplicável aos seres humanos com relação aos atritos inerentes a processos cármicos e a interações dos seres no aprendizado da convivência social, de modo que um dia seja possível alcançar um ambiente mais harmônico. É nesse ambiente que certas invenções tecnológicas surgem e condizem com o grau evolutivo de determinada coletividade.

Existe um ditado terreno, aliás bem prático e muito aplicável esse tipo de situação: "quem não tem cão caça com gato". Se não há outros meios para ajudar a humanidade terrena a evoluir, então os planos superiores que administram a Terra se utilizam de canais sintonizados com o padrão vibratório e intenções em curso da época, mesmo que estes sejam danosos num primeiro momento (muitas vezes ligados a interesses belicosos), mas de qualquer modo estarão sintonizados com o padrão evolutivo em voga.

É preciso estar com a mente aberta e arejada para compreender esses complexos processos que envolvem o desenvolvimento tecnológico terreno como estímulo providencial para, no futuro, abrir caminhos para novas formas de pensar e agir, balizados por princípios pacíficos e éticos. Há casos de invenções efetivadas graças à inspiração de espíritos belicosos e entidades extraterrenas igualmente belicosas, feitas a inventores sintonizados com eles. Mas tudo foi permitido pelos mentores da Terra, pois estes possuem a vidência futura e sabem da importância de certos inventos para o avançar da civilização terrena. Chegará um tempo em que a Terra não terá mais invenções sintonizadas com a belicosidade existente ainda hoje no orbe.

Se a evolução tecnológica aprimorou armamentos e aparatos militares, por outro lado criou condições para que houvesse, com o avançar do tempo, avanços no campo do conhecimento, da abertura mental voltada para as ciências, das leis e das normas sociais, bem como melhorias nos fundamentos básicos da democracia, no respeito humano e na construção de cidadania nas populações e entre os povos. Essa abertura mental foi e tem sido crucial para que muitos terráqueos captem ensinamentos e inspirações no campo espiritual também, além de avanços em soluções tecnológicas que propiciem melhorias na qualidade de vida.

Cada época da humanidade está em sintonia com o que é predominante na aura do planeta. Recentemente a Terra teve uma Grande Guerra Mundial, e antes disso guerrear era algo corriqueiro. Nos séculos anteriores, era comum e legalmente aceito andar-se armado nas ruas. Atualmente, ainda há guerras e violências urbanas e rurais, pois a Terra ainda está repleta de almas belicosas, mas essa realidade planetária não tardará em mudar de uma forma mais ampla.

Nos tempos de Roma Antiga, seria incompreensível para os padrões da ciência da época se falar em pesquisas espaciais, mesmo para as pessoas mais avançadas na ciência daquele tempo. Hoje, abordar temas relativos à física quântica, o que aproxima raciocínios para a temática de dimensões físicas diversas e aspectos atinentes ao cosmo invisível, ou à matéria escura e outras questões, leva muitos a pensar em temas existenciais e a se aproximar da fronteira entre ciência e Espiritualidade, ainda que haja divergências nessas discussões científicas. Todavia, são temas perfeitamente aceitos nos tempos atuais, sem riscos de ninguém ser levado para a fogueira.

Pergunta: – Ao se referir que existem inspirações das Sombras, significa que existem invenções ou pesquisas no plano astral de seres inteligentes e que desejam orientar encarnados sintonizados com elas? E com que intuito?

Savannah: – Não tenha dúvida que isso existe e muito, em planetas de provas e expiações. Nos planos inferiores do Astral do planeta Terra existem almas antigas, muito inteligentes, que comandam hordas enormes de entidades perdidas, desorientadas e sintonizadas com o mal. Muitas delas são verdadeiros magos das Trevas, pois desenvolveram poderes praticando exercícios para aprimorar o poder mental quando estiveram encarnadas, desde os tempos atlantes, no velho Egito, Babilônia, Europa, Extremo Oriente, e em tribos da Oceania e das Américas.

São entidades presas ao próprio orgulho, vaidade e egoísmo; escravas de instintos, paixões inferiores, com apegos arraigados ao mundo material. Nessa direção, há interesses dessas almas em dominar o mundo dos encarnados e mesmo uma grande faixa espacial-vibratória do Astral que engloba o Astral inferior e o Umbral.

Essas entidades criam artefatos bem arquitetados e com bom padrão tecnológico, desenvolvem dutos astrais para captar bioplasma e ectoplasma de seres vivos e principalmente de humanos encarnados sintonizados com elas – aquelas pessoas desavisadas e desprotegidas em razão do tipo de pensamento, sentimento e atitudes que praticam, são verdadeiros zumbis encarnados, ficando sujeitas à influência dessas entidades negativas, que na maioria das vezes se utilizam de entidades mais fracas mentalmente e que as servem como escravos astrais, fazendo vampirismo de encarnados e influenciando-os.

Existem escolas e centros de pesquisa no Astral inferior para aprimorar inventos científicos para guerras e práticas maléficas, para roubar energia sexual de sádicos e desequilibrados, bem como de glutões desavisados e de todo tipo de material psicoplasmático dos encarnados. Criam e usam artefatos nanoeletrônicos para influenciar e guiar mentalmente os outros, inclusive remotamente (tipo *chips* astrais e etéricos), dentre outras criações para usos torpes e nada nobres.

O mesmo ocorre no campo das artes, com cursos e ações visando a inspirar e influenciar a partir do mundo astral inferior os que estão encarnados. Há preparação de futuros encarnados no campo da música, cantos, composição, pintura, escultura, apresentação de mídia convencional, mídias sociais, influenciadores na internet e tantos outros sintonizados com as Trevas e materializadores de variadas atividades humanas. Há centros de treinamento nas zonas densas do Astral para futuros traficantes de drogas, ladrões e assassinos, a serviços de verdadeiras máfias do Astral, as quais influenciam máfias de encarnados.

Por isso, "orai e vigiai". Atenção com os pensamentos, as atitudes e os sentimentos, buscando educá-los por padrões elevados de ética, respeito humano e amor crístico.

A ação das Trevas tem o intuito de dominar o planeta no plano físico e astral e assim ampliar os mecanismos de interconexão entre os dois mundos, quase que automática e diretamente, graças à existência de sintonia entre encarnados e desencarnados aprisionados aos vícios e a todo tipo de práticas degradantes, de pensamentos e sentimentos usuais com baixo teor vibratório.

Isso vai como alerta de que não existe um mundo de desencarnados desconectado do mundo físico de encarnados; os dois sistemas ou mundos paralelos interagem e interinfluenciam-se constantemente, pois, conforme abordado anteriormente, são sistemas abertos que se intercomunicam. Como a maioria dos terráqueos desconhece isso, boa parte destes acaba sendo manipulada inconscientemente.

Pergunta: – Apesar de anteriormente ter sido feito um comentário sobre essa questão, num sentido mais específico, mas, em se tratando do orbe terreno, numa perspectiva mais ampla, o plano espiritual superior não poderia intervir para evitar essa dominação das Trevas sobre o planeta?

Savannah: – O tempo das Trevas está chegando ao fim. O bem sempre vence. Essa frase pode parecer piegas ou lembrar uma chamada para um conto de fadas, mas os bons contos sempre têm um fundo de verdade, pois foram inspirados e criados para, por meio de metáforas, abrir a consciência dos que se encontram ainda limitados mentalmente, necessitados de sensibilização ou mesmo embrutecidos e insensíveis à dor do próximo.

A Terra ainda se encontra no estágio de planeta de provações e expiações, rumo a um planeta de regeneração, sujeita à Lei Maior e dentro dela a Lei do Carma. E, como em qualquer paragem do Cosmo, respeitar-se o livre-arbítrio também é parte da Lei, sendo que, no caso de orbes em regeneração, existe uma intervenção mais próxima e direta de planos superiores, via encarnados esclarecidos e irmãos orientadores do bem ligados a planos invisíveis.

Os tempos são chegados: após o Universo dar um tempo para que as almas amadurecessem um mínimo a fim de passar para um próximo patamar espiritual, vivendo em vários planetas, então é chegada a hora em que a economia cósmica busca equilibrar-se, via uma postura de resiliência espiritual. E esse equilíbrio se apoia nas funções tempo e espaço, que são partes da fórmula da física da evolução, também.

O tempo de um determinado número de encarnações para certo número de almas (numa escala "x" de graus evolutivos, que se esperava alcançar em função de dado número de encarnações que passaram por vários planetas e que na última fase se concentrou na Terra), num dado espaço que aqui chamaremos de planeta Terra, converge para um complexo cálculo baseado na necessidade de se passar para um novo estágio evolutivo com certo grau de avanço.

E não dá mais para adiar esse tempo, pois o "espaço Terra" demanda um novo sistema de vida, apoiado no amor universal e na consciência cósmica, entendendo que a população terráquea não dará um salto quântico em sua ascese espiritual. Para vivenciar a fase de regeneração terrena, o ser humano continuará sujeito à Lei do Carma e à necessária e comprometida mobilização de esforços íntimos rumo ao autoconhecimento e à autotransformação – ainda que o ser esteja em seus primeiros passos nesse processo consciente de mergulho interior e renovação íntima, tal processo deverá estar balizado por sua própria vontade e arbítrio de progredir.

Vale salientar que a própria Terra, enquanto fator geológico-energético, e considerando sua aura e todos os seus seres, sob impulso e imersão consciencial do Cristo Planetário e gestão do seu governador, também está avançando na senda espiritual e precisa passar para novo degrau evolutivo. Com isso, seres encarnados e desencarnados resistentes ao influxo do progresso espiritual terão que deixar o orbe e migrarão para outro lugar mais primitivo, desobstruindo a força propulsora do avanço rumo à Luz, deixando aqui somente aqueles que desejarem continuar em seu processo de ascese consciente e por vontade própria.

Todos que optarem por construir esse novo tempo da Terra terão de começar um processo de autorregeneração, que será lento, longo e gradativo, e com orientação espiritual apropriada a cada alma e ao conjunto civilizatório, cheios de amor e sabedoria. Por isso, quem começou esse processo intimamente já está se adiantando. Certamente estará na vanguarda desse novo tempo e foi preparado para isso, ou dele se esperava essa preparação, para que nos tempos mais intensos de mudanças possa ajudar os mais frágeis e menos preparados para vivenciar a nova vida.

Chegou o momento da grande catarse planetária, que se intensificará doravante e nas próximas décadas, a qual afetará a vida exterior e interior de cada alma encarnada e desencarnada deste orbe. Como o livre-arbítrio é respeitado, o plano espiritual não invade a individualidade de ninguém. Cada um terá de fazer a sua escolha e depois (na fase de reconstrução do novo tempo, estando encarnado ou não), terá de se esforçar para cumprir as novas regras coletivas e ser coerente com sua própria consciência, sob risco de o constrangimento lhe promover choques interiores e reflexões que o ajudarão a ampliar sua consciência e a sensibilidade espiritual. Ou mesmo, terá de se retirar retardatariamente do planeta e se reencontrar com os que foram na frente para o novo orbe primitivo.

Que cada um escolha o seu rumo. Mas o tempo está chegando ao fim para que essa escolha se proceda. Mais alguns anos e a Terra passará pela intensificação desse processo de rupturas rumo à transformação ampla e profunda, tendo como foco central o mundo interior de cada alma, apesar dos efeitos geoambientais e climáticos intensos.

Muitas novidades no campo espiritual e tecnológico hão de descer à Terra. De certo modo, já vêm descendo ao mundo dos encarnados, mas virão muito mais, com ajuda de irmãos de variados orbes planetários, bem como dos mentores e instrutores espirituais da Terra. E tudo virá ao seu tempo; por isso, não é hora ainda de intervenções superiores sobre parte da civilização terrena que se locupleta da interação com o Astral inferior e umbralino.

Pergunta:– E com relação aos medicamentos alopáticos e outras drogas que têm sido criadas por laboratórios com fins de eliminar inflamações ou outros sintomas caracterizados como doenças ou desequilíbrios do organismo humano, mas que no fundo são paliativos, ou seja, não alcançam de fato as causas da doença ou desequilíbrio, são válidos? E o interesse dos laboratórios focados essencialmente no lucro financeiro?

Savannah: – Conforme já dissemos, todo esforço para minorar a dor física e psíquica do ser humano é louvável e deve ser buscado, mesmo que por trás desse esforço haja o interesse da indústria ou do laboratório farmacêutico em lucrar com as vendas do remédio – que cada um faça a sua boa parte, mesmo que suas ações venham gerar resultados ainda distantes do ideal, e ainda que a alma esteja cheia de imperfeições íntimas. Tal esforço também é válido, mesmo considerando que uma solução medicamentosa possa causar alguns efeitos colaterais, o que aliás é muito comum nas terapias alopáticas, ou até fitoterápicas quando administradas de forma excessiva ou inapropriada.

Doenças, no fundo, são resultantes de desequilíbrios espirituais. O ser humano só encontrará a cura verdadeira dos males ou desequilíbrios fisiológicos e psíquicos quando iniciar de modo sincero seu processo de autoconhecimento e autotransformação, pois dessa maneira atingirá as causas verdadeiras das enfermidades.

Quando alcançar o completo saneamento mental-emocional, atingir um balanço cármico equilibrado, uma alimentação sadia e um bom grau de maturidade espiritual, então poderá estar livre de doenças ou, pelo menos, terá condições de administrar desequilíbrios sem maiores impactos ao corpo físico. A propósito, as doenças ou sintomas orgânicos representam na verdade reações positivas que indicam que algo está errado no funcionamento interno da pessoa, seja por alimentação inadequada, seja por efeitos cármicos, seja pela postura de pensar, sentir e agir diante da vida presente.

É necessário ser justo com aqueles de boas intenções. Assim, é válido lembrar que existem laboratórios de fato preocupados com a cura de doenças e entendem que seus lucros virão como consequência, mas na realidade existem muitos outros focados essencialmente no lucro financeiro e que, para isso, pesquisam fórmulas para atingir unicamente sintomas, sem maiores preocupações com as causas verdadeiras dos desequilíbrios. Todavia, cada pessoa e cada grupo de pessoas terá seus respectivos carmas individuais e coletivos, positivos e negativos, proporcionais ao que cultivam. E seus balanços cármicos serão suficientemente justos para lhes proporcionar retornos merecedores e oportunos para que mais à frente se sensibilizem e se melhorem interiormente.

Pergunta: - Todos os planetas do Sistema Solar possuem tecnologias e nível espiritual mais avançados que os existente na Terra? E irmãos desses orbes ajudarão os terráqueos no futuro?

Savannah: – Existe vida em todos os planetas do Sistema Solar, só que em dimensões físicas diferentes da existente na Terra, a qual possui vida na primeira dimensão física. Vale dizer que há vida também na décima dimensão física da Terra, uma civilização avançadíssima em espiritualidade e tecnologia. As civilizações existentes nos outros planetas do Sistema Solar possuem nível espiritual e tecnológico bem mais avançado que o da primeira dimensão da Terra.[12]

Há vidas em muitos outros planetas fora do Sistema Solar, tanto mais quanto menos evoluídos que a terrena, alguns dos

[12] Recomendamos a leitura do livro *Missão Planetária*, publicado pela **Editora do Conhecimento**, que aborda detalhadamente este tema.

quais em estágio similar ao terráqueo da primeira dimensão física, que é a dimensão com sistemas de vida mais densas e rudimentares.

Na primeira dimensão física é onde se materializam os estágios: **primários** (com sistemas de vidas primitivos, como nas fases iniciais da Terra, no tempo dos dinossauros, nas antiquíssimas eras pré-históricas, em períodos pré-lemurianos, lemurianos e na primeira fase da civilização atlante); **de expiações e provas** (repleto de embates, guerras, conflitos, carmas e mazelas psíquicas, como ocorre desde a segunda fase da civilização atlante, passando pela Antiguidade, Idade Média, Moderna e Contemporânea, chegando aos dias atuais), **e de regeneração** (qual ocorre em alguns planetas fora do Sistema Solar e para onde a Terra caminha), respectivamente, das civilizações humanas.

Muitos dos irmãos de outros orbes de dentro do Sistema Solar, inclusive os habitantes da décima dimensão terrena, e de fora deste Sistema estarão mais próximos dos habitantes terrenos após o saneamento planetário, quando a aura terrestre estará mais leve e mais acessível a entidades sensíveis, ricas em amor e inteligentíssimas, de modo que estas possam frequentar a primeira dimensão terrena de forma mais rotineira e trazer informações e conhecimentos que propiciarão avanços tecnológicos e espirituais gigantescos para a Terra em sua primeira dimensão.

É válido ressaltar que esse intercâmbio sempre existiu ao longo da História da humanidade terrena e muito dos avanços ocorridos na Terra foram frutos de intervenções e ajudas de irmãos extraterrenos. Jesus, Maria e Francisco de Assis, por exemplo, vieram do sistema solar de Sírius (estrela que emana Luz e vibrações de amor incondicional), assim como Buda, Confúcio e Lao-Tsé vieram de outros orbes planetários distantes, estes três procedentes do mesmo sistema solar, de planetas do sistema Alfa Centauro.

Nos tempos da Lemúria e principalmente nos dois períodos civilizatórios da Atlântida, houve a chegada de grupos enormes de transmigrantes planetários, bem como outros grupos menores nos tempos áureos do Egito e na Grécia Antiga. Mais recentemente, muitos irmãos de baixa vibração têm chegado de planetas muito atrasados espiritualmente, ao longo dos últimos 200 anos (um grande número de espíritos recém-chegados à Terra vem crescendo a cada década, e isso se intensificou após o término da Segunda Guerra Mundial), e aqui estão tendo oportunidade de crescer em inteligência e espiritualidade, apesar da resistência de muitos por conta do grau de imaturidade em que se encontram, no sentido de idade cósmica.

Em meio a esses transmigrantes, também chegam espíritos com elevado grau de evolução, principalmente intelectual, ainda em aprendizado no campo do amor universal, os quais estão sintonizados com guias espirituais de planos superiores ou possuem conexão telepático-mediúnica com amigos encarnados em dimensões físicas mais sutis, ligados a seus orbes de origem, e que se aproximam com o uso de equipamentos especiais e se localizam na terceira dimensão física, onde podem acessar os encarnados aqui, sem serem percebidos com os olhos físicos. A maioria se utiliza da comunicação mediúnico-telepática, via processo intuitivo.

Muitos avanços recentes no campo das ciências têm sido fruto dessas reencarnações de irmãos de orbes extraterrenos, já sinalizando os novos tempos do mentalismo aquariano. Mas é uma era mental em que se espera sejam conquistados avanços, também e necessariamente, no campo do sentimento (avanços básicos que boa parte da humanidade já deveria ter alcançado, por esforço próprio e devido aos efeitos de fatores cármicos da dor, desde a vinda de Jesus), condição indispensável para se materializarem e se solidificarem os grandes avanços tecnológicos que estão chegando e do porvir.

Não se espera que na Terra se ganhe avanços tecnológicos sem avanços espirituais, sob risco de se desenvolver aqui sistemas de vida não apropriados para um planeta que foi "desenhado" espiritualmente para ser um local de "amadores", isto é, de pessoas imantadas pelo amor fraterno. Não à toa Jesus (exemplo vivo do amor cristão) é o governador planetário e, não por acaso, em breve assumirá esse papel Francisco de Assis, aquele que foi em sua encarnação anterior

João, o Evangelista, e que exemplificou de forma fidedigna o amor trazido por Jesus.

Pergunta: - Quer dizer que se a Terra não cultivar o amor crístico é possível que aqui não se instale a esperada nova era aquariana?

Savannah: – Essa é uma questão delicada, pois se espera sempre um grande número de almas imbuídas do interesse de estar ao lado do Cristo Planetário, mesmo que carregadas de imperfeições. Contudo, de qualquer maneira uma nova era planetária será instalada na Terra. Deus jamais abandona seus filhos, convida-os e oferece oportunidades, mas jamais invade o livre-arbítrio de cada alma, estejam elas encarnadas ou desencarnadas. Se poucos se sintonizarem com essa proposta, poucos ficarão no orbe terreno para construir esse novo tempo calcado no amor fraternal e na busca de uma consciência cada vez mais expandida.

Os guias e mentores da Terra conhecem profundamente a psicologia humana, captam os sentimentos e intenções humanas, porém sempre estão cheios de esperança e então oram e mobilizam esforços junto aos servidores do Cristo, para que um maior número possível de almas estejam engajadas e sintonizadas com os propósitos superiores e possam permanecer no orbe terreno durante esta fase de transição que já se iniciou e que perdurará por algumas décadas. Contam com aqueles que já se encontram preparados para ajudar a construir esse futuro período pós-saneamento planetário – há uma expectativa de que pelo menos um terço dos terráqueos possa estar apto a construir essa nova era de mentalismo e de expansão do amor cósmico.

Pergunta: - O que seria essa era do mentalismo?

Savannah: – Representa um período em que haverá predominância do campo intelectual e intuitivo nas pessoas, com maior abertura dos chacras coronário e frontal, mas também do laríngeo e cardíaco, contemplando assim todos os chamados chacras superiores, os quais estarão mais sensibilizados. Essa sensibilização será natural para aquelas almas que já desenvolveram suas sensibilidades e expansão da consciência a partir de esforços individuais, ao longo de muitas encarnações passadas. Ao mesmo tempo, estarão encarnando almas com maior sensibilidade mediúnica a partir de trabalhos de dinamização desses centros de força, nos corpos astral e etérico realizados por guias e mentores espirituais – ativação mediúnica artificial conforme já existe atualmente.

Entretanto, é válido lembrar que algumas dessas almas já se encontram encarnadas, outras em fase de reencarnação e a maioria delas ainda por reencarnar – com maior volume de reencarnes a ocorrer após os grandes acontecimentos do saneamento planetário, isto é, quando se iniciar a fase de reconstrução planetária com as bases crísticas bem alicerçadas na maior parte da mente da civilização terrena.

Numa perspectiva de visão cósmica, os planetas, assim como o Sistema Solar, os sistemas constelatórios e galácticos, numa dimensão macro, são movidos por eras ou períodos energético-magnéticos que estão agregados a planos maiores do Criador, sob a batuta de arcanjos e anjos. Tudo é regido por uma grande economia e contabilidade cósmicas, apoiadas na ética, justiça e amor universal.

A Era de Peixes, que foram os 2 mil anos a partir do nascimento de Jesus, representou o período do sentimento, ou seja, de despertamento do sentimento cristão e crístico. Como essas fases possuem um período de transição, isto é, não se processam de forma abrupta, é importante lembrar o que já foi dito em outras obras, qual sejaΩ que, no caso da Terra, esse processo de transição se iniciou por volta dos anos 1950 e deverá se estender até aproximadamente o ano 2050, quando de fato se iniciará a reconstrução de um novo tempo em novas bases conscienciais, reconstrução esta que durará até por volta do ano 2200. Para os planos superiores, um século no calendário terreno representa um "piscar de olhos".

Assim, a Terra, gradativamente, está deixando de ser imantada ou dinamizada pelas forças vindas de Jesus, que estimulam a transformação de sentimentos rudes, densos e imaturos para sentimentos mais nobres, carregados de amor-perdão, compaixão e fraterno. A Terra passa aos poucos a absorver e a expandir as vibrações do novo avatar planetário, na figura de Francisco de Assis, que tem o tônus vibratório semelhante ao de Jesus, todavia que avançará em termos de estímulo vibratório nas almas dos habitantes da Terra. Ou seja, no sentido de acumular a mobilização de expressões no campo do sentimento superior e também do mental intelectual e intuitivo, o que significa imantação estimuladora das almas visando a se mesclar as energias do coração e da razão.

Jesus está próximo a assumir um papel angelical mais abrangente, rumo ao plano pré-arcangelical, função esta que engloba a "supervisão amorável" nas gestões da Terra e de Marte simultaneamente, envolvendo a todos os seres dos dois orbes com seu amor incondicional e sua consciência ainda mais expandida, passando a ter uma mais estreita ligação vibratória com o Cristo Solar.

Pergunta: - Isso significa que quem absorveu as vibrações de Jesus ou pelo menos parte dela, em direção à autotransformação dos sentimentos, nesses últimos 2 mil anos, o fez com bom êxito integral ou mesmo parcial, mas quem não absorveu nada perdeu seu tempo ao longo de várias encarnações e certamente não permanecerá na nova fase planetária?

Savannah: – Os planos e as gestões cósmicas não funcionam dessa maneira tão matemática, ainda que essa ciência tenha seu papel fundamental na busca dos balanços cármicos e dos processos evolutivos de cada alma encarnada e desencarnada no orbe terreno.

A matemática e a estatística cósmica são bases muito importantes nos cálculos e análises para se avaliar o quanto uma alma amadureceu e o quanto poderá amadurecer nos próximos anos e séculos. Mas nada supera o amor infinito de nosso Pai e dos anjos mentores da Terra, como Jesus e seus assistentes angelicais, e de irmãos ligados a planos superiores da Espiritualidade, seres estes ricos em perdão, compreensão, compaixão e esperança em seus tutelados, o que denota pureza de coração, sem no entanto deixarem de ter discernimento e auscultação profunda da intimidade interior de cada alma terrena.

Poucos realmente conseguiram amadurecer no processo

de autotransformação de sentimentos ao longo dos 2 mil anos, com a vinda e os exemplos deixados e imantados auricamente na Terra por Mestre Jesus. Contudo, alguns se encontram no início do caminho, graças à ação amorável da Lei de Causa e Efeito e dos sofrimentos por que padeceram nessa caminhada de muitas vidas biológicas. Estes começam a compreender e a sentir a mensagem e o exemplo Dele; outros estão no batente da porta; e outros tantos observam à distância, mas estão sujeitos a ser mobilizados a entrar também. Há muitos distantes e que ainda nem percebem a entrada desse "templo interior", que é o do autoconhecimento e da autotransformação, apoiados pelo amor fraternal.

Portanto, muitos ainda terão a chance de escolher o caminho do amor e poderão continuar no orbe terreno, estejam encarnados ou desencarnados, mesmo aqueles que não aproveitaram de modo eficiente as encarnações que tiveram ao longo dos últimos dois mil anos.

E nesse contexto, vale dizer que há muitas almas que vieram de outros orbes, o que caracteriza o aumento tão acentuado da população da Terra. Essas almas que chegaram a este orbe nos últimos 300, 200, 100 ou poucos anos atrás, trazem também experiências encarnatórias em planetas que tiveram avatares similares a Jesus, anjos estes que desceram a planos físicos, exemplificaram e de algum modo tocaram muitas almas no sentido do amor fraternal.

Assim, almas diversas puderam vivenciar oportunidades de amadurecimento em direção ao Pai. Umas captaram, deixaram-se tocar na sensibilidade e internalizaram esse amor; outras apenas uma parte; outras quase nada ou praticamente nada. Contudo, de uma forma ou de outra, tiveram contato com a mensagem e as vibrações do amor crístico, mesmo não as retendo em suas mentes e corações, porque são almas ainda primárias, embrutecidas, revoltadas ou renitentes ao amor.

Pergunta: - Qual a diferença entre amor crístico e amor cristão? Ou são a mesma coisa?

Savannah: – O amor cristão é aquele que leva em conta as relações fraternais mais próximas, como pais e filhos, irmãos consanguíneos, parentes, amigos, mas também entende que o amor deve se estender aos irmãos terrenos que são filhos de Deus, ou seja, a todas as pessoas do planeta. O amor crístico considera essas manifestações de amor aos mais próximos, inclusive terráqueos, também, mas se estende a todos os seres que habitam a Terra, como plantas e animais, ou mesmo aos seres inanimados (minérios, pedras, rochas, montanhas, moléculas, átomos), e ainda considera todos os astros e seres do infinito Cosmo, indo ao encontro do que chamamos de amor universal.

Dos que desceram ao plano físico, Jesus é o anjo que possui a mais fidedigna sintonia com o Cristo Planetário. Repetindo o que já dissemos: o Cristo é uma consciência e amor que permeia a tudo e a todos no orbe terreno. É a consciência com ligação direta e plena sintonia com o Cristo Solar, e por conseguinte com o Cristo da Constelação em que se insere o sistema solar, e subsequentemente com o Cristo Galáctico e por sua vez com Deus, numa interação sistêmico-vibratória e de sintonia arcangelical em âmbito universal. O amor crístico extrapola o orbe terreno e alcança o Infinito, não discrimina nada nem ninguém, compreende e sente que todos do Universo são irmãos amados.

Pergunta: - Reportando-nos à resposta de uma questão em que o irmão aborda, especialmente no último parágrafo, o fato de Jesus estar inserindo o planeta Marte em sua aura amorável e consciente de supervisão, além de envolver a Terra. Estaria aí a justificativa da grande presença de marcianos no orbe terreno como auxílio fraterno a partir do invisível e de dimensões físicas mais sutis?

Savannah: – As relações entre a Terra e Marte são mais antigas do que o terráqueo possa imaginar. Embora planetas como Vênus e Mercúrio sejam os mais próximos fisicamente da órbita terrestre em alguns períodos cíclicos anuais, Marte igualmente se aproxima muito, em termos orbitais e magnéticos. Todavia, Mercúrio e Vênus são planetas habitados por seres angelicais, não autóctones, ou seja, são anjos que migraram para esses orbes para ajudar na evolução "geológica" ou mineral e futuramente na criação de vidas vegetais e animais daqui a alguns milhões de anos. Marte, porém, possuía vida similar à existente na Terra (em sua primeira dimensão física) há aproximadamente 12 mil anos atrás, quando sua população migrou definitivamente para a quarta dimensão física, onde se encontra até hoje.

No que concerne à migração interdimensional da vida biológica, o próximo destino evolutivo dos habitantes da Terra é migrar para a quarta dimensão física quando vierem a encarnar, a partir de aproximadamente 200 anos futuros e ao longo dos próximos 3 mil anos, de forma gradativa e conforme o grau evolutivo de cada alma. Ou seja, "a Terra será Marte amanhã", simbolicamente falando.

Ao longo de suas vidas pregressas, vários habitantes da Terra têm ido "estagiar" em Marte, vivencialmente falando, isto é, têm encarnado naquele planeta ou mesmo realizado visitas astrais, e vice-versa. Marcianos voltam para a Terra, ou encarnam neste planeta pela primeira vez e por várias vezes, com o intuito de ajudar na evolução da civilização deste orbe. Então, além de ser um planeta que durante vários meses do ano é o mais próximo da Terra, em termos físicos, é também o mais próximo no sentido de evolução civilizatória, apesar da vida em Marte estar muito à frente em termos tecnológicos e espirituais.

Atualmente, Marte é um planeta com civilização na quarta dimensão física. Por esse motivo, nenhum terráqueo ou nave consegue ver seres vivos, indo lá na primeira dimensão. É local que não possui nenhum tipo de violência, onde reinam a paz e o amor fraterno entre seus habitantes, seres com mente aberta e superavançada intelectual e intuitivamente.

Capítulo 7

O processo mediúnico na atualidade

Pergunta: - A mediunidade de hoje difere daquela das décadas ou séculos passados ou mesmo dos tempos medievais e mais antigos?

Savannah: – Sempre existiu mediunismo, conforme já afirmamos. Entretanto, com a vinda de Kardec e de suas obras, o planeta iniciou uma fase de aceleração e expansão da mediunidade, que a cada década tem se ampliado mais. Essa ampliação será maior ainda nas próximas décadas e séculos. Tal ampliação significa a expansão dessa sensibilidade impressa em um maior número de pessoas encarnadas na Terra e a consequente conexão delas com entidades desencarnadas, seja em relação aos seus respectivos guias espirituais, seja com outras entidades amigas ou mesmo em conexão com almas ligadas pelo passado remoto e com relações cármicas.

Nos tempos atlantes, houve ativação ou sensibilização dos chacras por parte de guias e mentores, o que chamaríamos de sensibilização artificial. Havia alguns seres mais evoluídos que já traziam essa mediunidade. Foram tempos em que a experiência teve sua validade, mas muitos usaram essa potencialidade para o lado negativo.

Na Antiguidade terrena, essa sensibilização artificial foi evitada, ficando restrita a pouquíssimas pessoas, apesar de que havia casos de alguns que desenvolveram poderes psíquicos por meio de certas práticas no passado e que então traziam uma potencialidade natural, mesmo sendo pessoas moralmente atrasadas. Porém, na maioria das vezes, naqueles tempos, essa sensibilidade natural era mais evidente em seres mais evoluídos.

Essa tendência perdurou no período da Idade Média. Vale salientar que no período do Renascimento e da Idade Moderna a sensibilização artificial foi realizada em algumas almas, especialmente as que traziam histórias passadas no campo das artes e do conhecimento, quando inclusive surgiria o Iluminismo. Na Era Contemporânea e da informação, a sensibilização artificial vem então se disseminando de forma crescente até os dias atuais e o será no futuro de modo grandemente ampliado.

Pergunta: - Mas existe diferenciação na forma de manifestação da mediunidade hoje e no passado? E há diferenças entre aqueles que trazem a sensitividade natural e os que passaram por processos artificiais de magnetização ou dinamização de seus chacras, antes de reencarnar?

Savannah: – Em princípio não há diferença entre os que trazem a mediunidade natural e a artificial, mas cada um terá sua sensibilidade relacionada àquilo que já traz como experiências passadas. Por exemplo: uma pessoa que sempre gostou de escrever e que outrora tenha sido escritor ou mesmo que tenha se utilizado muito da escrita, ao vir com a sensibilidade ou sensitividade aguçadas, terá uma tendência natural à psicografia. O mesmo se dará com aquele que traz a tendência a se expressar bem pela fala, por conta de suas experiências passadas relacionadas com atividades políticas, docentes ou de palestrante. Mas, de uma maneira geral, a intuição foi, é e será ainda mais abrangente e praticada entre os seres humanos ou médiuns atuais e no futuro, algo relativamente comum na sociedade do porvir.

Reafirmamos que todos os seres humanos têm essa potencialidade e, para os que reencarnaram nos últimos 100 anos, essa sensibilidade intuitiva está presente em quase toda a população, apesar da maioria não se dar conta disso, em grande parte por manter a mente sempre estressada ou ligada a pensamentos e situações mais grosseiras da vida.

Evidentemente, os que passaram por uma magnetização mais intensa terão uma intuição mais aguçada, a qual se expressará mais ainda naquelas pessoas que tiveram experiências como essas em vidas passadas.

No passado, como agora, havia mais a mediunidade intuitiva. É claro que uma alma endurecida e rude terá mais dificuldade de acalmar a mente, de se interiorizar e de se conectar com seu guia espiritual e com Deus, diferentemente de uma alma mais antiga, mais sensível.

A mediunidade de cura sempre existiu também, assim como a mediunidade de vidência e de clariaudiência, ou seja, a capacidade de ver e ouvir o plano invisível, apesar de ser mais ampla nos dias de hoje do que no passado.

A mediunidade mecânica foi e ainda é muito rara, e se encontra em extinção. Mesmo Chico Xavier que a possuía, foi orientado pelo seu guia Emmanuel a estudar para que desenvolvesse a mediunidade intuitiva, a qual demanda estudos e todo um acervo de conhecimentos e informações no arcabouço mental-cerebral, como insumo essencial para que o guia ou mentor possa trabalhar – é como a base de dados usada hoje na linguagem de tecnologia da informação, sob a qual o usuário poderá se apoiar para realizar certos trabalhos, resgatando dali o que precisa em termos de sistema, aplicativo, de dados e informações para construir conhecimentos, tecnologias, textos, tabelas, planilhas, fórmulas, e assim por diante.

Pergunta: - Poderia nos sintetizar quais os tipos de mediunidade que existem?

Savannah: – Cada atitude do ser humano no mundo extrafísico ou físico será expressão da intermediação de forças da Luz ou das Sombras. E, considerando que a sintonia entre frequências vibratórias é inerente à própria natureza, automaticamente haverá conexão com energias positivas ou negativas entre as almas em qualquer estágio que se encontrem, estejam encarnadas ou desencarnadas. Ainda que tais atitudes sejam iniciativas do indivíduo, será inevitável a conexão de frequência com egrégoras ou mentes inteligentes, sejam boas ou não, isto é, haverá processo mediúnico, mesmo o ser não tendo noção do que esteja ocorrendo.

À medida que a pessoa evolui, caminha em direção à

sintonia com as forças de Luz, sendo, portanto, intermediária dessas forças. Mas, apesar do estágio em que se encontre evolutivamente, mesmo estando em fases primárias, sempre terá em sua essência a centelha divina, e, sempre que fizer algo de positivo, estará ali manifestando sintonia com sua luz interior, sendo médium dela, ainda que inconsciente desse processo. Assim, no final das contas, de uma forma ou de outra, todos os seres humanos são intermediários das forças superiores do Amor Divino Universal sempre que realizem as mais simples boas ações, mesmo os que se encontram nas etapas brutas da caminhada evolutiva.

Considerando que os processos mediúnicos possuem um largo espectro de formas de manifestação, a mediunidade vai se expressar na pessoa conforme sua natureza, sua história pregressa, suas experiências de vida, seus potenciais e habilidades. Com isso, um espírito muito velho pode trazer vários tipos de mediunidade simultaneamente, o que não quer dizer grau de evolução, mas experiências e habilidades conquistadas em centenas e milhares de pré-existências, muitas vezes acumuladas com débitos cármicos, o que fez com que os guias e mentores lhe propiciasse manifestar essa elevada sensibilidade como oportunidade para resgatar compromissos passados e se reorientar rumo à autorrenovação.

Há muitas obras lúcidas sobre o tema e várias classificações de tipos de mediunidade. Conforme a escola espírita, umbandista ou espiritualista, será possível identificar nomenclaturas e abordagens diferentes, o que não anulará suas posições, o que aliás é reflexo apenas de perspectiva conceitual, de formas de ver o tema ou de se expressar. Vamos, no entanto, fazer uma síntese segundo nossa visão sobre o assunto.

Primeiramente entendemos que sensitividade e mediunidade são a mesma coisa, embora alguns enquadrem a sensitividade como aqueles potenciais trazidos pela pessoa em função de conquistas passadas, e mediunidade ser resultante de um processo artificial provocado por ativação ou sensibilização nos chacras, realizada por guias e mentores antes da pessoa reencarnar.

Portanto, no nosso entender, ambos são tipos de sensibilidade da pessoa (conquistadas por esforço próprio ao longo de muitas vidas ou resultante de ativação artificial por parte de guias e menores no Espaço), que pode ser mais ou menos aguçada, numa escala enorme, indo da mais endurecida à mais hipersensível – o que permite enquadrar todo ser humano com algum grau de mediunidade, ainda que não a perceba.

Salientando que é possível que haja as duas coisas, ou melhor, é possível que uma pessoa tenha passado por sensibilização artificial de seus chacras durante o processo de reencarnação e, ao mesmo tempo, tenha muitas experiências e habilidades ou conquistas de outras vidas, como práticas para adquirir poderes mentais, muita meditação e exercícios de concentração, ou mesmo seja uma pessoa com diversas experiências dolorosas no campo emocional com consequentes aprendizados, o que lhe propiciou ter alcançado um elevado grau de sensibilidade naturalmente, em que pese seus carmas e vícios arraigados ao passado lhe trazerem necessidades de muitos avanços, ainda rumo ao autoaprimoramento.

A intuição é a manifestação mais comum e com maior espectro de difusão entre todas, em maior ou menor grau. Alguns classificam a inspiração como um tipo de mediunidade à parte, entendendo que a intuição ocorre num processo direto e automático de transmissão da mensagem, e, no caso da inspiração, ela vem por partes ou por sensações, impressões, de maneira que ocorre a captação da essência do assunto ou conteúdo daquilo que o guia desejava transmitir e o médium depois coloca no papel ou expressa em palavras o que entendeu ou captou.

Para simplificar, segundo nosso entendimento, classificamos intuição e inspiração como a mesma coisa. A diferença é que na inspiração a mensagem ocorre em blocos de informações e então o médium vai digerindo aquele volume de informações e depois materializando-as ou traduzindo-as com suas palavras, em forma verbal ou escrita.

Por exemplo, uma pessoa que recebeu uma mensagem inspirativa em forma de um pensamento e a dissecou com suas próprias palavras, não deixa de ser um processo intuitivo. Essa inspiração pode vir em forma de imagens de ideias, contextos, cenas, de desenhos ou mesmo de aromas ou sons. Isso ocorre em relação a uma pintura, poesia, prosa ou à inspiração musical, por meio de acordes ou sons que permitirão, a partir dali, se construir a composição em sua completude.

É bom observar que o processo intuitivo ou inspirativo permite que haja uma composição de textos ou produtos artísticos em parceria entre o médium e o guia ou mentor. E é isso que o plano espiritual superior deseja: que haja participação de todos e não apenas de um dos lados. Isso é ação fraterna, de intercâmbio, o que é muito positivo para o processo de evolução da entidade espiritual e do encarnado.

Intuição nada mais é que telepatia, que pode ocorrer entre pessoas encarnadas e desencarnadas, e entre desencarnados e encarnados, e vice-versa, por atração de sintonia mental.

Pessoas que estão muito afinadas com o guia ou emissor da mensagem, podem realizar o processo de modo semiautomático, com razoável grau de fidedignidade, e captando a essência do que se deseja transmitir. Ou mesmo direta e automaticamente, captando fidedignamente a mensagem que será traduzida ou materializada em forma de escrita, emissão de palavras vocais, composição musical, pintura, escultura, poesia, prosa, romance, e assim por diante. E tudo ocorreu via processo intuitivo direto e automático ou semiautomático; uns com maior fidedignidade, outros com menos, uns com mais rapidez, outros de forma mais lenta, uns captando o conteúdo de forma integral, outros em parte.

É importante atentar, também, para o fato de que há uma distância vibratória muito acentuada entre o cérebro humano, a mente do médium receptor e a mente de guias ou mentores advindos de planos astrais ou mentais de elevadas frequências, o que pode provocar redução na fidedignidade da mensagem. Nesses casos, o importante é guardar a essência do que se desejou transmitir. Somam-se a isso, aspectos culturais e históricos (o que for típico no linguajar de uma era ou período histórico da sociedade, país ou localidade do médium), características inerentes à sua profissão, aspectos psicológicos e de natureza intrínseca de cada médium, o que será perceptível na sua forma de escrever, no uso de certas linguagens, jargões ou expressões e de palavras para expor o que o guia desejava.

Neste ponto, chamamos atenção para o fato de que muitas entidades oriundas de planos muito superiores possuem uma frequência mental muito rápida e uma estrutura mental muito abrangente, exigindo que o processo de conexão com o médium se processe via inspiração, pois este não teria capacidade mental-espiritual para uma sincronização direta e automática.[13] Desse modo, as informações vêm por blocos de conteúdo.

O cérebro humano do terráqueo possui certa densidade física, com relativas baixas frequências, se comparadas às de certos irmãos da Espiritualidade Superior, o que funciona como barreiras naturais para que o médium capte uma mente muito extensa, com extremo dinamismo e velocidade frequencial, de raciocínio rapidíssimo. Um "fragmento" de informação de um guia de altíssimas paragens astrais ou mentais pode representar milhares de palavras, centenas de frases ou pensamentos para um médium encarnado na Terra, mesmo este dispondo de bom nível evolutivo no campo intelectual e espiritual.

Outro ponto a considerar diz respeito ao fato de que tem sido normal nos processos de transmissões mediúnicas – desde tempos remotos, porém, bem mais intenso atualmente e ainda mais no futuro – a adoção de certas medidas por parte de guias e mentores no sentido de intuírem o médium por sonhos, complementando ou esclarecendo melhor certas mensagens, ou com intuições esparsas ao longo do dia e em momentos de relaxamento mental sobre algum ponto específico em que ele não captou de forma exata certa mensagem,

---

[13] Quando falamos de conexão ou sintonia direta e automática, não estamos nos referindo a mediunidade mecânica, mas ligação intuitiva e inspirativa entre médium e guia/mentor, pois o médium se utiliza do seu próprio arcabouço mental (sua base de dados e informações) para processar a mensagem. Na mediunidade mecânica, a fidedignidade é plena, ou seja, o guia usa a mão do médium e, sem que este a controle, processa a mensagem diretamente. Mas esse tipo de mediunidade pode causar comodismo no médium, pois ele saberá que o guia estará ali para fazer o que quiser, sem necessidade de esforço, aprimoramento, estudo e pesquisa. Esses esforços favorecem o desenvolvimento de um arcabouço mental mais avolumado de dados e com material informativo, palavras e conhecimentos que ampliam as possibilidades de maior fidedignidade das mensagens por parte do guia.

ou naquilo que ficou pouco claro ou incorreto nas expressões materializadas. Isso porque, não raras vezes, há necessidade de ajustes na informação transmitida, dada as diferenças vibratórias e energéticas que separam determinadas entidades espirituais e os médiuns encarnados.

Nos processos de transmissão, via intuição, exige-se que o médium proceda a pesquisas e estudos para checar informações e ajustá-las, uma vez que ele também precisa se esforçar com busca de informações e análises, inclusive usando seu discernimento. Lembramos mais uma vez que uma obra é resultado de parceria entre o médium e o guia ou mentor, e não apenas de uma das partes. E o guia, usando de psicologia humana, não alimenta a preguiça mental do médium; ao contrário, estimula-o a trabalhar com ele conjuntamente, criando mecanismos que o levem a estudar e a se informar sobre pontos que não conheça ou não domine.

Afinal, o guia se utiliza do arcabouço mental do médium, com sua base de dados, conhecimentos e experiências conquistadas ao longo da vida atual e de milênios, e às vezes se depara com vazios mentais no arquivo de memórias dele sobre certos temas, exigindo que estude para melhor captar e traduzir a mensagem.

Atualmente, com os avanços da ciência terrena e a expansão da mente humana, é possível trazer algumas informações à tona, conforme foi explicitado por Ramatís na *Introdução* desta obra, como por exemplo: o uso de certos sensores astrais e bioetéricos que podem ser instalados na mente do médium, em seus corpos astral e etérico (em cima de certos chacras, especialmente o frontal), de modo que haja uma melhor sintonia entre o guia ou mentor espiritual e o médium nos processos de transmissão de mensagens mediúnicas. Obviamente que esses sensores são instalados primeiro, com a permissão do próprio médium durante o sono ou mesmo em vigília, quando este possui consciência do que esteja ocorrendo. Em seguida, há que se ter permissão do guia espiritual do médium e de orientadores espirituais superiores.

Esses sensores permitirão que certas mensagens, especialmente quando da consecução de uma obra, por exemplo, sejam depositadas e acessadas pelo cérebro do médium de forma paulatina. Esses mecanismos atuam com o intuito de potencializar e fidelizar o processo de comunicação mediúnica ou de transmissão e recepção de sinais existentes de forma natural, via intuição ou inspiração.

Esse tipo de medida ocorre principalmente quando há muita distância evolutiva entre o médium e o mentor, e considerando o ritmo de vida das pessoas na atualidade. Tanto os guias e mentores possuem centenas de afazeres no mundo espiritual (dar assistência, receber e dar orientações, ajudar em resgates, realizar estudos e tantas outras tarefas), como também os terráqueos, os quais ficam mergulhados em suas rotinas, em especial os que habitam os grandes centros urbanos, quando se envolvem com trabalhos profissionais, espirituais, assistenciais, engarrafamentos no trânsito, obrigações familiares, situações estressantes e outros.

Assim, mentores de planos espirituais superiores, possuidores de mentes abertas e horizontes mentais hiperampliados, além da bondade incondicional que lhes habita o "coração", se utilizam de caminhos criativos e flexíveis, adotando tecnologias avançadas, para não impedir que trabalhos cooperativos entre o mundo invisível e o visível sejam realizados de forma efetiva, ou para evitar atrasos em trabalhos conjuntos entre médium e orientadores rumo à produção de obras, mensagens e outros esclarecimentos necessários e importantes para os leitores ou ouvintes interessados em caminhos espirituais na atualidade.

Pergunta: - E em relação aos outros tipos de mediunidade, quais outras informações seria importante nos esclarecer?

Savannah: – Processos mediúnicos psicográficos (escrita) e psicopictográficos (pinturas e desenhos) de forma consciente têm sido comuns, principalmente a partir dos séculos XIX e XX, estendendo-se até aos dias de hoje, e deverão se expandir no futuro – em grande parte via mediunidade intuitiva. Muitas obras do passado (escritas, ideias, desenhos, pinturas, esculturas), entretanto, como as de Da Vinci e Michelangelo, foram resultantes de processos mediúnicos naturais, pois esses espíritos velhos traziam uma sensibilidade enorme e não somente captaram inspirações invisíveis como expressaram conhecimentos e habilidades artísticas que se encontravam em seu subconsciente, advindos de outras vidas.

A psicografia é natural para quem já traz o dom de escrever. A pessoa pode intuir algo e se expressar pela fala (psicofonia) ou pode simplesmente escrever, se possuir a habilidade da escrita. Dependendo da situação, se for mais adequado escrever a mensagem, assim ocorrerá (uma longa mensagem, a elaboração de um texto ou livro, por exemplo). O ponto central aí não é a escrita ou a fala em si, mas sim a sensibilidade intuitiva ou inspirativa de captar a mensagem (pode acontecer que o processo seja exercido por incorporação semiconsciente ou consciente, porém a tendência é que cada vez mais se expanda a mediunidade intuitiva consciente).

Aliás, a intuição deverá ser uma prática treinada e vivenciada enormemente por quase toda a população terrena num futuro não muito distante, e hoje já está bastante expandida. Muitos escritores, profissionais em geral, jornalistas ou palestrantes e pessoas que simplesmente estão emitindo opiniões numa reunião de trabalho ou de família, podem estar sendo influenciadas por guias e mentores, ou mesmo por entidades ardilosas e mal-intencionadas que desejam influenciar os encarnados, os quais geralmente nem se dão conta dessa interação que é praticamente contínua entre o mundo visível e invisível.

Estando na vida cotidiana, para se captar e otimizar o uso da intuição basta estar-se atento, concentrado nos sinais, sensações, vibrações das pessoas presentes e da energia do ambiente, daquilo que vem por inspiração do plano invisível. Estando, porém, num trabalho espiritual, para praticar a intuição a pessoa precisa acalmar a mente e buscar sintonizar-se com seu guia espiritual, em nome do Cristo, ou basta estar atenta, com a sensibilidade e a mente abertas, mas sempre usando o discernimento para avaliar o que veio à sua "cabeça".

Normalmente, a intuição é aquilo que vem primeiro à mente, sem interferência do senso crítico. A análise e o uso do discernimento por parte do médium devem se manifestar depois que a mensagem chegou e foi concluída, para não atrapalhar o processo de sintonia e transmissão da mensagem. Às vezes, ela vem em forma de sensação, pois a pessoa captou pelas vias do sentimento a informação ou a vibração vinda do plano invisível. E então, é só sentir a vibração (o tipo de sentimento ou sensação da vibração dirá se aproximou-se um espírito do bem ou não, ou mesmo se é uma entidade desorientada e perdida no Astral) e deixar fluir o que vem à mente, sem colocar a razão crítica para intervir, pois assim sendo cortará o processo de comunicação.

É claro que é preciso que o ambiente esteja preparado, em termos de segurança espiritual, para se evitar interferências indevidas. E essa segurança espiritual terá na prece e na fé nos protetores suas bases de sustentação. No caso de um trabalho mediúnico, a segurança espiritual está muito alicerçada na qualidade e força da corrente vibratório-energética do grupo, e esta está diretamente associada à boa qualidade nas relações interpessoais dos médiuns. Por isso, é importante que nos grupos espirituais sejam desenvolvidas amizades verdadeiras, clima de confiança, respeito e amor fraternal entre todos.

Em muitas ocasiões, os guias e protetores realizam esse trabalho mesmo percebendo a fragilidade nas relações entre os membros do grupo. Contudo, é preciso desenvolver o senso de responsabilidade entre esses membros, a fim de não transferir essa responsabilidade para o plano invisível, já que esta deve ser desenvolvida no coração e na mente de cada um, com o aprimoramento nas relações interpessoais de todos os médiuns. Afinal, os ensinamentos de Jesus são para serem colocados em prática, especialmente por aqueles que deveriam ser coerentes com o que acreditam ou com o que deveriam acreditar.

A psicografia ou pictografia pode ocorrer ainda por incorporação semiconsciente e mesmo inconsciente. Esta última tipologia de mediunidade tem se tornado cada vez mais rara na Terra e será mais rara ainda no futuro, pois espera-se que o grau de consciência se amplie na medida em que o ser humano realize seu autoconhecimento e sua autotransformação.

Essa consciência deverá se manifestar não apenas na vida cotidiana, mas durante um trabalho espiritual.

Pergunta: - Poderia nos trazer mais detalhes sobre os processos de incorporação mediúnica?

Savannah: – A incorporação é outro tipo de mediunidade que pode ser inconsciente (está se tornando cada vez mais rara), semiconsciente (muito comum em centros espíritas e principalmente de Umbanda) e consciente – que tem se tornado cada vez mais comum, e que tem uma fronteira muito tênue com o processo intuitivo direto, isto é, com transmissão automática, a qual denota alto grau de sintonia entre o médium e a entidade.

Quando uma entidade se aproxima do médium e o envolve com sua aura, ele pode ficar de tal maneira envolvido naquela vibração que automaticamente irá exprimir o que o guia ou entidade comunicante está sentindo e o que está pensando e lhe transmitindo, num processo automático ou quase automático, de modo telepático-vibratório.

Muitas vezes, o guia toca o chacra frontal e/ou coronário do médium, podendo despertar a vidência em alguns sobre o que se passa no plano astral ali onde se manifesta o trabalho ou refletindo a imagem que o guia queira trazer à tona, como por exemplo de uma paisagem, de um passado, futuro ou alguma situação específica ou mesmo relativa à presença de alguma entidade. O toque no chacra frontal do médium visa a ajudar no processo de recepção da mensagem ou melhorar a sintonia entre a entidade e ele.

O guia pode ainda tocar no chacra laríngeo do médium para facilitar a transmissão dos seus pensamentos, desbloqueando entraves energéticos e promovendo um ajuste fino na veiculação da mensagem. Normalmente, a tradicional, com inconsciência, semiconsciência ou consciência, ocorre via sensibilização pelo toque magnético por parte do guia sobre o chacra laríngeo e frontal, simultaneamente.

Existe um chacra considerado secundário, ou subchacra, o que não o deixa com menos importância, ao contrário, que é o chacra umeral (localizado sobre o osso úmero, na linha central superior, porém, na extremidade esquerda superior das costas). Esse chacra é tocado e magnetizado pelo guia/mentor para se processar uma incorporação mais efetiva, podendo ser inconsciente (todavia, em grande parte, será semiconsciente). Esse processo normalmente exige por parte do plano espiritual que sejam tocados e magnetizados também os chacras laríngeo e frontal, simultaneamente.

O chacra umeral é muito utilizado por entidades negativas, quando desejam obsidiar ou mesmo dominar por completo a pessoa, podendo levar à possessão e à fascinação. Há casos de pessoas que ficam dominadas constantemente ou de forma intermitente por entidades negativas e nem se dão conta. Pelo contrário, às vezes reagem contra tentativa de ajuda, dado o grau de dominação pelas forças trevosas. Esses processos se tornam ainda mais intensos quando essas entidades colocam *chips* ou se utilizam de mecanismos inteligentes de dominação do campo mental via chacra frontal, realizando tutoramento à distância, sob coordenação de mentes fortes e malignas.

Muitos casos de psicopatia, como por exemplo esquizofrenia, que geram alienação psíquica ou paranoias (as quais geram sensação de perseguição inexplicável e sem sentido real) estão relacionados com esses processos de influenciação e até de dominação mental-emocional da entidade ou entidades trevosas sobre a pessoa encarnada.

Como sugestão, recomendamos que, quando alguém estiver incorporado ou sob influência obsessiva ou de possessão por parte de entidade negativa e se deseje afastá-la, mentalize a cor violeta-clara, brilhante, sobre o chacra umeral e ao mesmo tempo também sobre o chacra frontal e laríngeo, em forma de choque eletromagnético, a fim de romper os laços com a entidade negativa (sempre com a ajuda da corrente do grupo, em oração, e com os demais médiuns também mentalizando essa luz e energias rompedoras da conexão com o plano negativo).

Nesses momentos, é essencial invocar a ajuda dos guias, em nome do Cristo – podem ser utilizados cristais brancos nas mãos para ajudar a potencializar as cores mentalizadas sobre os chacras. Tudo tem que ser realizado com firmeza, autoconfiança e fé nos guias e em Deus.

Há que se utilizar muito o discernimento nessas horas, pois nada é mais forte que o amor-compaixão, palavras de esclarecimento repletas de amor, mas compreendendo que há casos em que a entidade espiritual negativa está mergulhada mentalmente no mal, sem aberturas para ajuda. E daí, somente o tempo e o sofrimento abrirão a mente e o coração desse irmão errante, que deverá ser afastado da pessoa e levado dali por entidades do bem.

As pessoas encarnadas precisam ter em mente que dispõem de muito mais força que qualquer entidade negativa, pois possuem bioplasma e ectoplasma, que são energias fortíssimas e de que o plano invisível não dispõe. Mas para isso necessitam ter fé, autoconfiança e firmeza de propósito em direção ao bem. Assim, e com a ajuda do plano espiritual superior, especialmente dos magos do bem, que sabem manipular esse material energético, poderão dinamizar de tal maneira essas energias, que gerarão verdadeiros choques eletromagnéticos sobre entidades negativas, afastando-as.

Vale ressaltar, porém, que o médium atrai a entidade do bem ou do mal conforme o que pensa, sente e faz, ou seja, por mera atração ou sintonia vibratória. Com isso, o afastamento efetivo de entidades negativas somente ocorrerá quando o médium iniciar seu verdadeiro e sincero processo de autoconhecimento e autotransformação, quando se esforçar por adotar nova postura mental-emocional e atitudes altruístas.

Quando esse esforço ocorrer por parte da pessoa encarnada, haverá inclusive maior elo de proteção entre guias e mentores do bem sobre ela, que se espera tenha seu firme propósito de melhoria interna como cidadão do Universo. E mesmo que ocorram erros, equívocos ou tropeços, o que é inerente ao ser humano imperfeito ou num planeta de provas, todavia, ele fazendo a sua parte de esforço autotransformador, levantando-se e prosseguindo a caminhada, certamente os guias estarão ali, ao seu lado, sempre de braços e corações abertos para ajudá-lo a se levantar e a prosseguir com fé, esperança, firmeza, determinação e alegria, simplesmente por este ser encontrar-se no caminho.

Durante um trabalho de desobsessão numa corrente espiritual, num grupo espírita ou de Umbanda, o guia permite que a entidade obsessora se utilize do canal de comunicação via chacra laríngeo, mas com intervenção e supervisão sobre o chacra frontal, conforme cada situação exija, podendo ainda haver intervenção sobre o chacra cardíaco, pois é comum a entidade obsessora estar carregada de sentimento de ódio, de vingança ou mágoa. Com isso, os guias se utilizam do chacra cardíaco do médium para alcançar o chacra cardíaco do obsessor, levando Luz, magnetizações positivas e energias de apaziguamento, perdão e sensibilidade, a fim de que este venha a sentir as forças superiores convidando-o a deixar de lado aquelas cobranças e subir para ambientes regeneradores no Astral.

Retornando aos casos de conexões mediúnicas para fins construtivos e de transmissão de mensagens, com o envolvimento da aura do guia, com o toque magnético nos chacras citados (frontal, laríngeo e umeral), é possível que ocorra uma incorporação consciente ou semiconsciente com respectiva psicofonia direta da mensagem, ou mesmo realizando psicografia (com magnetização dos chacras frontal e umeral).

Por outro lado, quando o médium não está suficientemente treinado para esse tipo de conexão mediúnica, é possível que o guia compreenda a resistência (por bloqueio mental, medo de não ser fidedigno, o que pode denotar falta de fé e humildade necessária para se entregar ao trabalho), respeitando-a. Nesse caso, o guia transmite a mensagem para o chacra frontal, magnetizando-o para que se fixe o seu conteúdo, e então o médium a pronuncia com suas próprias palavras (psicofonia consciente, quase via processo intuitivo ou psicografia), usando o pensamento e as palavras diretas do mentor, ou mesmo usando suas próprias palavras, a partir do entendimento do que o guia lhe transmitiu.

O chacra cardíaco também pode ser ativado nessas horas para se promover a captação de sensações ou sentimentos dos guias ou de entidades presentes no trabalho, no lado invisível. É possível e comum ocorrer captações de vibrações, sentimentos e informações advindas de médiuns encarnados e presentes no ambiente, pois a energia da corrente está circulando e alguns podem captá-la, exigindo discernimento para se identificar o que é da corrente do grupo de médiuns e o que vem do plano invisível.

Pergunta: - E com relação à mediunidade psicométrica, olfativa, gustativa e mesmo a de efeitos físicos, elas são comuns nos dias atuais? Por leituras, sabemos que no século XIX e início do século XX a de efeitos físicos parece-nos terem sido mais frequentes; isso procede?

Savannah: – Sim, a psicometria existe atualmente e existirá com maior frequência no futuro, mas é rara. É um tipo de sensibilidade ou mediunidade capaz de sentir e discernir sobre energias imantadas em coisas e locais, com descrição de pessoas e fatos ali vividos, desde remotas eras ou mesmo em casos mais recentes. Essa sensibilidade é típica de pessoas com o chacra cardíaco e frontal bem dinamizados. É comum nesses momentos o médium, além de captar sensações, ter visões ou vidências.

A mediunidade clariolfativa é comum naquelas pessoas que possuem uma sensibilidade muito aguda no olfato físico e, dessa forma, tendem a tê-la também na dimensão espiritual, captando aromas do plano astral trazidos pelas entidades. O mesmo ocorre para o caso da mediunidade clarigustativa, típico de pessoas que naturalmente tem uma sensibilidade muito grande em identificar com profundidade e discernimento sabores de comidas, seus componentes, temperos e bebidas. Assim, tendem a possuir tal sensibilidade para captar isso no plano astral também, ou seja, sentem gosto na boca em relação a algo trazido pelas entidades.

Pode ocorrer, nesses processos mediúnicos, que o médium esteja captando aroma ou cheiro de alguma entidade em si, ou de situações vividas no passado por eles (associando sensações e lembranças de vidas remotas em que provaram com frequência certas comidas ou bebidas, correlacionando aqueles sabores com situações boas ou negativas daqueles tempos), ou mesmo com características de precognição de alguma situação futura.

No passado, havia muitos casos de mediunidade de efeitos físicos ou telecinésicos, aqueles que mexem objetos com a mente, às vezes até de forma inconsciente (natural para quem traz de outras vidas esse potencial), e de outro lado podendo ser que a pessoa seja agente de alguma entidade para mobilizar coisas do ambiente – nesses casos, a entidade está usando o bioplasma e o ectoplasma do médium para proceder a esses movimentos nas coisas do plano físico.

Essas práticas foram muito comuns no século XIX e início do século XX, como forma de mostrar que havia vida do outro lado do mundo físico, e serviam estrategicamente de reforço do plano espiritual para o que Kardec trouxera naqueles tempos em termos de codificação do Espiritismo. Nos dias atuais, é uma mediunidade bastante rara e será quase inexistente no futuro, exceto em situações muito particulares quando o plano espiritual desejar intervir de forma direta e incisiva no plano material e para fins positivos, com a ajuda e permissão superior e do próprio médium.

Pergunta: - E em relação à mediunidade de cura, poderia nos tecer mais alguns detalhes?

Savannah: – Toda pessoa que dispõe de muita energia vital ou prana é um potencial médium de cura. Essa predisposição se destina também a quem traz débitos do passado em relação à saúde de outras pessoas. Pessoas que fizeram mal a outros em vidas passadas, ou que, sendo médicos ou paramédicos, se recusaram a ajudar o próximo, ou usaram de forma negativa seus conhecimentos e habilidades no campo da saúde ou na medicina, nascem no plano biológico trazendo compromissos "pré-agendados" ligados à cura ou a trabalhos na área de saúde.

Na verdade, o termo mais apropriado seria médium de tratamento físico-espiritual, e não de cura, pois nem sempre a cura será efetivada para quem a recebe. Isso dependerá do seu merecimento, o que significa fatores cármicos e disposição íntima em se transformar naquilo que está relacionado com a doença ou desequilíbrio físico-espiritual.

Qualquer pessoa encarnada pode se utilizar do seu ectoplasma e bioplasma para ajudar a outrem e para dar suporte a guias e mentores em trabalhos espirituais no plano astral.[14] Em princípio, em razão de todo ser humano vivo e com boa saúde possuir boa energia vital, isso torna todas as pessoas dotadas de potencialidades mediúnicas naturais e automáticas de cura ou de tratamento físico-espiritual – lhes oportuniza serem colaboradores em trabalhos de doação de energia a quem precise e para que os guias espirituais possam manipular em prol do amor fraternal.

Os processos mediúnicos decorrentes de intervenções artificiais, conforme dito anteriormente, decorrem da ativação mais acentuada ou dinamização de chacras superiores (cardíaco, laríngeo, frontal e coronário), mas há algumas exceções. Há situações em que pode ocorrer que a pessoa antes de encarnar teve também dinamização no plexo solar e chacra esplênico. Todavia, o mais comum é que essas pessoas já tragam esses chacras ativados em função de possuírem muita energia vital naturalmente, por conta de fatores genéticos, fruto de programações cármicas e de vida biológica.

É claro que, geralmente, há compromissos passados para esse tipo de mediunidade de cura ou de tratamento físico-espiritual quando essa sensibilidade vem à flor da pele ou muito acentuada, pois são pessoas que precisam, inapelavelmente, trabalhar em prol do próximo. Isso pode ocorrer não só a pessoas ligadas a centros espirituais (pessoas não ligadas profissionalmente ao campo da saúde), mas até mesmo a um médico, enfermeiro, fisioterapeuta ou farmacêutico ou terapeuta na área de saúde, não precisando necessariamente que elas realizem algum trabalho espiritual em centro espírita, espiritualista ou de Umbanda.

Em síntese, são almas que reencarnaram com o propósito de ajudar a melhorar a saúde de outras pessoas, a minorar o sofrimento alheio ou ajudar a sanar certos desequilíbrios orgânicos ou doenças, sendo médiuns praticantes em centros ou médiuns praticantes em suas profissões na área de saúde,

[14] Em muitas situações, as energias vitais (bioplasma e ectoplasma) são cruciais para a eficácia de trabalhos no Astral, por meio de entidades do bem que sabiamente as manipulam. Mas a prática do "vigiar e orar" deve continuar existindo a todo momento, pois muitas entidades negativas roubam essas energias para usos indevidos.

mesmo sendo inconscientes de sua mediunidade.

Pode ocorrer, ainda, que pessoas que vêm com esse potencial de cura ou ajuda no campo da saúde, sejam almas que de alguma maneira já conquistaram sensibilidade para ajudar o próximo em outras encarnações, fruto de sofrimento, aprendizagem e amadurecimento no campo do sentimento, pois quando se tem as energias do coração abertas para ajudar, a eficácia do trabalho de tratamento será mais plena, efetiva. Muitas dessas pessoas já vêm com a sensibilidade aguçada para servir ao próximo no campo da saúde de forma voluntária, por amor ao serviço fraternal.

Então, concluindo, para ajudar no campo da saúde, basta querer, ter autoconfiança, sentir esse desejo no fundo do coração e ter fé em Deus pela ajuda que virá do Alto. Assim, todas as pessoas com boa saúde são naturalmente médiuns de cura ou de tratamento físico-espiritual, estejam conscientes ou não desse papel, seja na vida comum, na profissão ou num centro de trabalho espiritual. Entretanto, quem se dispõe a ajudar nesse campo e não possui formação na área de saúde, é bom que estude e se prepare conceitualmente a respeito da fisiologia humana, terapias holísticas, cromoterapia, cristalterapia e temas afins, para que obtenha conhecimentos básicos na área e desempenhe seu papel com mais consciência, o que ajudará na eficácia do trabalho, mesmo tendo suporte do plano espiritual, sem nunca esquecer que o maior veículo para a eficácia do tratamento será o desejo sincero de servir, o amor incondicional para ajudar, sem nada esperar em troca.

Alguns classificam um tipo de mediunidade denominado xenoglossia como aquela em que o médium pode falar vários idiomas, sem mesmo conhecê-los. Na verdade, isso pode ocorrer a qualquer médium que incorpore de forma inconsciente ou semiconsciente e que tenha uma ótima sintonia com a entidade que fala a língua estranha a ele. É possível também que a entidade esteja se utilizando do acervo mental subconsciente do médium, resultante de arquivos ou memórias armazenadas e decorrentes de vidas passadas em que ele conheceu e falou as referidas línguas expressas no processo mediúnico. Uma pessoa ou médium com sensibilidade aguçada e com facilidade de falar outras línguas pode dispor desse potencial mediúnico também. Isso denota ser uma alma velha, já bastante vivida em variadas culturas e idiomas.

Pergunta: - A capacidade de se desdobrar ou de se teletransportar, pode se caracterizar como um tipo de mediunidade?

Savannah: – Há médiuns ou pessoas com sensibilidade para sair em viagens astrais ou realizar desdobramento, também chamado de projeção astral ou teletransporte. Existe a projeção mental consciente, que nada mais é do que colocar a mente em direção ao que se pretende, idealizando ou mentalizando uma viagem, visita a algum local, realização de algum trabalho de ajuda espiritual ou tratamento, que tem, sem dúvida, algum efeito prático e eficiente em certo nível. Contudo, geralmente, isso ocorre sem a mobilização do corpo astral consciente. A diferença é que a projeção mental é fria e a astral carrega consigo o sentimento, e quando há sentimento envolvido indubitavelmente há mais eficácia nos resultados.

Muitos trabalhos de apometria se utilizam de projeções mentais e têm seus efeitos benéficos, mas é crucial realizá-los com invocação e suporte do plano espiritual superior, onde as entidades que se encontram no plano astral mobilizam forças do Astral e aí torna-se indispensável o uso de ectoplasma e bioplasma dos médiuns para que o trabalho tenha resultados eficazes.

Todavia, se a apometria é realizada com projeção astral, em que um ou mais médiuns olham com seus "olhos, ouvidos e sensações astrais", sentem efetivamente a situação em curso e a ajuda, então a eficácia será maior. Em geral, há muitos médiuns que realizam a projeção mental e equivocadamente acham que estão em projeção astral. No futuro, a projeção astral será mais comum que nos dias de hoje. Contudo, mesmo não havendo a viagem astral, mas apenas a projeção mental, no entanto, havendo a vontade de servir ao bem e ajudar o próximo, de coração aberto e incondicionalmente, já valerá muito e terá bons resultados.

Pergunta: - O que nos tem a dizer sobre a precognição,

vidência e clarividência?

Savannah: – A precognição é uma sensibilidade mediúnica de prever o futuro. Foi comum a alguns poucos no passado, geralmente videntes que adquiriram essa sensibilidade com práticas de desenvolvimento mental de suas potencialidades em vidas anteriores – há algumas práticas de yoga que favorecem o desenvolvimento desse tipo de sensitividade. Alguns profetas tiveram essa agudeza de visão futura muito clara, como foi o caso de Nostradamus, João Evangelista, Edgar Cayce e outros, que em geral trouxeram a mediunidade natural ou sensitividade natural, sem dinamização artificial de seus chacras.

Muitos estudiosos da astrologia, numerologia, tarô, runas e búzios, bem como de outras artes divinatórias, acabam por desenvolver a sensibilidade de prever o futuro, e às vezes já trazem essa natureza por ter estudado ou despertado esse potencial e adquirido esses conhecimentos e habilidades em outras vidas. Nesse contexto, é bom citar a premonição, que é a sensação, sentimento ou visão de algo que deve ocorrer no futuro, caracterizando-se como uma precognição menos lúcida ou com lampejos desse futuro, normalmente de forma involuntária e espontânea.

É importante frisar que a precognição ou a premonição são situações com alta probabilidade de ocorrência no futuro, mas não são deterministas ou definitivas, visto que o ser humano tem livre-arbítrio, além do que os planos, ideias e projetos superiores por parte daqueles que administram um orbe podem sofrer alterações em função de fatores diversos, conforme cada caso, implicando adiamentos ou alterações de rota, o que afetará aquilo que se previu ou se viu, em vidência, de um futuro ou numa sensação premonitória futura, seja em relação a uma pessoa, uma família, uma comunidade, um país ou um planeta inteiro. Os fluxos cósmicos e as energias que inundam o plano mental e astral de um orbe estão sujeitos a amplo dinamismo mutável.

Com relação especificamente à vidência, é bom salientar que alguns teóricos de temas espirituais a classificam como a mesma coisa que clarividência. Outros, entretanto, colocam ambas como etapas diferentes de um mesmo processo de visão do plano astral, ou seja, a vidência como lampejos de visão de algo passado ou presente e de imagens do plano dos desencarnados (do astral ou mental) e a clarividência como uma visão mais clara, direta, do plano invisível. Há raras pessoas encarnadas que possuem o chacra frontal tão aberto que veem de forma clara e direta imagens e seres do mundo invisível.

Contudo, pela nossa perspectiva conceitual, enquadramos ambas as características mediúnicas como a mesma coisa, sendo uma resultante de uma mediunidade ou mesmo de um dado momento em que a visão é mais clara e com um enredo encadeado, ou em casos em que a visão é mais tênue, rápida, com lampejos, inclusive podendo ser parte de um processo intuitivo ou de inspiração.

Realmente, o que existe é que algumas pessoas possuem uma sensibilidade mais aguçada que outras para ver o plano invisível ou visualizar o que o guia fixou na direção do chacra frontal ou mesmo do coronário. Há situações, porém, em que o guia deseja que o médium veja algo com mais clareza e outros momentos em que a pessoa só deve ter uma pequena noção do mundo invisível ou de alguma situação futura ou passada.

E pode ocorrer também que, num dado momento ou di, o médium não esteja tão sensível como em outras ocasiões (por questões pessoais, estados de tensão ou estresse, por dispersão, problemas fisiológicos, mentais-emocionais, frágil sintonia com o mentor ou guia que se aproximou, dentre tantas outras causas).

A mesma abordagem pode se aplicar em relação ao caso de audientes e clariaudientes. Na verdade, são partes de uma mesma essência mediúnica. Quem tem percepção auditiva mais aguçada no mundo físico, o terá no espiritual também, e no campo da visão idem, embora haja casos ou exceções em que pessoas com deficiência visual física possam dispor de boa visão espiritual (uma pessoa que teve boa estrutura física-visual quando jovem pode perder a qualidade de visão com o avançar da idade, o que não a impedirá de ter boa sensibilidade espiritual no campo da visão astral). Há casos em que o médium tem uma boa sensibilidade de visão e audição ao mesmo tempo ou de forma alternada, conforme cada situação ou seu estado pessoal naquele momento ou dia.

Pergunta: - Haveria mais algum detalhe importante sobre a mediunidade mecânica que mereça ser esclarecida ou reafirmada? E algum outro tipo de mediunidade não abordada anteriormente?

Savannah: – Voltamos a afirmar: a mediunidade mecânica é raríssima e pouquíssimas pessoas ainda a possuem, no caso para gerar textos (psicografia) ou pinturas mediúnicas (psicopictografia). A tendência é que esse tipo de mediunidade também deixe de existir no futuro, pois o que se espera é que os médiuns se esforcem para estudar, aprender e inserir mais dados e informações no seu arcabouço mental, facilitando a transmissão de mensagens e tornando-as mais fidedignas, especialmente quando se pretende trazer inovações no campo das ciências e das artes, num futuro não muito longínquo.

Na mediunidade mecânica ocorre uma forte intervenção do guia ou mentor sobre o chacra umeral, mobilizando a mão do médium para que escreva involuntariamente com a mão esquerda. Se o médium for destro, então o guia ou mentor acionará também um outro chacra secundário existente sobre o úmero direito, o que implicará em que sua letra e o discorrer do texto serão mais claros por conta da habilidade automática que possui com a mão direita (face a reflexos condicionados da escrita com a mão direita, mesmo nos casos autômatos). Desse modo, ambos os chacras umerais (na parte superior da escápula esquerda e direita) serão magnetizados pelo guia, ainda que o da esquerda seja o mais importante e mais efetivo em termos energético-magnéticos.

A propósito, existe um tipo de médium de extrema importância: o médium de suporte, ou seja, é aquela pessoa que ajuda a manter a corrente espiritual de um grupo em trabalho firme, coesa, mantendo-se em estado de prece (e às vezes expressando a prece em voz alta) e fornecendo bioplasma e ectoplasma para trabalhos de cura, assistência físico-espiritual, apoio a resgate de almas sofredoras e infindáveis tarefas de suporte no curso de trabalhos mediúnicos.

Há muitos médiuns de suporte que, imersos em vaidade e inveja, veem outros médiuns atuando em cura ou em recepção de mensagens e gostariam de estar no lugar deles ou de sentir a mesma coisa, e se esquecem de ser gratos ao Pai pelo que trouxeram de potencialidade. Mal sabem essas pessoas que é de extrema importância para os trabalhos espirituais a mediunidade de suporte, sem a qual esses trabalhos não teriam a mesma efetividade.

Pergunta: - Para se ministrar passes, exige-se capacidade mediúnica ou alta sensibilidade por parte da pessoa que assim deseje ajudar?

Savannah: – Os passes podem ser ministrados por qualquer pessoa. Basta realizar uma prece sentida, consciente, e pedir a ligação com os guias e mentores, sempre trazendo como referência o Cristo ou Deus. Um passe magnético certamente terá suporte de guias espirituais, sem necessariamente haver incorporação consciente ou semiconsciente.

A pessoa encarnou por permissão divina e "ganhou" um corpo físico repleto de energias vitais que interagem com o corpo etérico, por meio dos chacras e dos canais de fluxos de energia. O ectoplasma é a energia vital originária do sistema nervoso e o bioplasma é a energia inerente a qualquer ser vivo, decorrente do calor do sangue, do plasma, que corre nas veias. Obviamente que há algumas pessoas mais saudáveis que outras, mas quem quer que seja, se tiver vontade de servir de coração, que o faça, pois a doação dessas energias implica em que a natureza lhe devolverá mais energia.[15] Isso funciona como naquela pessoa que doa sangue e depois acaba por produzir mais hemoglobina, como resposta fisiológica automática (as células possuem inteligência e sincronia com o sistema hemolítico do organismo).

---

[15] Quanto mais amor e vontade de servir, a pessoa tiver, sem nada esperar em troca, mais energizada ela estará ao se doar e não sentirá perdas energéticas, nem cansaço. Aliás, quando a pessoa sente cansaço ou fraqueza energética após trabalhos de doação de energia, como ocorre a alguns médiuns, porém ainda o fazem por disciplina, já representa um bom avanço, ainda que precise ampliar sua capacidade de amar. Contudo, se serve esperando algo em troca, nem que seja algum apoio ou proteção espiritual, claro, é melhor do que não ajudar. Mas essa pessoa precisa melhorar muito sua qualidade mental-emocional, precisa amadurecer e compreender que não existe "comércio" com o plano espiritual superior.

Essas energias vitais são extremamente úteis aos guias e mentores para que realizem trabalhos de ajuda espiritual, resgates, curas físicas de encarnados, abertura de frestas de consciência e sensibilização de almas recém-desencarnadas e centenas de outros trabalhos.

Por isso, qualquer pessoa pode ceder essas energias que lhe foram emprestadas pelo Alto em prol da fraternidade universal, devendo doá-la sem nada esperar em troca, a não ser o prazer de servir. Quem guarda energias dentro de si, seja por egoísmo ou desatenção ao próximo, estará fadado a sofrer de doenças ou outros desequilíbrios orgânicos e espirituais. Uma água presa num pequeno lago fechado, sem conexão com rios que abastecem outros rios e o mar, certamente apodrecerá.

É claro que essas energias poderão ser doadas não apenas em trabalhos mediúnicos, mas em qualquer situação da vida, inclusive a profissional, desde que haja boa intenção em servir fraternalmente. Então, Deus providenciará os mecanismos para que se proceda a tal doação, se houver abertura mental-emocional.

Pessoas que suam muito nas mãos, axilas ou nos pés, ou que têm o rosto avermelhado, são ricas em bioplasma e psicoplasma ou ectoplasma. São doadores potenciais de energia ao próximo, e os passes e trabalhos de cura serão uma grande oportunidade para servir.

Pergunta: - Desculpe-nos esta consideração, mas convenhamos que a maioria das pessoas não se considera médium, ou resiste a sentir-se como tal, o que pode ser reflexo de barreiras, complexos ou traumas passados, levando-os a um baixo nível de sensibilidade, dureza mental-emocional, enfim, resultante de uma série de limitações internas da própria pessoa, as quais não consegue suplantá-las na presente encarnação. Não poderia esta pessoa realizar algum tipo de atividade de suporte, ou com características mais intelectuais, ou mesmo que exijam mais do esforço físico em ajuda ao próximo, a si mesmo e a alguma instituição espiritual e com trabalhos sociais?

Savannah: – Claro, sem dúvida! E é o que de fato ocorre

e deve ocorrer. Se a pessoa quer contribuir consigo e com o próximo, então que busque as atividades mais condizentes com sua natureza interior. Como a evolução não dá saltos, que cada pessoa descubra suas limitações, necessidades e formas de melhor participar em atividades coletivas, sem se furtar a servir, sem se violentar intimamente.

Pode ser um palestrante, o organizador da biblioteca e de eventos, ajudante na limpeza e organização do espaço físico, realizador de trabalhos manuais, preparador de cestas básicas de alimentos para doação a necessitados, enfim, que encontre o caminho em que melhor se situe e com o qual encontre o seu bem-estar e felicidade. Em qualquer dessas atividades colaborativas, o indivíduo estará sendo médium de boas ações, em prol da construção de um mundo melhor.

Independentemente disso, é sempre oportuno o caminheiro da trilha espiritual criar seu momento de recolhimento, de aprender a silenciar sua mente e seu coração, de mergulhar em si, de aprender a meditar, de fazer sua prece consciente e sentida. Dessa maneira, estará também desenvolvendo sua sensibilidade e ampliando sua consciência espiritual. O lembrete de Jesus quanto ao "orai e vigiai", nada mais é do que realizar esses momentos de relaxamento da alma, bem como de a pessoa aprender a observar o que vem de dentro de si e do mundo exterior, recorrendo à prece para pedir forças e vencer seus desafios internos e externos, com sabedoria, serenidade e sentimento fraterno.

Pergunta: - Existem outras características físicas ou orgânicas e psíquicas que denotam ou denunciam que a pessoa tem uma mediunidade aguçada, mas que não está equilibrada?

Savannah: – Quando a pessoa sente uma pequena pressão entre as sobrancelhas, sobre o local do terceiro olho (chacra frontal), como se estivesse se mexendo (e às vezes pode se mexer levemente), ou mesmo ficando avermelhado, são sintomas de mediunidade intuitiva e/ou de vidência. Pode ser que essa pressão leve ocorra em momentos de tensão, durante um trabalho mediúnico ou uma meditação e momento de prece, o que sinaliza estar havendo intervenção ou conexão com guias espirituais. Ou mesmo é possível que a pessoa possa estar acessando arquivos pessoais ou memórias antigas no subconsciente. Pode ainda estar havendo interferência de alguma entidade negativa, que esteja manipulando o chacra da pessoa, e então faz-se necessário sempre lembrar a importância do orar, pedindo proteção, e vigiar pensamentos, sentimentos e atitudes.

Conforme afirmamos anteriormente, pessoas que suam muito nas mãos e que, não raras vezes, suam muito também nos pés, é um indicativo de farta energia vital, o que de certo modo tem relação com algum grau de mediunidade acentuada ligada à necessidade de doação ao próximo. Dependendo das circunstâncias, pode estar desequilibrada, especialmente no tocante à necessidade de servir mais (caso já sirva) ou iniciar o serviço de doação de bioplasma e ectoplasma em trabalhos de cura ou de tratamento físico-espiritual.

São pessoas com elevado potencial de doação de energia no campo da assistência espiritual em auxílio aos guias, que necessitam desse material energético para trabalhar no mundo invisível. Por outro lado, quando não se trabalhada de forma ética e amorável, essa potencialidade pode ser usada para fins não nobres ou para servir ao vampirismo por parte de entidades negativas, o que certamente redundará em carmas proporcionais ao que fizerem com essa nobre energia doada por Deus.

Pés que costumam estar frios, por exemplo, podem ser um indicativo de muita sensibilidade mediúnica. Processos depressivos, tristeza constante, irritabilidade contínua, pessoas irrequietas, que movimentam muito as mãos ou se mexem muito, excesso de tensão e ansiedade, taquicardias sem explicação médica, medos, fobias, insônias, sonos conturbados, perda do equilíbrio como sintomas de labirintite, sem maiores explicações médicas (o que não deixa de ter um fundo espiritual ou cármico, o mesmo ocorrendo no casos de epilepsia) – todos esses são sintomas de sensibilidade mediúnica desequilibrada, a qual está intimamente atrelada a processos psíquicos íntimos. O estado psíquico-emocional e a mediunidade são aspectos da mesma matriz energética.

Um trabalho de educação e desenvolvimento mediúnico seria importante para que essas pessoas encontrassem um melhor equilíbrio mental-emocional, e que pode ser auxiliado também com tratamento psicológico. Escolas da psicologia que possuem uma abordagem unicamente materialista podem auxiliar, mas geram efeitos apenas parciais ou incompletos. Escolas que contemplam uma visão mais ampla, inclusive espiritual, certamente serão mais eficazes nos tratamentos. E o trabalho espiritual não significa necessariamente ir para um centro espírita, espiritualista ou de Umbanda, mas sim realizar um trabalho sincero de autoconhecimento e autotransformação, e para isso existem vários caminhos.

Não basta servir ao próximo, como não basta fazer seu mergulho interior de autoconhecimento e autotransformação: é indispensável realizar os dois trabalhos para que haja crescimento espiritual consistente. O trabalho íntimo de transformar orgulho e vaidade em humildade e simplicidade, e de egoísmo em serviço incondicional, só será validado e provado nas relações interpessoais: perdoando-se o próximo, compreendendo-o, cultivando paciência, tolerância, compaixão e servindo sem nada esperar em troca. Ou seja, pessoas que vivem isoladas do convívio humano, familiar e social, perderão a oportunidade de testar-se interiormente.

Há alguns raros casos de pessoas que encarnam para viver isoladamente, até como verdadeiros eremitas, mas são situações muito específicas que aquele ser precisa passar, envolvendo fatores cármicos e de aprimoramento da relação mais intensa com o seu mundo interior, salvo se a estiver fugindo do mundo – e aí estaria fora do seu prumo ou caminho existencial-espiritual.

Quando esse processo de busca de equilíbrio se associa ao trabalho de ajuda ao próximo, então o círculo se completa e a pessoa terá condições de se equilibrar efetivamente. Quando alguém que reclama da vida mas se dá conta de que há pessoas muito mais sofredoras que ela, então espera-se que se sensibilize e busque servir, para desbloquear energias presas em si, tornando-as mais dinamizadas e renovadas a partir do serviço ao próximo.

Onde há dinamismo e renovação energética há vida, alegria e mais reenergizações para que o serviço de entrega e ajuda continue se expandindo. E não importa se a pessoa esteja cheia de imperfeições, o que é inerente a quem está encarnado neste planeta. Caberá, portanto, o incessante trabalho de autoconhecimento e autorrenovação, simultaneamente ao serviço ao próximo, a quem passar em seu caminho e a todos que integrem a infinita comunidade cósmica. A felicidade inerente à consciência e amor cósmicos é fruto de pura cooperação, discernimento e amor incondicional, o que pressupõe não recusar a vida imersa na coletividade (seja familiar-consanguínea, no trabalho profissional ou espiritual, com os vizinhos, e social em sentido geral).

Pergunta: – Sempre existiram esses tipos de mediunidade citadas nas questões anteriores, ao longo da História humana?

Savannah: – Sim, só que em escala infinitamente menor, conforme abordamos antes, pois pouquíssimas pessoas traziam a sensibilidade mais aflorada, até porque o mundo era mais bruto e com muito mais preconceitos e ignorância. Entretanto, algumas habilidades se disseminaram em mais larga escala a partir do século XX, coincidindo, por consequência, com a expansão das práticas mediúnicas de psicografia, da ampliação do conhecimento científico, da disseminação dos ensinamentos trazidos por Allan Kardec e de outros irmãos precursores do Espiritismo e Espiritualismo.

Pergunta: - A pessoa traz apenas um dom mediúnico? Ou pode dispor de mais de uma habilidade?

Savannah: – Conforme já sinalizamos, é bastante possível observa-se numa única pessoa várias manifestações mediúnicas. Um espírito muito antigo (o que não significa muito evoluído no campo espiritual, ou mesmo que não tenha muitos carmas para neutralizar), com uma imensa bagagem de vidas passadas, traz em seu arcabouço subconsciencial muitas vivências reencarnatórias, experiências e habilidades, nos vários setores profissionais em que labutou, nas várias situações de vida, com prazeres e sofrimentos pelos quais passou desde os tempos atlantes, na Antiguidade, Idade Média, Idade Moderna e na atualidade.

Então, certamente essa alma trará aptidões adquiridas em centenas, milhares de encarnações, pois nada se perde no infinito Cosmo e naquilo que o Alto oferece como oportunidades de amadurecimento ao cidadão do Universo. Tudo fica registrado nas memórias do subconsciente e nos arquivos akásicos.[16]

Exemplificando: quem já foi escritor ou teve habilidade de escrita desenvolvida, bem como já teve alguma posição de destaque social, política, religiosa ou vivenciou a prática docente e por isso exercitou muito a fala, às vezes em várias encarnações, traz naturalmente a habilidade de falar. Se essa mesma alma também realizou práticas de yoga ou adquiriu técnicas de controle da mente e desenvolvimento de poderes mentais, o que lhe ativou muito a intuição, virá com uma sensibilidade mediúnica aflorada. Assim, além de sua mediunidade intensa, reencarnará com a habilidade da fala ou de expositor em palestras e conferências.

Se essa alma foi também curandeira ou médica em alguma vida ou algumas vidas, e cumpriu integramente ou mesmo só parcialmente seu trabalho de ajuda ao próximo no campo da saúde, ou ainda se usou seus conhecimentos para fins egoísticos, certamente essa alma encarnará também com potenciais ligados à ajuda no campo da saúde e do serviço espiritual em auxílio ao próximo. Poderá ter ligações mediúnicas com guias médicos ou paramédicos e também acessar suas memórias subconscienciais ligadas à saúde humana.

Além disso, se essa mesma alma foi, em alguma ou várias

[16] Todo ser possui esses arquivos contendo a memória de todas as suas vidas, com os registros de todos os seus pensamentos, sentimentos e atitudes ao longo de toda a sua história vivencial. Esses registros são fundamentais para que os espíritos superiores, especialistas em análise e balanços cármicos, possam realizar avaliações e projeções de oportunidades de resgates ou neutralizações de carmas em vidas futuras, sob coordenação de anjos dos carmas e auxílio de mentores e guias espirituais daquela alma. É evidente que a Lei de Causa e Efeito (carma) é fruto da justiça divina e ela é inapelável, ainda que carregada de compreensão e amor divino, o que pode gerar fatores de redução, com reprogramação e divisão de cumprimento de débitos, os quais serão neutralizados ou reduzidos proporcionalmente a ações positivas. Todavia, o principal propósito dessa lei é promover a renovação interior e ampliar a consciência e a capacidade de amar da alma. Recomendamos a obra *O Sentido da Vida - a engenharia dos carmas e porque se autotransformar*, publicada pela **Editora do Conhecimento**, a qual traz aprofundamentos sobre essa questão.

vidas, musicista ou cantora e dinamizou seu campo emocional e sua sensibilidade, certamente trará sensibilidade mediúnica de vidência, audiência, psicografia, com habilidades mediúnicas diversificadas, inclusive ligadas à composição musical. Ou mesmo com força vital para trabalhar com curas ou tratamento físico-espiritual, a fim de neutralizar débitos passados ou como oportunidade de apenas servir amoravelmente. Além disso tudo, poderá também ter a capacidade de incorporação consciente ou semiconsciente.

Essas combinações de habilidades, aptidões e sensibilidades mediúnicas poderão ser ainda maiores ou menores conforme a idade do espírito, mais ou menos antigo, com maior ou menor diversidade de experiências vividas ao longo da História terrena e quase sempre trazidas, também, de encarnações em outros planetas.

Ao olhar-se para essa pessoa, deve-se mirar ali uma alma antiga. É possível que esteja, também, carregada de débitos, que já deveria ter aprendido mais do que já conquistou em termos de autotransformação, podendo estar encarnada em outro planeta. Há, entretanto, casos de almas nos tempos atuais (ainda que raros) que, mesmo trazendo uma carga enorme de histórias pregressas e habilidades mediúnicas, encarnem na Terra com finalidade de servir, por compaixão, sem que necessariamente estejam cumprindo carmas.

Em geral, almas muito antigas e com várias potencialidades mediúnicas tendem a trazer multi-habilidades na vida comum, no campo profissional, por exemplo. O Alto lhe proporcionou então colocar em prática tudo aquilo que aprendeu em muitas vidas, a serviço do próximo, e que possa se utilizar de sabedoria em seu processo de renovação íntima.

Essa mesma alma poderá ainda ter muitos instrutores, ajudantes ou amigos no plano espiritual. Afinal, possui uma longa "estrada" encarnatória e conheceu muita gente nesses milênios, podendo receber intuição e ajuda de todos eles, dependendo do momento ou das circunstâncias, e até de incorporá-los. Ao mesmo tempo, poderá incorporar ou receber sugestão de antigos comparsas da erraticidade do passado ou inimigos espirituais. E isso é muito comum a almas antigas que se encontram encarnadas atualmente na Terra.

E assim, que o leitor tenha a mente suficientemente aberta para compreender que os caminhos e as oportunidades são imensos no campo da mediunidade, da sensibilidade e dasaptidões humanas. Quanto mais antigo o espírito, mais habilidades naturais trará e, se além disso trouxer muitos débitos do passado, grandes chances (graças à bondade divina e ao seu roteiro de vida) terá de receber ajuda de mentores no sentido de dinamizar vários de seus chacras para que pratique sua mediunidade em favor do próximo e de sua melhoria íntima.

Pergunta: - Há registros históricos de pessoas que possuíam mediunidade ou sensitividade aflorada e que eram agentes do mal?

Savannah: – Sim. Lembramos mais uma vez que todos os seres são filhos de Deus, uns mais evoluídos outros menos. Muitos em fases primárias, outros tantos em nível intermediário, outros em graus avançados na caminhada espiritual. Uns perdidos ou parados no caminho, outros mais engajados, em que pese suas imperfeições e tropeços. Uns conscientes de seu caminho no roteiro do bem e outros acreditando ilusória e firmemente num percurso equivocado, fixados em suas trilhas carregadas de carmas e maldades, por terem se excedido e se escravizado por suas próprias mazelas e apegos a paixões inferiores, presos em vaidades, orgulho e egoísmo milenar.

Um dia, esses que já viveram muitas vidas e adquiriram boa e aguçada inteligência, todavia ainda presos ao materialismo, serão arrebatados pela dor e pelas lágrimas, por tão intenso sofrimento que, como a água que tantas vezes bate na pedra dura e a molda, se tornarão acessíveis à humildade que tantas vezes lhes bateu às portas da intimidade.

Assim, houve casos, na História da humanidade terrena, de almas que estavam nas faixas intermediárias de evolução, que tiveram muitas encarnações, desde tempos em que viveram em outros planetas, vieram para a Terra, passaram pela Atlântida, velho Egito, velha Pérsia e Mesopotâmia, comunidades celtas, vikings, ciganas, aprenderam técnicas de domínio da mente, técnicas de magia, interagiram com entidades espirituais e magos das Trevas, aprimoraram ou desenvolveram o uso de suas potencialidades mentais, de habilidades em hipnose e até de cura pelo uso do próprio bioplasma e ectoplasma (passando por treinamentos em kryia e kundalini yoga, ou de certas meditações e exercícios fortalecedores da concentração e do poder mental).

Várias dessas almas tiveram quedas, pois não possuíam padrões morais bem estruturados dentro de si, tinham suas fragilidades no campo das emoções, apegos ao materialismo e impulsos inferiores, fixação ao próprio ego e orgulho. Conheceram muito, avançaram no campo mental, mas ficaram presas a paixões inferiores e a sentimentos de baixo teor vibratório.

Algumas dessas almas já se reencontraram consigo mesmas e alcançaram, por esforço próprio, o caminho da Luz. Outras ainda titubeiam entre o bem e os desequilíbrios que ainda as habitam. E outras ainda permanecem presas ao próprio ego, orgulho e vícios do passado e, por isso, tentam arrebanhar almas comparsas do passado ou almas novas para que se juntem ao grupo daqueles que tentam maquiavelicamente dominar o planeta Terra e desviá-lo para rumos equivocados e repletos de armadilhas da erraticidade. Essa luta ainda persiste neste planeta, que se encontra no rol dos orbes em provas e expiações, mas com o tempo, não muito distante, serão banidas para orbes primitivos, se não se dobrarem humildemente à força da Luz.

Ao longo da História terrena, muitas dessas almas errantes encarnaram e colocaram em prática o que aprenderam e o que desenvolveram em termos de poder mental, como foi o caso de Giacomo Casanova,[17] que tinha seus chacras frontal, umbilical e básico bem dinamizados e desenvolvidos através de aprendizados e treinos ocultistas ao longo de muitas vidas anteriores, e de Hitler, que tinha seus chacras frontal, laríngeo, umbilical e

[17] Ele tinha a capacidade de magnetizar e encantar as mulheres pelo olhar e com a aproximação física, conduzindo-as à sedução e a orgias, por puro apego aos prazeres efêmeros do corpo, e se utilizava também de seus poderes psíquicos sobre pessoas ligadas ao poder político e econômico de sua época, além de sua inteligência brilhante no campo político e materialista para conquistar a admiração, em que pese o fato de, por diversas vezes, sua própria vaidade e orgulho terem gerado armadilhas para si mesmo. Suas fraquezas morais o derrotaram naquela encarnação.

plexo solar igualmente bastante dinamizados e desenvolvidos por práticas ocultistas no passado, o que lhe proporcionava poder de magnetizar multidões com as palavras.

Muitas dessas almas presas à erraticidade, à materialidade, ao próprio orgulho, vaidade e egoísmo, ao longo de muitas encarnações adquiriram poderes mentais e pessoais, mas não amadureceram em moral, em consciência, em amor fraternal e se mantiveram escravizadas por suas próprias falhas morais, que as levaram para as profundezas do Astral quando desencarnaram. Evidentemente que, no caso do exemplo anterior, Hitler em situação muito pior que Casanova, por conta do mal que fizera a grandes coletividades humanas.

Pergunta: - A pessoa tem apenas um guia, no qual estará ligada e para quem deveria estar pronta para receber uma comunicação, orientação, intuição/sugestão ou conduzir um trabalho mediúnico?

Savannah: – Frisamos mais uma vez que não, necessariamente. Um espírito velho que esteja encarnado e que traz muita bagagem encarnatória, seja em forma de conhecimentos, experiências ou dívidas cármicas, tende a ser supervisionado e orientado por várias entidades, especialmente se a ele foram confiadas uma série de obrigações, acordadas antes de sua reencarnação, a ser vivenciada no plano físico e que exigirá muito suporte espiritual.

Além disso, uma pessoa que é muito comunicativa, de coração aberto e que tem muitos amigos no plano físico, certamente os terá também no plano espiritual – fruto da natureza pessoal de cada um. Por isso, várias entidades poderão se aproximar e transmitir mensagens ou orientações a um médium que é naturalmente comunicador, possui tendências a ministrar instruções, a receber comunicações mediúnicas, a realizar trabalhos de assistência espiritual, tratamento físico-espiritual, evidentemente sob uma diretriz espiritual maior, para se evitar conflitos de princípios, conceitos e base informacional ao encarnado.

Existe muito respeito e postura ética no plano espiritual superior, bem como naqueles ambientes astrais menos evoluídos, mas com entidades que seguem o caminho do bem. Por isso, quando uma entidade se aproxima de alguém para orientar, proteger ou sugerir algo, é natural que peça licença ao guia espiritual principal, aquele a quem o Alto confiou tal tarefa. Essa hierarquia existe em todo o Cosmo.[18] Ela é respeitada com consciência, zelo, humildade, compreensão e resiliência, por quem está em planos angelicais ou pré-angelicais, ou por quem está no plano mental inferior ou plano astral superior, intermediário, ou mesmo em serviços de assistência e resgate em zonas sombrias e escuras do Astral, mas todos conectados sob a égide do amor crístico.

É claro que, da mesma forma que uma pessoa em outras vidas pode ter feito muito o bem e como consequência ter conquistado muitos amigos do bem, pode ter sido errante e se ligado a comparsas ou ter criado muitos inimigos.

Com isso, pode ocorrer que inimigos ou comparsas do passado que estejam desencarnados (ou mesmo antigos parentes, conhecidos ou amigos que se encontrem perdidos ou desorientados no Umbral) se aproximem (em processos obsessivos, por curiosidade ou por alguma sintonia), seja constante ou eventualmente, conforme sejam atraídos por afinidades vibratórias (atraídos por pensamentos, sentimentos ou atitudes), com o intuito de influenciar negativamente essa pessoa ou dela extrair fluidos vitais, inclusive apresentando-se como um guia (falso) para desviá-la do caminho espiritual superior.

Há aproximações a encarnados a partir do plano invisível do tipo "encosto", ou seja, aproximações de certas entidades não por maldade explícita, mas sim por saudade ou apego emocional, carência afetiva ou necessidade de receber ajuda sem saber por onde seguir, e que causam sofrimento, tristeza, depressão, estimulam certos impulsos instintivos ou emocionais desajustados ou mesmo vampirização energética ao encarnado. Cabe-lhe então vigiar e orar, pedir ajuda num

[18] A título de um exemplo macro e de efeito comparativo, basta ver a hierarquia existente entre os astros, em que o Sol é o centro maior do Sistema Solar, e os planetas giram em torno dele. Observa-se aí a obediência à disciplina cósmica, sendo o Sol o centro magnético, de luz e amor em todo o Sistema. No caso específico da Terra, o Sol surge todos os dias naqueles mesmos horários, obedecendo disciplinarmente a ciclos e estações próprias para cada região e localidade do planeta, gerando luz e calor, vida biológica e belezas cênicas, apenas servindo amorável e incondicionalmente, dentro de uma hierarquia e organicidade sistêmica.

centro espírita, por exemplo, usar o discernimento para analisar o que vem ao seu pensamento e sentimento, bem como reagir contrário à influência negativa, com postura resiliente, e, acima de tudo, orar por quem esteja precisando de ajuda e pedir aos guias em nome do Cristo que a levem para receber o auxílio espiritual de que necessite.

Pergunta: - O que fazer no caso de encosto, mesmo sabendo tratar-se de uma entidade amiga ou parente desta encarnação, que desencarnou recentemente?

Savannah: – Deve-se fazer uma prece e pedir aos guias espirituais, em nome do Cristo, que encaminhem a entidade para ser tratada, orientada e envolvida pelo manto do amor do Cristo e de seus assistentes no plano espiritual. Dependendo do caso, pode ser necessário realizar-se um trabalho mediúnico em corrente para auxiliá-la, pois o uso do bioplasma e ectoplasma por parte dos espíritos do bem é de grande importância e eficácia no resgate de irmãos perdidos, desorientados ou necessitados de ajuda espiritual no mundo astral.

Não é aconselhável fazer-se doutrinação ou incorporação de entidades necessitadas dentro de casa ou em ambiente não fortalecido por uma corrente espiritual firme, nem tentar resolver sozinho a situação via diálogo com a entidade. Ou seja: é oportuno ter humildade para pedir ajuda ao plano espiritual superior para o espírito necessitado. No máximo, pode-se dirigir a ele e pedir-lhe que aceite a ajuda dos servidores do Cristo, que abandone a fixação ao plano físico e aceite humildemente a sua situação de ter chegado à nova morada espiritual, e se deixe levar por esses servidores do bem. Em seguida, deve-se cortar (mental e afetivamente) a ligação com a entidade, por mais que haja carinho e ligação emocional com ela. Essas conexões só são sadias quando a entidade se encontra equilibrada e já sob a égide dos servidores do bem.

Capítulo 8

"Orai e vigiai": nunca esteve tão atual a recomendação do Mestre

Pergunta: - O título deste capítulo nos faz entender que a necessidade de "orar e vigiar" nos dias atuais seja mais urgente ou intensa que no passado?

Savannah: – Se quem mencionou pela primeira vez essa frase foi Mestre Jesus, é compreensível que essa máxima devesse ser praticada desde aqueles velhos tempos da Antiguidade, passando por todas as eras da História humana até os dias de hoje.

Agora, ao afirmar que nos dias atuais essa máxima é tão atual como no passado, queremos apenas ressaltar que os tempos estão chegados. O tempo da Terra dar a grande guinada para uma nova forma de vida está no seu limiar decisório. E isso exige "orar e vigiar", o que nada mais é do que estar atento aos pensamentos, sentimentos e atitudes diárias e tomar uma posição, de modo que cada um dos terráqueos se pergunte: "Quero continuar assim ou quero mudar de rumo em minha vida?"

E, estando no caminho do bem, então se perguntar: "Estou fazendo o esforço necessário e de acordo com meu potencial interior, no sentido do meu autoconhecimento e minha autotransformação?". Mesmo com minhas imperfeições e tropeços, estou ampliando minha consciência e trabalhando intimamente para reduzir um pouco das minhas mazelas íntimas, transformando-as em mais energias de humildade, ampliando as boas práticas do bem e do amor fraterno?". Esses são apenas alguns questionamentos que cada encarnado deveria se fazer. É importante estar-se atento nos dias atuais porque a Terra está vivendo forte transição energética. É como aquela pessoa que se encontra acometida por alguma doença causada por vírus, e este se encontra em seu momento de pico de disseminação interna, com todos os sintomas chegando ao máximo de expressão, dando a impressão de que o corpo perecerá ou que a pessoa não suportará mais a situação de sofrimento físico e psicológico.

Assim está o "corpo físico" e energético da Terra e todo o contexto ambiental dela, com seus seres biológicos e estruturas minerais, com aspectos climáticos e fenômenos cósmicos, inclusive seres humanos. O planeta está acometido por miasmas decorrentes de agressões sofridas pelas atitudes e emissões de pensamentos e emoções mergulhadas em orgulho, vaidade, egoísmo e vícios degradantes, o que proporciona impactos muito densos ao campo astral, etérico e físico do planeta e dos seres que neles habitam, principalmente das pessoas.

As emissões magnéticas vindas do Sol, como explosões de energias propulsoras de transformação evolutiva em direção ao espírito da Terra e às almas que neste planeta habitam (fruto de expressões de amor-compaixão dos anjos que lá vivem), decorrentes de explosões solares, têm afetado o magnetismo terreno e os fluxos de correntes magmáticas no interior físico da Terra.

Isso tem gerado reflexos no meio natural e no mundo íntimo de cada alma humana terrena, estimulando o que existe na intimidade delas, de bom ou mal, de elevado ou rasteiro; estimulando lixo e belezas no íntimo de cada um; mobilizando energias a sair de níveis inconscientes e subconscienciais, incluindo os instintos, para que sejam trabalhadas e educadas à luz de princípios cósmicos. Desse modo, sairá dos esconderijos físicos e psíquicos todo o material energético denso ou leve, construtivo ou destrutivo.

O magnetismo solar influente na Terra tem sido catalisado pelos eventuais alinhamentos planetários e influências dos vários astros que compõem o Sistema Solar e arredores cósmicos, que de algum modo afetam a vida terrena, no seu campo físico e psíquico. Por isso, é possível observar-se certa confusão nos sistemas de vida terrena, na economia, nas expressões culturais, na sociedade, na ecologia, nas mentes e corações humanos. Identificam-se avanços tecnológicos gigantescos por um lado, e por outro nações imersas na pobreza e miséria, com tecnologias primárias ou comunidades em vários países vivendo como nos tempos medievais. Verificam-se em certos países ou regiões do mundo, como no Brasil, México, Índia e Leste europeu, contraposições e contrastes chocantes, verdadeiras "ilhas" condominiais de boa qualidade de vida, modernidade, alta tecnologia e luxo, imersas em ambientes de violência, exclusão e favelização, com pessoas vivendo como na Idade Média.

Percebem-se pessoas sendo mobilizadas para a fraternidade e a cooperação, para o amor e a consciência ambiental, rumo à solidariedade e ao coletivo. Mas, ao mesmo tempo, percebe-se muito egoísmo, arrogância, vaidade, violência, instintos selvagens e toda uma gama de expressões primárias sendo manifestadas e colocadas para fora por muitas outras pessoas. Isso é típico de momentos de transição, em que se percebe o bem e o mal mesclados, às vezes até dentro de uma mesma alma, confrontando-se situações opostas e fazendo que sejam tomadas decisões firmes sobre que caminhos tomar.

Sempre após a guerra vem a paz. Após o caos vem a reorganização. Após a tempestade vem a calmaria, pois assim funciona a natureza. E quando uma civilização não aprende pelo suor, somente as lágrimas e a dor são capazes de amansar almas materialistas, orgulhosas e egoístas, graças à magnânima Lei do Carma, bendita aliada da justiça e de quem tem sede de paz, amor e harmonia.

Habitantes de países menos favorecidos, como os localizados na América Latina, África e alguns da Ásia, muitas vezes olham para as nações desenvolvidas com certa inveja e pensam que lá existe paz, alta tecnologia, harmonia e felicidade. De fato, muitas dessas nações conquistaram certos patamares de qualidade de vida física e social graças a guerras e lutas atrozes, que geraram sofrimentos, perdas, e então essas nações aprenderam a valorizar a organização, a paz e a união para construir o bem comum.

De modo geral, as populações que lá habitam satisfizeram suas necessidades básicas, profissionais, de cidadania e de algumas aspirações sociais. Contudo, ainda estão bem longe da verdadeira felicidade e do caminho espiritual, os quais habitam na intimidade daquele que busca se autoconhecer e se autotransformar, em bases crísticas, do amor e da consciência de fraternidade. Esses fatores mobilizadores da verdadeira felicidade vêm de dentro do ser e não de fora, posto que não foram impostos por leis ou normas sociais coercitivas, e sim surgiram na profundeza da intimidade de mente e do coração de cada um.

Muitas almas que habitam países onde ainda persiste a pobreza e certa desordem econômico-social, mas que são do bem, possuem sensibilidade humana e humanística, possuem uma maior consciência coletiva e desejam um sistema de vida mais harmônico, e certamente não encarnaram nesses países por acaso. Ou ajudaram a construir esse caos em outras vidas, seja no país onde habitam ou em outro, ou foram convocadas pela Espiritualidade Superior a fim de contribuir para a renovação desse lugar, ajudando fraternalmente os que enxergam e sentem menos a abrir suas consciências e a expandir a capacidade de amar o próximo. Dessa maneira, essas almas estarão também ajudando a se renovar intimamente. É desse espírito fraterno e de coletividade que a Terra necessita mais que nunca.

Portanto, o "orai e vigiai" serve para todos, mas principalmente para esses caminheiros da Luz de última hora, que foram convidados pelo Alto para ajudar a Terra e suas localidades nacionais, regionais ou comunitárias nesses momentos de transição. E nesse rol de almas têm chegado muitos que vêm de outros planetas, para reencarnar e ajudar na melhoria da qualidade de vida física, social e espiritual planetária.

Pergunta: - Parece-nos, então, que nestes tempos de transição essa vigilância e a oração fazem-se necessárias também porque, com esses efeitos magnéticos do Sol e de outros astros sobre a Terra e suas consequências nos seres viventes do planeta, exige-se uma maior atenção por parte dos que já optaram pelo lado do bem, principalmente a maioria que ainda se encontra cheia de mazelas íntimas, de modo que esses efeitos magnéticos propiciem a mobilização do lado sombrio escondido no íntimo de suas almas, exigindo-lhes esforços de autoeducação espiritual. Seria isso?

Savannah: – Sim, é exatamente isso. E a grande maioria das almas do orbe terreno são ainda repletas de mazelas íntimas, umas com mais, outras com menos. Nesse ambiente planetário de tumulto espiritual é bom que haja atenção, vigilância e uso do discernimento em relação a certas pseudomensagens e orientações que chegam baseadas em uma débil sabedoria ou em bases espirituais forjadas por mentes inteligentes e engajadas nas forças negativas, desejosas de dominar a Terra, as quais se utilizam de sutilezas e estratégias para alimentar a preguiça mental e contrária à mobilização de esforços íntimos rumo à transformação de mazelas, que só ocorre de fato quando se realiza o trabalho de autoconhecimento e transformação interior, impulsionado pela vontade dirigida e balizada por princípios de justiça, amor e ética cósmicas.

Queremos dizer com isso que não existe mágica em evolução. Não haverá modificação genética espontânea ou vinda de fora de cada ser humano, realizada por extraterrenos bondosos que alimentarão a indolência humana, ou que carregarão nas costas aqueles que apenas esperam pela nova era, de braços cruzados ou acreditando de forma ingênua e infantil que o novo tempo aquariano virá como uma dádiva divina e a Terra será transportada para a quarta ou quinta dimensão por essa intervenção externa e de seres superiores.

Modificações genéticas e transformações rumo à nova era aquariana de fato virão, mas tudo isso acontecerá quando ocorrerem mudanças na forma de pensar, sentir e agir de cada um daqueles que desejarem permanecer no orbe terreno e com disposição de se transformar e ajudar a construir uma coletividade de paz e amor fraternais. Cada novo tijolo consciencial e de atos fraternos realizados com amor será construído com base no suor ou na dor daqueles que aceitaram esse desafio. E que se entenda a dor como mecanismo didático e de aprendizado do Universo e não como castigo ou algo negativo.

Aliás, essa dor será cada vez menor à medida que o ser reduzir a resistência interior e à expansão do amor e da consciência superior dentro de si, chegando a inexistir dentro daquelas pessoas que se sintonizarem com o fluxo propulsor da evolução planetária e cósmica. Dessa forma, a dor deve ser entendida como algo relativizado e condizente com a postura íntima de cada um.

Mudar a forma de pensar é crucial, e deverá vir paralelamente ao mergulho individual até às profundezas da alma, desbravando o subconsciente, pondo para fora tudo o que nele existe de bom e mau, aceitando o lixo ou as belezas interiores com humildade e cultivando novas posturas. Quedas e tropeços são inevitáveis, conforme já afirmamos. Contudo, é preciso buscar no íntimo e na inspiração superior forças para se levantar, mesmo com os joelhos arranhados, e prosseguir na estrada da autorrenovação e autorrealização espiritual.

Que todos tenham consciência de que essa caminhada será muito longa, permeando várias encarnações futuras. Mas é preciso dar o primeiro passo, e, após o saneamento planetário, esse trabalho de autorregeneração terá um ambiente propício à sua maior eficiência, que terá suporte direto de almas encarnadas preparadas para tal papel de auxílio aos mais necessitados ou mesmo aos mais dispostos em imprimir esforços íntimos transformadores. Então, essa favorável ambiência funcionará como catalisador desse processo.

O antigo filósofo grego Sócrates dizia que "tudo que sei consiste em que nada sei", referindo-se ao fato de que quanto mais nos conhecemos, novas portas do autoconhecimento se abrirão e aí descobriremos que ainda não sabemos nada de nós mesmos, pois o universo interno é tão infinito quanto o universo externo. E esse desbravamento abre infinitas portas para que o ser se aproxime da luz interior conectada com a Luz divina, de onde a centelha de vida proveio. É preciso sentir-se humildade dentro de si para se chegar a essa conclusão, pois há caminheiros que carregam a arrogância de achar que já avançaram muito e que essas conquistas são fáceis.

Nesse processo de autodescoberta, é natural que o ser humano vá conhecendo aprendizados e habilidades conquistadas no passado e também aspectos ou diversas formas de manifestação do orgulho, da vaidade e do egoísmo, bem como de impulsos instintivos primários que se alojam nos escaninhos da alma e que precisam ser colocados para fora e conhecidos, corajosamente. Aliás, o Alto, por intermédio dos anjos que mobilizam as explosões solares e os efeitos magnéticos sobre a Terra, visa a facilitar esse processo de colocar para fora o mundo interior de cada um, para que seja conhecido, com vistas à transformação. E isso leva tempo.

Uma fruta maturada fora do pé da árvore jamais terá o mesmo sabor que aquela que chegou ao ponto de consumo vivenciando seu processo biológico natural, com a ação do sol, do vento e dos nutrientes advindos do solo, além dos cuidados amorosos do agricultor. Não existe maturação rápida, sob o risco de o caminheiro achar-se vencedor de algo que não é real. E assim estar sujeito a viver uma fantasia mental, artificializada por um desejo desprovido de aceitação humilde e de vivências de sua própria realidade. Nenhum guia ou ser superior fará isso no lugar do caminheiro. Essa luta interior deve ser vivida com paciência, tolerância às próprias fraquezas, alegria, autoconfiança, esperança e fé nos desígnios superiores.

Que o "orai e vigiai" não seja um instrumento mental de autoperseguição, culpa, muito menos de autopunição, mas sim de ajuda consciente no trabalho interior do ser, a fim de que atente para o que vem de dentro de si. Que a caminhada esteja focada no educar-se espiritualmente com aceitação, amor e serenidade de todo o conteúdo interno que sai, com base no que conquistou de sabedoria e conhecimentos superiores. Que esse material energético não fique escondido nas entranhas do subconsciente, nem que seja esmagado no fundo da alma sob o véu da repressão. Que se busque ter firmeza necessária para tratá-lo, sem violência, e ao mesmo tempo sem conivência, para não retroalimentá-lo indefinidamente.

Pergunta: - Mas alimentar uma postura positiva diante da vida não é bom, frente às mazelas íntimas?

Savannah: – Sem dúvida, mas é preciso ter o cuidado e o uso do discernimento para se autoavaliar constantemente, de maneira a perceber até que ponto a postura positiva não está encobrindo de arrogância as mazelas ainda presentes, empurrando-as para esconderijos da alma. Há fronteiras muito tênues entre uma postura positiva (que deve, sim, ser vivenciada e alimentada) e a vaidade espiritual. Assim, é indispensável alicerçar-se a consciência e os sentimentos internos com prudência e constante uso da humildade, a fim de monitorar e verificar cada esconderijo da alma identificando o que existe lá de verdade, sem medo, tanto aspectos positivos que precisem ser fortalecidos quanto negativos que ainda precisam ser enfrentados, educados e transformados com amor.

Pergunta: - De que maneira essas mazelas influenciam os processos mediúnicos?

Savannah: – Influenciam muito, pois os processos mediúnicos ocorrem a todo instante com as pessoas, seja ao acessar material informativo, conhecimentos, experiências e habilidades que habitam os arquivos conscientes e inconscientes ou subconscienciais (potencial adquirido na vida presente e em outras vidas), seja ao acessar informações ou captar sugestões vindas do plano extrafísico ou espiritual, ou mesmo de irmãos extraterrenos que se encontram auxiliando a humanidade no momento.

Os variados tipos de atitude, pensamento e sentimento expressados por uma pessoa podem facilitar ou dificultar sintonias e conexões mediúnicas, com trocas de informações via telepatia com os planos sutis. Um sentimento de ódio ou arrogância, por exemplo, emanado por uma pessoa criará sintonia e atração com entidades no mesmo diapasão vibratório, e gerará barreiras energéticas para sintonia com entidades ricas em humildade, serenidade e energias de pacificação. Por isso, o "orai e vigiai" é válido ser vivenciado a todo momento da vida.

Reforçando: as interações entre o mundo material e o invisível ou paralelo, com suas consequentes interrelações mediúnicas, ocorrem a todo momento da vida cotidiana e não apenas durante os trabalhos mediúnicos em centros espíritas ou ambientes espirituais abalizados por corrente de médiuns. É claro que no dia a dia a maioria dos casos ocorre de modo inconsciente, ou seja, não são percebidos ou sentidos pelo encarnado, salvo em casos de pessoas muito sensíveis, atentas e vigilantes.

Pergunta: - Parece que o processo mediúnico ocorre não somente entre encarnados e desencarnados; é isso?

Savannah: – A mediunidade nada mais é do que sensibilidade, sendo esta mais ou menos aguçada, conforme a história pregressa, fatores cármicos e natureza intrínseca de cada pessoa. Dessa maneira, uma pessoa pode estar acessando arquivos ou memórias no seu subconsciente ou pode estar em diálogo consciente ou inconsciente com alguma entidade espiritual positiva ou negativa. Isso tudo pode ser simplificado no termo: processo mediúnico.

Essas interações não precisam ser excludentes, ou seja, a pessoa pode estar acessando algum sentimento ou pensamento na sua intimidade, como por exemplo de dor, alegria, raiva, boa vontade em servir etc., e isso atrair imediatamente alguma entidade espiritual. E a partir daí ocorrer uma interação de pensamentos e sentimentos mais próxima, estando o encarnado consciente ou não do que está ocorrendo, seja com entidade do bem ou não.

A interação sensitiva pode ainda se dar entre encarnados, naquilo que Jung chama de sincronicidade, isto é, sintonia vibratória a partir de pensamentos ou sentimentos iguais entre várias pessoas encarnadas que naquele instante se sintonizam por vibrarem exatamente na mesma frequência, via conexão telepática, estando essas pessoas próximas ou distantes, em locais ou países diferentes.

Pergunta: - De que forma o "orai e vigiai" impacta nas relações entre pessoas ou médiuns de um mesmo grupo espírita, espiritualista ou umbandista?

Savannah: – Muitas entidades mal-intencionadas, invejosas, ciumentas, negativas e inteligentes criam ou estimulam o fortalecimento de inimizades entre participantes de uma mesma agremiação espiritual e mobilizam as mesmas energias que possuem, isto é, a inveja, ciúme, maledicência, fofocas e o ódio, às vezes por conhecerem relacionamentos de certas pessoas desde tempos remotos, quando eram inimigas.

Aliás, isso é muito comum, pois entidades ardilosas, com bom nível mental-intelectual, até com poderes mentais relativamente bem desenvolvidos e ligadas a hordas das Sombras e desejosas de que o bem não se instale na Terra, criam estratégias de conflitos e desagregação entre médiuns e membros desses grupos bem-intencionados. Qualquer luz que surge num grupo ou mesmo numa pessoa, incomoda quem adora as trevas. Por isso, é providencial que médiuns e membros em geral de um mesmo grupo estejam atentos, orem e vigiem, para evitar fofocas, maledicência, inveja, ciúme, raiva e emissão de energias negativas entre si.

Muitos participantes dessas agremiações, por invigilância, acabam por se tornar marionetes de entidades perversas. Olham para o outro com inveja por este possuir mais sensibilidade mediúnica, por ter sido escolhido para dirigir o trabalho espiritual, ou porque um recebe mais pessoas para serem atendidas do que o outro, e assim por diante. São sentimentos infantis e improdutivos para o médium e para o conjunto, enfraquecendo a corrente do grupo. São por essas "brechas" energéticas que entidades ardilosas penetram e criam tumulto, ou tentam desmoralizar ou enfraquecer o trabalho, conseguindo muitas vezes retirar um membro do grupo, fazendo-o desistir do trabalho espiritual.

Às vezes, os guias e mentores do trabalho espiritual, percebendo as fragilidades das pessoas, ajudam a evitar a interferência de entidades negativas, mas isso terá um limite, já que não poderão carregar nas costas eternamente quem já deveria estar fazendo seu esforço individual de autoconhecimento e autorrenovação.

Na maioria das vezes, não são justas, nem éticas, nem sensatas certas posturas de médiuns para com os guias, pois estes irmãos da Espiritualidade poderiam estar usando suas energias para fins mais nobres se cada um cuidasse de si, com vigilância, recorrendo à prece para ganhar força interior a fim de se desvencilhar do ciúme, inveja, ódio, medo, culpa, menos valia ou qualquer outro sentimento negativo que ainda o habita.

O foco deveria ser transformarem-se cada vez mais em pessoas mais humildes, compreensivas, solidárias e dispostas a servir sem nada esperar em troca, nem mesmo aplausos, cumprimentos ou uma palavra de agradecimento, pois é preciso compreender que as pessoas podem se distrair ou ser pessoas sem educação, sem sentimento de gratidão dentro de si e por isso não podem dar o que não possuem.

É necessário cultivar o serviço anônimo, sem interesse de recompensas, pois não existe comércio entre as entidades do plano espiritual superior, só entre entidades das zonas trevosas e das Sombras.

Pergunta: - Esses sentimentos negativos podem estar presentes ou ser estimulados não só em grupos ligados a trabalhos espirituais, mas nas interrelações profissionais, dentro da família, entre amigos, vizinhos, conhecidos, e assim por diante...

Savannah: – Sim, e exatamente por isso é preciso estar vigilante aos próprios pensamentos, sentimentos, palavras e atitudes, já que trocas mediúnicas ocorrem a todo instante na vida e cada um será cobrado conforme seu grau de conhecimento e avanço no campo da sensibilidade.

Há entidades que conhecem o passado de um encarnado, conviveram juntos, foram comparsas, amantes, inimigos, competidores por bens ou pessoas, sabem de fatos pregressos, de conflitos e animosidades, trazem mágoas às vezes envolvendo cobranças e tentativas de vingança por terem sido prejudicadas, ou mesmo por simples inveja, ciúme ou qualquer relação difícil com esse encarnado. E então criam situações de conflitos e desavenças, instigando-o com pensamentos e sentimentos de debates estéreis ou brigas, e apoiadas em apegos a vícios, no orgulho, vaidade e/ou egoísmo do encarnado. Em muitos casos, são entidades ardilosas e inteligentes. Sabem como se aproximar e, vendo uma "brecha" de sintonia para entrar no campo áurico do encarnado, procuram sentir ódio, irritação ou qualquer sentimento negativo, os quais serão automaticamente captados pelo encarnado, e junto com tais sentimentos emanam pensamentos com os quais queiram influir na pessoa. Isso tudo pode ocorrer de forma muito sutil, o que exigirá muita atenção por parte do encarnado.

Há almas encarnadas e desencarnadas que são muito antigas, e chega um tempo encarnatório ou de existência espiritual do ser que se caracteriza como momento-chave da evolução, em que é chegada a hora de promover um esforço íntimo maior para gerar mais mudanças em relação às suas imperfeições, ou pelo menos iniciar com responsabilidade e consciência o trabalho de autoconhecimento e autorrenovação. Conforme já enfatizamos, as mudanças íntimas não virão milagrosamente de fora, mas do esforço individual de cada um. E o primeiro passo terá que ser dado em algum momento da história espiritual do ser.

Capítulo 9

O futuro da mediunidade e as relações mais próximas nos novos tempos

Pergunta: - O que significa o título deste capítulo? O que se espera para os processos mediúnicos no futuro? Serão vivências para as próximas fases planetárias da nova era, ou já nos próximos anos e décadas? O que quer dizer com essas "relações mais próximas nos novos tempos"?

Savannah: – A ponte para os novos tempos precisa ser construída agora. Portanto, espera-se que as pessoas que possuem mais consciência, mais conhecimentos e sensibilidade possam iniciar desde já o trabalho de autorregeneração, gradativo, mas constante, com perseverança, firmeza, autoconfiança e fé, com os "pés" cravados no mundo real, sem fantasias.

A qualidade e eficácia da mediunidade depende muito do trabalho que cada um possa realizar no seu mundo íntimo. Evolução se conquista com transformação interna, e mérito se obtém com ajuda ao próximo. Há muitos médiuns que focam sua vida em ajudar o próximo, mas esquecem-se de si, ou seja, só realizam parte do trabalho, que fica incompleto. Certamente sua consciência lhes cobrará quando desencarnarem, cheios de culpa e cobranças internas, pois evoluíram pouco ou ficaram praticamente estacionados. Por isso, é indispensável se fazer os dois trabalhos, para si e para os outros, com consciência esclarecida, o que se conquista com estudo e aprendizagem.

O plano espiritual não ficará eternamente carregando nas costas aquele que recebeu um impulso ou ajuda inicial, por meio de uma mediunidade "artificializada", conforme foi explicitado anteriormente. É necessário que haja o esforço íntimo de autotransformação para que gradativamente essa sensibilidade emprestada pelo plano espiritual superior possa gerar um processo de retribuição por parte do médium, com mais leveza espiritual, mais sintonia espiritual, para que haja maior fidedignidade nas mensagens e nas interrelações mediúnicas ao longo da vida, seja visando à autoajuda, seja para ajudar o próximo.

Pergunta: - Espera-se que haja mais expansão da mediunidade ou da sensitividade humana nos tempos futuros, após o saneamento planetário?

Savannah: – Sim. Mas isso tudo será resultante do esforço individual de cada pessoa e do conjunto da humanidade. Espera-se que maior número de pessoas tenha mais sensibilidade mediúnica e possa ter uma troca mais direta e constante, de forma consciente, entre plano espiritual e plano dos encarnados, incluindo interações com irmãos de outros orbes planetários que já se encontram aqui e cuja presença aumentará no futuro, por amor ao serviço de ajudar incondicionalmente o próximo.

Pergunta: - Alguns tipos de manifestações mediúnicas deixarão de existir no futuro da Terra, após o saneamento planetário, e outras serão mais comuns?

Savannah: – A mediunidade mecânica deixará gradativamente de existir, conforme explicamos em outra resposta. Aliás, hoje em dia já é bastante rara. As incorporações inconscientes, que ainda existem hoje, com o passar das décadas e séculos também deixarão de existir na nova era planetária, e somente ficará a semiconsciente e principalmente a consciente. A mediunidade intuitiva será a mais comum e utilizada de forma rotineira, de maneira que o médium ou a pessoa comum saberá exatamente quando estará usando seu próprio pensamento ou sentimento ou quando estará captando o pensamento ou sentimento de uma entidade espiritual. A telepatia será muito comum entre o mundo invisível e o visível e entre encarnados.

A psicografia ou psicofonia será apenas transcrição do que o médium intuiu, e, em alguns casos, será fruto de incorporação semiconsciente. No caso de pinturas mediúnicas, ou psicopictografia, poderá ocorrer via incorporação semiconsciente.

Efeitos físicos deixarão de existir. Já são raros nos dias atuais, salvo em situações extremamente eventuais e por determinação da Espiritualidade Superior, como por exemplo num processo de cura com materialização, em situações muito pontuais. O que se espera é que o uso de tecnologias avançadíssimas, trazidas de planos superiores e por irmãos de outros orbes planetários, possam ser suficientes no trato de problemas de saúde física e psíquica.

A propósito, haverá aparelhos moderníssimos e de alta sensibilidade que promoverão intercâmbio entre os planos visível e invisível, inclusive entre terráqueos e extraterrenos de dimensões físicas mais sutis.

A psicometria será cada vez mais comum, face ao aumento da sensibilidade dos futuros encarnantes nos novos tempos da Terra, bem como a vidência e clariaudiência serão bastante expandidas e vivenciadas. Haverá forte interação consciente entre o plano espiritual e o denso na composição conjunta de obras musicais com fins terapêuticos e enobrecedores da sensibilidade humana, o mesmo ocorrendo em relação à cinematografia, pinturas de quadros, esculturas, artesanatos e muitas obras de arte.

É importante que se diga que essa interação na composição de obras de arte, na geração de conhecimentos e tecnologias, na assistência médica, inclusive em cirurgias, e em diversos segmentos profissionais e na vida comum – por meio de alertas e sugestões aos ouvidos espirituais do encarnado em casos de perigo, por exemplo –, sempre ocorreu e tem ocorrido frequentemente, só que com o desconhecimento da maioria das pessoas.

Pergunta: - Não nos ficou claro o que significarão essas relações mais próximas no futuro, quanto à questão mediúnica?

Savannah: – Na medida em que haverá mais sensibilidade e consciência por parte das pessoas que vierem a reencarnar nos novos tempos, e isso já se observa em muitos dos que encarnaram nos últimos anos e décadas, haverá automaticamente mais proximidade entre os planos invisível e visível, de modo cada vez mais consciente por parte dos encarnados e presente em número cada vez maior de pessoas. Estas perceberão com maior fidedignidade o que virá de planos sutis, traduzindo com mais clareza o que foi transmitido. Haverá consciência plena de que os mundos paralelos se interpenetram e dialogam constantemente de modo produtivo e construtivo, como atos fraternos, uns ajudando os outros, e cada qual fazendo também a parte que lhe cabe, de forma responsável.

Pergunta: – Isso não quer dizer que nos novos tempos tudo será perfeito, com todos seguindo o roteiro certinho de autotransformação, sem carmas, sem erros?

Savannah: – Longe disso. Não há saltos na caminhada evolutiva. Os passos são sistemáticos, gradativos, paulatinos. Quem diz que dá um grande salto evolutivo, ou está mentindo ou está realizando um ato artificial, que não é consistente. A consistência existe na medida em que cada qual avança um pouco, com passos firmes, reais, rumo ao autoconhecimento e promovendo transformações gradativas em sua forma de pensar e sentir. É preciso que a pessoa se sinta pisando no mundo real de sua intimidade interior e não em trilhas artificiais ou puramente virtuais.

No que concerne a comportamentos, as mudanças ocorrerão de forma um pouco mais rápidas, pois é preciso se criar reflexos condicionados a partir da boa ação, com atitudes construtivas e boas relações interpessoais. Entretanto, para que as mudanças não se fixem apenas nos comportamentos, será indispensável simultaneamente a realização dos mergulhos interiores a fim de educar de modo persistente os pensamentos, os quais trazem condicionamentos antigos, equivocados e viciosos também. Há que se alertar para o fato de que muitas vezes o comportamento é apenas exterior, ou seja, representa uma exposição diferente do que a pessoa realmente pensa e sente.

E, quanto aos sentimentos, estes deverão ser trabalhados de forma ainda mais profunda, pois são os elementos mais desafiadores no sentido de sua educação, numa perspectiva de amor crístico, mas serão trabalhados, com persistência e confiança, com o tempo, ao longo de muitas encarnações.

Carmas continuarão a existir e a ser registrados, pois era de regeneração está longe de ser era de seres em plano intuitivo, livre de carmas e de erros impulsivos, conscientes ou inconscientes. Será um tempo em que educação será a palavra-chave, educação não somente em termos de aprendizagem e internalização de conhecimentos formais, mas também espirituais, de cidadania social e cósmica. Assim, erros, tropeços e equívocos continuarão a existir, mas estarão balizados por uma nova forma de orientação e educação, apoiados na reflexão, compreensão, compaixão, perdão e enfrentamento com amor, sem culpas, sem amarras preconceituosas e estagnantes da expansão mental. A mente deve se direcionar ao infinito, deve pensar do tamanho do Cosmo.

Pergunta: - Em várias respostas ao longo desta obra verificamos repetidas vezes o termo compaixão. *Qual é o real sentido da palavra compaixão? Ela é uma postura do sentimento, como pena? Ou da razão, envolvendo compreensão? Como desenvolvê-la dentro de nós?*

Savannah: – A compaixão é um misto de compreensão do sofrimento alheio e, ao mesmo tempo, denota uma atitude interior de empatia, de sentir a dor que a outra pessoa sente. E vai mais adiante ainda: implica o desejo de ajudar essa pessoa, aliado à iniciativa concreta para tirá-la da situação interior em que se encontra. Vai além de um simples dó, que representa uma atitude puramente emocional, e além de uma simples compreensão fria, só intelectual. Ela mobiliza esforços para ajudar o próximo a partir de uma profunda compreensão e sentimento superior porque sente a sua dor.

Conquista-se a compaixão a partir do seu cultivo diário dentro de si, instruindo-se com conhecimentos amplos sobre ética cósmica, Lei do Carma, amadurecendo quanto à forma de olhar e sentir a vida, de modo mais humano. E por isso, é essencial aprimorar-se a sensibilidade, aprendendo a olhar com atenção e coração aberto tudo o que nos rodeia, coisas, natureza e pessoas, sem preconceitos, vendo e sentindo que todos somos irmãos e pertencentes à mesma "nave cósmica" chamada Terra. Mas atenção, compaixão não sugere desequilíbrio emocional; ao contrário, exige serenidade, lucidez e discernimento.

Capítulo 10

Como aprimorar a percepção espiritual: desenvolvendo ou educando a mediunidade?

Pergunta: - Existem alguns livros, apostilas e orientações espíritas e umbandistas que se referem à educação mediúnica e não ao desenvolvimento mediúnico, ou vice-versa. Qual a diferença entre ambas as abordagens e em qual das duas devemos nos focar?

Savannah: – Se formos nos aprofundar na compreensão essencial de cada uma dessas abordagens, podemos chegar à conclusão de que são a mesma coisa, sendo apenas questão de semântica ou forma de se ver os caminhos para trabalhar-se a mediunidade. Todavia, podemos traçar algumas considerações mais detalhadas sobre cada um dos termos.

De alguém que traz uma mediunidade muito aflorada e não possui controle emocional, ou dispõe de baixo controle emocional, e consequentemente de sua mediunidade, podemos dizer que precisa de educação mediúnica acima de tudo e, paralelamente, de controle emocional, por meio de orientação, estudo e expansão de sua consciência, de firmar sua força interior, sendo menos dispersivo e devendo aprender a se concentrar mais. Assim, essa pessoa necessita aprender a focar em uma coisa de cada vez, educando a mente, tendo controle sobre ela, além de aprender a meditar. Práticas de yoga ou de técnicas de controle mental e conhecimentos básicos de técnicas de meditação – que não têm mistérios – ajudarão muito essa pessoa.

Por outro lado, pessoas muito endurecidas, embrutecidas, ou excessivamente mentais, intelectuais, críticas e resistentes em aceitar sua sensibilidade ou em deixá-la aflorar, certamente precisam de trabalhos de orientação rumo ao desenvolvimento mediúnico, que é, além da educação mental – para aprender a controlar o excesso de pensamentos e estresse, e saber como silenciar a mente –, a adoção de exercícios de percepção e sensibilização de suas almas endurecidas às emoções e sentimentos superiores.

O estudo esclarecedor, a estruturação moral íntima e o cultivo de atitudes, pensamentos e sentimentos baseados no amor fraternal e do discernimento serão sempre os referenciais indispensáveis a todo aprendiz, qualquer que seja sua situação.

Quando se fala em desenvolvimento mediúnico, busca-se levar quem se interessar e estiver desejoso de expandir sua sensibilidade a perceber e sentir o outro lado da vida (o espiritual de forma sutil), não com fins interesseiros, egoísticos, vaidosos e arrogantes, mas com intuito de aprimoramento espiritual pessoal e busca de ajuda ao próximo.

Em qualquer das duas situações, seja na educação mediúnica ou no desenvolvimento da mediunidade, a pessoa precisa aprender a silenciar a mente e as emoções agitadas, que representa etapa básica para qualquer indivíduo observar as sutilezas de sinais externos a si ou internos, perceber intuições e sentir as diversas vibrações do ambiente, vindas de quem quer que seja. Parafraseando alguns amigos espirituais que costumam realçar certas palavras inerentes à busca do equilíbrio interior: "não se percebe o fundo de um rio (seu subconsciente), nem o reflexo do céu (entidades superiores), se as águas (sua mente e emoções) estiverem agitadas".

É possível, ainda, que uma pessoa muito sensível possa não se dar conta de suas potencialidades mediúnicas e ela, igualmente, será muito ajudada pela Espiritualidade Superior se esforçar-se e fizer sua parte no sentido de aprender a lidar com sua sensibilidade e a desenvolver a mediunidade, ainda que passando por dificuldades, o que exigirá fé e perseverança.

Em qualquer um dos dois casos, seja a pessoa mais fechada, tensa ou muito mental e crítica, seja a pessoa mais sensível, porém sem saber lidar com sua hipersensibilidade e emoções à "flor da pele", em ambos os casos podemos afirmar que são pessoas com potencialidades mediúnicas, mas necessitadas de aprimorar a própria percepção mental-intuitiva (e não intelectual) e sensibilidade, por meio de orientação e treinamento.

Outro aspecto importantíssimo a considerar diz respeito ao estudo e ao esclarecimento conduzidos por pessoas mais experientes no assunto. Após a fase de esclarecimento, o aprendizado de algumas técnicas de desenvolvimento e controle mental serão igualmente importantes, incluindo as de concentração, meditação e exercícios visando a equilibrar e harmonizar os chacras, e alcançar padrões mínimos de percepção intuitiva.

O intuito dessas etapas é levar a pessoa (no caso, o médium pouco desenvolvido, fechado ou hipersensível porém desajustado) a compreender o que se passa consigo, no ambiente e no lado invisível, percebendo informações pelo canal intuitivo, sentindo os sinais, imagens e principalmente as vibrações do plano astral de forma consciente, sejam sensações ou vibrações positivas para fins construtivos, de aprendizagem e suporte espiritual. E também sinais e vibrações negativas, para que o médium iniciante aprenda a se defender e a adotar uma postura resiliente diante da vida e de influências espirituais indesejáveis, utilizando-se do próprio discernimento, de técnicas, da ética e de princípios crísticos já conquistados.

Pergunta: - Mas se a pessoa veio com a mediunidade fechada, não seria exatamente para ela manter-se como tal? Despertar a sensibilidade mediúnica não seria perigoso para quem não está preparado?

Savannah: – Todas as pessoas têm mediunidade, umas mais sensíveis que outras, umas mais perceptivas e atentas que outras. Isso já deixamos bem claro. Uma pessoa que acalma a mente e deixa de pensar de forma excessiva, aprendendo a se concentrar e a meditar, reduzindo o estresse e a ansiedade, estará educando a mente, tornando-se mais perceptível às energias e vibrações do ambiente, das pessoas e do mundo invisível. A pessoa que se dispõe a fazer esse trabalho interior estará naturalmente trabalhando sua mediunidade, educando-a, desenvolvendo-a. Ou seja, esse é um trabalho, acima de tudo, de educação do mundo interior.

Se a pessoa veio com a mediunidade fechada, certamente não foi por intervenção superior, mas sim por uma medida individual autoprotetiva que sua própria mente criou, isto é, uma espécie de barreira mental resultante de seu medo em fazer o processo de mergulho e descoberta interior.

Esse processo exige coragem para despir-se interiormente e olhar-se por dentro, no fundo da alma, exigindo que a pessoa cultive humildade para enfrentar suas imperfeições. Ao mesmo tempo, esse é um processo que demanda disposição de descobrir e vivenciar o campo dos sentimentos, superiores e inferiores, que fazem parte de sua natureza e que normalmente pessoas muito mentais ou intelectualizadas tendem a evitar, protegendo-se desse contato com suas emoções, fugindo de seus próprios impulsos emocionais, empurrando-os para esconderijos da alma.

O ser humano encarnado é composto por mente, sentimento e corpo físico, além de seus corpos sutis, claro! E quando desencarna, leva consigo sua mente e seus sentimentos bons e ruins, imersos em seus corpos astral e mental. A mente e os sentimentos, dessa maneira, compõem a alma. Portanto, são aspectos inerentes a qualquer indivíduo, em qualquer paragem do Cosmo. Assim, não adianta o ser muito mental fugir de seus sentimentos. Se ele pretende não estacionar na senda evolutiva, precisa irremediavelmente acessar seus sentimentos, descobrir os sentimentos superiores e os inferiores, valorizando e fortalecendo os primeiros e trabalhando para transformar os inferiores em virtudes e sentimentos superiores, respectivamente.

Muitas vezes, certas pessoas têm um padrão de consciência relativamente bom, alguns até com forte disciplina e conceitos espirituais bem fundamentados. Sabem o que é certo e errado, e o melhor para si. Estudam muito, são bastante críticos, possuem muitos conhecimentos espirituais. No entanto, equivocadamente, costumam "orgulhosamente" se achar avançadas em termos evolutivos e pensam já ter alcançado elevado grau de progresso interior. Sem dúvida possuem seus méritos pelos esforços dedicados na busca de conhecimentos, contudo, ao serem desafiadas por alguém, ou agredidas e ofendidas, poderão sentir imediatamente o reflexo dessa agressão em forma de mágoa ou outros fortes abalos interiores, dentro da sua estrutura emocional.

Então, muitas pessoas aprisionadas em seu orgulho, às vezes encoberto por atitudes aparentemente humildes, criam "capas" protetivas a partir de uma mente rígida e intelectualizada. E não estão isentas de, ao ser agredidas ou ter seu orgulho atacado, sentir raiva, dor pelo orgulho e ego machucados, e experimentar os impulsos que sobem das profundezas da alma como verdadeiros vulcões emocionais, carregados de vontade de vingança, tendendo a revidar com violência igual à recebida no ataque, sem que tenham controle sobre esses sentimentos inferiores que estavam guardados nos esconderijos da alma e que não foram suficientemente trabalhados. Isso demonstra que o campo mental desses seres pode até possuir parâmetros informacionais e de consciência elevados, entretanto os sentimentos ainda precisam ser trabalhados, acessados e modificados; e não empurrados "para baixo do tapete".

Para que isso aconteça, é indispensável a pessoa aprender a deixar os sentimentos virem à tona, permitindo que saiam dos esconderijos da alma e se mostrem. Acessar as emoções residentes em sua intimidade pressupõe aprender a observá-las, senti-las com serenidade, procurando respirar fundo e lentamente para controlar impulsos descontrolados.

A prática sistemática da meditação e do mergulho consciente no mundo interior ajuda muito nesse processo de acesso aos sentimentos inferiores e impulsos que habitam a intimidade do ser, de modo a "tocá-los", senti-los e educá-los.

Assim, realizar meditações para contatar os impulsos e sentimentos inferiores, refletindo-se sobre eles com consciência superior já adquirida por meio dos estudos e do aprimoramento dos conhecimentos, torna-se primordial como suporte ao progresso verdadeiro e consistente.

Reprisando: nesses mergulhos ao universo íntimo é preciso englobar o acervo mental e o acervo de sentimentos, não apenas uma parte desses duplos componentes inerentes a toda alma. O diálogo íntimo é ato indispensável nesse avanço, balizado pela humildade de reconhecer que ainda é imperfeito, realizando esse trabalho com profundidade e alimentando coragem de se despir e se autoenfrentar.

Despertar ou educar a própria sensibilidade ou mediunidade nada mais é que trabalhar para a autoeducação interior, com o uso de ferramentas ou técnicas importantes que levem a pessoa a aprender a se concentrar, a se auto-observar, a perceber seus pensamentos e sentimentos, e a meditar. Isso é trabalho de autoconhecimento rumo à autotransformação.

Nesse contexto, antes de tudo, é preciso respeitar-se o livre-arbítrio, ou seja, a pessoa que não desejar aprimorar sua sensibilidade deve ser respeitada. De qualquer maneira, isso denota que o indivíduo não quer se aprofundar em seu processo de autoconhecimento e autotransformação.

Para se proceder ao mergulho interior, é preciso aprimorar a concentração, a vontade dirigida, com coragem e humildade para dentro de si. Na medida que o ser deseja fazer esse mergulho íntimo, estará automaticamente despertando e aprimorando sua sensibilidade. Em outras palavras, estará desenvolvendo, "abrindo", e educando sua mediunidade.

Quando afirmamos a importância da prática do desenvolvimento mediúnico, estamos nos dirigindo àquelas pessoas que desejam de fato aprimorar a sensibilidade e a capacidade de perceber o mundo invisível paralelo, mas, principalmente, seu mundo interior. Assim como o que está dentro está fora, ou o que está em cima, está em baixo, relembrando as máximas de Hermes Trismegisto, estamos querendo dizer que é preciso trabalhar-se o mundo íntimo para melhor lidar com o mundo exterior.

Tão importante é o universo externo quanto o interno de cada um. Desse modo, cabe a cada pessoa buscar aprimorar-se para aprender a lidar tanto com o seu mundo interno – seus potenciais e habilidades para serem colocados para fora e bem utilizados, e mazelas mentais-emocionais ou impulsos a serem transformados –, como o mundo que o cerca – vibrações, energias, entidades boas ou más –, os quais representam dois sistemas indissociáveis e inerentes à vida.

Pergunta: - E quais seriam as orientações para aquelas pessoas com mediunidade bastante aflorada, a qual normalmente acompanham desequilíbrios mentais-emocionais acentuados?

Savannah: – Repetindo o que dissemos anteriormente: que a pessoa cultive práticas que eduquem a mente dispersiva e desconcentrada. Exercícios que ajudem a educar impulsos e emoções desequilibradas. A adoção de algumas técnicas ajudará muito. Isso pode ser feito através do yoga e de outros caminhos que proporcionem maneiras de se buscar o autocontrole, via técnicas de controle da respiração, de exercícios de concentração e meditação, por exemplo. Mediunidade aflorada e descontrolada nada mais é que fruto de emoções e impulsos desequilibrados. Então, tudo começa e termina dentro do universo íntimo de cada um.

É preciso se desbravar o mundo interior e contatar todas essa natureza emocionalmente instável. Exercícios de controle da respiração, o que no yoga se chama de pranayama, é uma prática com resultados excelentes para se buscar esse autocontrole. Mas atenção: isso leva tempo, exige persistência e constância nas práticas. Segundo os velhos yogues, quem controla a respiração controla o medo e as instabilidades emocionais, e aprende a "enfrentar" ou vivenciar a morte física, ou seja, a viagem do mundo físico para o astral, com serenidade e equilíbrio.

Almas estressadas, comumente insatisfeitas, ansiosas, possuidoras de uma mente agitada, são como um cavalo selvagem, desgovernado, que necessita ser domado, domesticado: são reflexos de um ser orgulhoso, submisso a impulsos internos e resistente ao mergulho íntimo. Por isso, normalmente buscam subterfúgios, fugas e argumentam que há outros caminhos espirituais, mais curtos e, diante disso, falam que a paciência é importante, mas não a cultivam dentro de si. Confundem mente elevada, ampliada e com alta frequência com mente agitada, com excesso de pensamentos dispersivos e presos em seu próprio estresse íntimo.

Pessoas com essas características, quando iniciam exercícios de meditação e reflexão interior, no início lhes faltará paciência. Contudo é exatamente essa paciência que o neófito precisará cultivar. Para se chegar ao centésimo passo, é preciso dar os primeiros, que exigirão persistência, constância de propósito e autocompreensão com suas próprias instabilidades interiores. E prosseguir, mesmo tropeçando.

É necessário alimentar-se uma postura interior otimista, autoconfiante, e ter humildade para saber que não se vencerá os primeiros passos com facilidade, além do que a mente deseducada continuará jorrando milhares de pensamentos na "cabeça", exatamente na hora que o ser se propõe a concentrar-se e a silenciar o mundo interior. A mente deseducada estará testando a paciência, a autotolerância e a persistência. As chances de desistência serão muitas e certamente poderão ter assessoramento de suas próprias egrégoras mentais viciadas no estresse, na adrenalina, e de entidades negativas desejosas de que o neófito desista de seu processo de reforma íntima.

Uma mente agitada e dispersa torna-se frágil, perde força interior por conta da desconcentração de energia. Falta-lhe foco mental, seja em questões ligadas à vida cotidiana ou no caminho espiritual, normalmente provando um pouco de tudo de forma superficial. É preciso alimentar a humildade e a firmeza de propósito de seguir em frente.

Há certos palestrantes e alguns pensadores no campo da psicologia e da filosofia atualmente que costumam espalhar conceitos equivocados (não por má intenção) e capciosos (por má intenção). Por vezes, é muito comum serem inspirados por entidades inteligentíssimas, ardilosas e com intenção de enfraquecer as mentes mais desavisadas.

Ocorre ainda de essas pessoas, às vezes especialistas em técnicas de desenvolvimento mental, em sintonia com hordas das Sombras, se utilizarem de determinados argumentos sutis e ardilosos para desviar algumas almas de seu caminho espiritual coerente com o pensamento superior. Alguns chegam a comentar que não há mais tempo para se parar a mente e o coração e realizar exercícios de concentração e meditação, como os praticados pelo yoga, por exemplo; que é preciso se realizar exercícios que tornem o caminhar mais rápido via atalhos artificiais – não existem atalhos que alimentem a preguiça para quem deseja uma trilha espiritual sensata.

Diríamos que nunca é tarde para aprender técnicas milenares, a exemplo das ensinadas pelo yoga, budismo e outras sintonizadas com propósitos superiores, as quais continuam mais atuais do que nunca, em termos metodológicos e de efeitos positivos. São técnicas praticadas há milhares e milhares de anos em planetas espiritualmente mais avançados que a Terra, e que podem provar sua eficácia.

Hoje em dia existem, espalhadas pelo mundo terreno e conduzidas por consultores diversos, fórmulas modernas ocidentalizadas, que costumam fundir ensinamentos antigos do yoga, do budismo, do confucionismo e de outras fontes orientais de maneira compacta, sintética. São técnicas que possuem sua validade, sem dúvida. No entanto, é bom que se saiba que a origem desses conhecimentos e técnicas vem de muito longe no tempo e no espaço. De qualquer modo, não há como o ser fugir de si mesmo, de enfrentar o estresse, a ansiedade e o tumulto mental sem aprender a se concentrar, a acalmar e a silenciar o mundo interior. Sem isso, dificilmente a pessoa terá condições de promover com eficácia e efetividade a auto-observação, a vigilância de seus pensamentos, sentimentos e impulsos, com vistas à educação interior.

Vale salientar que, quando falamos em técnicas, estas representam apenas uma espécie de "laboratório" para treinar a pessoa a incorporar em sua vida comum e diária o aprendizado que elas lhe proporcionam. Exemplificando: aprender a se concentrar em uma coisa, por vez, deve sair da prática "laboratorial" do centro de yoga ou da sala do curso e ser trazida para o dia a dia – desde arrumar uma cama, ler um livro, assistir a um filme ou a uma palestra ou aula, dialogar com alguém, estar se alimentando, fazendo uma prece ou meditando. Que a pessoa seja integral no que faz.

Pergunta: - Mas nos dias de hoje, com a vida agitada, inúmeras tarefas a serem realizadas, trânsito engarrafado ou intenso, muitas informações advindas da internet e de outras fontes, ter que cuidar de crianças e fazer almoço ao mesmo tempo, enfim, esse quadro não nos leva a ter que fazer várias coisas ao mesmo tempo? E isso não nos treina para que a mente aprenda a estar em várias tarefas simultaneamente? Isso não é um treino para desenvolver a intuição também?

Savannah: – Mas quem disse que a vida moderna dos dias atuais representa modelo de vida superior, que proporciona boa qualidade de vida? As tecnologias modernas, sem dúvida, têm melhorado a qualidade de vida em muitos aspectos; todavia, têm ao mesmo tempo gerado estresse, ansiedade e uma série de distúrbios mentais-emocionais na maioria das pessoas. Ter que fazer várias tarefas para ganhar o pão de cada dia, ter que correr para as atividades da cozinha e do quarto no mesmo minuto, cuidando de filhos e se preocupando com a hora apertada porque precisa voltar ao trabalho, enfim, isso tudo são aberrações da dita vida moderna terrena que, sem dúvida, não trazem qualidade de vida serena e plena em felicidade.

Aliás, há muitas pessoas que se acostumam e até se viciam com esse ritmo de vida, a ponto de sentirem falta dele, quando estão em ambiente e em situações de tranquilidade: adrenalina pode viciar. Nesse caso, é como o ladrão que sente falta de roubar ou o assassino que sente falta de matar, tudo por mero condicionamento psíquico de fazer o mal ou algo errado. Podemos resumir isso com a palavra vício ou apego a algo decorrente de longas repetições, ou submeter-se repetidas vezes ou por longo tempo a algo que acaba criando dependência física e psíquica, como o viciado em drogas.

A vida corrida pode exigir rapidez no fazer e cada coisa pode ser feita de forma dinâmica, mas concentrada em si, uma coisa por vez. Dessa forma, a pessoa fará a coisa bem-feita, com boa concentração e de modo integral. O ser humano não precisa demonstrar para os outros e para sua própria vaidade que é super-homem ou supermulher. Que aprenda a delegar ou dividir atribuições, que cultive a humildade de pedir ajuda quando preciso, que aprenda a ajudar quem precise de suporte ou auxílio, que haja trocas. E, se não estiver dando conta, que exercite a humilde para dizer: "desculpe, mas não tenho condições de fazer tantas coisas assim, preciso dividir com alguém", ou "preciso de mais tempo para executá-las".

Mas se, apesar de tudo, precise realizar várias tarefas por questões de sobrevivência, então que assuma, aceite com resiliência o seu carma e os desafios que lhe são colocados à frente como forma de exercitar a iniciativa e a disposição para o trabalho. Normalmente, pessoas que insultam as tarefas, revoltadas com a vida ou com certas situações da vida, que tendem a ser indolentes ou acomodadas, são levadas a certos tipos de vida agitada, não por acaso. Que cada um aceite sua vida com disposição e boa vontade para realizar o que precisa, pois a cada um o Universo, que é justo, proporciona situações necessárias ao seu amadurecimento interior.

Mais de 95 por cento dos habitantes terrenos ainda estão presos ao mundo astral (ou consciencialmente ligados ao plano astral), estejam encarnados ou no mundo dos desencarnados, porque estão apegados ao plano das emoções e dos instintos, com incursões momentâneas ao plano mental, especialmente nos momentos de dedicação profissional. E essas incursões ao plano mental estão restritas ao intelectual materialista ou concreto, levando a mente a estados de tensão, estresse, ansiedade, inundada de todo tipo de pensamentos. Então, essa grande maioria dos terráqueos precisa aprender a educar a mente, conduzindo-a a fazer uma coisa de cada vez, mesmo que o faça de forma rápida e dinâmica, e que o faça bem-feito, com boa vontade e disciplina.

Repartir a mente a deseduca e, nestes tempos de internet e com um largo e abundante espectro de informações e conexões, coloca a pessoa mais dispersa, levando a vivências superficiais de tudo o que acessa. Afinal, o dia só tem 24 horas e, exatamente por sentir que não está dando conta de resolver tudo o que precisava, a tensão interior aumenta mais ainda.

Quando o ser atingir um estágio evolutivo de zerar carmas, ampliando a consciência e a capacidade de amar e servir fraternalmente, sem nada esperar em troca, então estará preparado e apto a ingressar no plano intuitivo, com condições reais de treinar a multiplicidade de sua mente (como já ocorre naturalmente aos anjos que ultrapassaram o plano búdico, com suas mentes ampliadíssimas e com capacidade de penetrar em várias coisas e seres ao mesmo tempo, escutando cada alma em sua intimidade), estando ela em vários locais e situações simultaneamente, mas de forma consciente em cada um desses *locus* e não de forma superficial e repartida. Então, cada coisa a seu tempo, e que a vaidade e o orgulho de querer ser o que ainda não é, não leve a pessoa a tentar vivenciar situações artificiais e incompatíveis com o seu grau evolutivo.

Pergunta: - Ouvimos dizer, por um instrutor de meditação, que não há como se esvaziar a mente. Isso procede? E o que é meditar?

Savannah: – Às vezes é uma questão de semântica, ou pode ser que ocorram mal-entendidos sobre alguns conceitos e técnicas de meditação. A mente traz uma história milenar, com um espectro gigantesco de informações guardadas em nível inconsciente e subconsciente. Portanto, nesse aspecto, não há como esvaziar esse arquivo, as memórias, pois elas estão lá e são indestrutíveis. Por outro lado, é parte do exercício de concentração deixar de pensar em inúmeras coisas e focar a mente em uma única coisa: o que os yogues chamam de *dharana*, em sânscrito. Neste momento, o que existe é um exercício para que a mente deixe de pensar em várias coisas ao mesmo tempo. Em outras palavras, se poderia dizer: esvazie a mente e foque-a em apenas uma coisa. Em seguida, a mente iniciará o processo de meditação, também sobre algo ou em um aspecto da vida que queira mergulhar em sua essência (etapa denominada pelos yogues de *dhyana*).

Mas o que os yogues chamam de *samadhi* envolve uma fase seguinte do processo de meditação, o qual consiste num estágio de contemplação, ou seja, a mente alcança um mergulho tal na intimidade de algo ou de si mesma, que não pensa mais em nada, apenas se dilui no universo de si mesma, ou de algo. Neste estágio meditativo, de fato, a mente está relativamente vazia para que nela penetre o Universo ou vibrações sutis, que poderá ser a aura de um guia espiritual. É o que, também, se poderia chamar de estado de transe ou mente "passiva".

É interessante explicitar essa etapa do processo de meditação, pois, quando o ser alcança esse estágio, estará em sintonia com o seu guia espiritual e terá uma sensação de expansão de sua mente, como se ele se sentisse enorme, perdendo a sensação de espaço e forma, o que nada mais é que sintonia mediúnica com o guia, não apenas mental, mas astral também. Dependendo da situação ou momento, o seu guia poderá estar em sintonia com o mentor espiritual dele, que por sua vez poderá estar em sintonia com um ou mais seres em estágio bem avançado de evolução, os quais, por sua vez, estarão em sintonia com o Cristo Planetário e este com Deus, criando uma rede de conexões "verticais" e sintonias inexprimíveis, com sensação de bem-estar, bem-aventurança, de paz.

Em síntese, o momento de alcance do *samadhi* pode representar uma sintonia, ainda que por segundos ou minutos, com a Mente Divina. Essa sintonia áurica pressupõe se sentir vibrações, e isso implica um estágio de transe ou de conexão espiritual superior. E então a pessoa poderá alcançar estágios mais avançados ainda de meditação, o que a levará a fundir-se auricamente ou a sintonizar-se a uma conexão mediúnica ou espiritual com planos elevados, incluindo nesse contexto sintonia com sua própria centelha divina, habitante de sua essência espiritual. Nesses estágios, a mente avança pelo plano intuitivo e pode ir mais além ainda, acessando conhecimentos e informações muito além do imaginário daquela pessoa.

Pergunta: - Existe alguma relação entre instabilidade interior versus a educação mental-emocional e os chacras? Como o exercício de pranayama ou controle da respiração se interrelaciona com os chacras?

Savannah: – Sim, essa interrelação existe, pois estamos falando de vários sistemas integrados que fazem parte do ser humano, e no caso específico de seres encarnados. Porém, mesmo uma alma habitante do mundo astral terá conexões entre seu estado interior e as estruturas sistêmicas do seu corpo astral, com respectivas conexões com o seu corpo mental e com os demais corpos sutis.

Acontece que quem está desencarnado, se não possuir um bom grau de equilíbrio interior, sofrerá de "dores" psíquicas enormes, as quais poderão levar a alma à loucura ou a estágio de perturbação intensa, haja vista que o corpo físico serve de barreira ou filtro para essas emissões psíquicas de desequilíbrios. Então, sem a matéria biológica para drenar toxicidades psíquicas, a alma passa por sofrimento atroz, sem ter para onde correr, e o remédio será o cultivo da humildade e o pedido de ajuda a Deus.

No caso de um encarnado, o corpo sofre com doenças ou desequilíbrios fisiológicos, já que ele somatiza os desequilíbrios oriundos do campo mental-emocional, somando a isso aspectos relativos à materialização de carmas que, de certo modo, têm relação direta também com estados mentais-emocionais do ser. Muitas vezes, uma pessoa dispara em seu corpo a somatização de algum carma (que poderia ser evitado ou transmutado), em razão de sua postura mental-emocional atual diante da vida. O distúrbio pode começar no campo mental, como no pensamento.

Em seguida, tende a afetar o estado emocional. Pode ocorrer, também, que algum choque emocional resultante de acidente, agressão física ou por palavras de alguém provoque em seguida pensamentos de vingança, de contestação ou algo semelhante. De qualquer modo, como atuam de forma sistêmica, normalmente o campo mental afeta as emoções e vice-versa, gerando impactos nos chacras frontal, laríngeo (quando ocorrem reflexos nas palavras da pessoa que se sente afetada), chacra cardíaco e também com reflexos no plexo solar. Como os chacras superiores de certo modo comandam os inferiores, estes acabam por sentir os reflexos do que ocorre naqueles, tanto de vibrações positivas como de negativas.

O duplo-etérico, onde se localiza o sistema de chacras, é o primeiro corpo a receber as pressões ou emissões energético-vibratórias advindas da mente (corpo mental) e das emoções (corpo astral) da pessoa, antes de chegar ao corpo físico. Se existe perturbação mental, o chacra frontal sente o desequilíbrio que lhe provoca desajuste energético, em seguida transmitindo esse desequilíbrio para a cabeça ou cérebro da pessoa, em forma de dor de cabeça, mal-estar ou variados tipos de pressão. E, se tais emissões forem frequentes, com o tempo pode haver somatização de tal modo que pode causar distúrbios cerebrais, como acidentes cerebrais, câncer ou outros desequilíbrios fisiológicos relacionados à massa encefálica, sua estrutura e funcionamento.

Se esse desequilíbrio mental é veiculado através de palavras, como uma agressão a alguém ou a si mesmo, ou se a pessoa costuma ser maledicente, automaticamente o chacra laríngeo absorverá o impacto dessa energia negativa, desequilibrando-o, passando em seguida para a garganta física da pessoa, o que pode gerar dor de garganta, inflamação, ou outros distúrbios fisiológicos. Certamente a glândula tireoide sentirá o impacto, desequilibrando-se e gerando como consequência desequilíbrios hormonais na pessoa, podendo afetar vários órgãos do corpo relacionados aos hormônios secretados pela glândula.

Quando a questão se origina ou chega ao campo emocional, com a pessoa sentindo raiva, sentimento de vingança, mágoa ou ressentimento, arrogância, egoísmo ou coisas similares, então o chacra cardíaco sentirá o reflexo, materializando-o em seguida para o coração e sistema cardiovascular, e em seguida outros chacras subsequentes sentirão esses impactos.

Por exemplo: se envolver ciúme ou inveja, o chacra umbilical sentirá o impacto, absorvendo-o como uma esponja, somatizando em problemas no trato digestivo. No caso da mágoa, haverá emissão energética para o chacra básico e também umbilical, simultaneamente, afetando o sistema digestivo e excretor, e assim por diante. E, por se tratar de um sistema, haverá naturalmente reflexos no chacra frontal, posto que sentimentos acabam por gerar certos pensamentos e efeitos no campo mental, também.

Portanto, existe uma relação sistêmica direta entre estados mentais-emocionais, os chacras e seus impactos no corpo físico. Conforme as fragilidades orgânicas (levando-se em conta aspectos cármicos), a pessoa terá um ou outro problema fisiológico, afetando um sistema inteiro ou vários sistemas orgânicos, ou mesmo um ou outro órgão.

No tocante à respiração, esta promove uma interação entre o corpo físico e o corpo etérico. A respiração é algo tão importante para o ser encarnado, que é a primeira coisa que o ser faz ao nascer biologicamente e a última a realizar, pois quando cessa a respiração ocorre a morte física.

Sobre o duplo-etérico existe uma enorme e complexa rede do sistema de fluxos energéticos ou fluxos prânicos, que é alimentada pelo prana ou energia vital oriunda do corpo físico. O prana é resultante do alimento que a pessoa ingere e da inspiração do ar, que entra pelas narinas e promove o fluxo de oxigenação dos pulmões, com efeitos na circulação sanguínea e no dinamismo do sistema cardiovascular. Mas, nessa complexa e dinâmica interação energética, ocorre uma troca prânica de energias absorvidas entre si pelos corpos mental, astral e etérico, os quais são levados e intercambiados também com o corpo físico e vice-versa.

Assim, o prana é fruto também da absorção da energia telúrica, que vem do centro da Terra e penetra no ser pelo duplo-etérico, através do chacra básico e também por meio de chacras secundários existentes na planta dos pés (e que terá efeito mais intenso de captação se a pessoa estiver descalça e em contato com a terra). O prana vem, ainda, da força das matas e das águas que penetra no ser através do chacra esplênico, o qual absorve ainda um pouco do prana oriundo da energia solar. Todas essas energias podem ser absorvidas por diversos chacras secundários espalhados pelo corpo etérico e captados pelos poros e diversos centros nervosos e sensíveis no corpo físico.

O plexo solar, como o nome já diz, é o principal receptor das energias prânicas do Sol, mas o chacra esplênico também faz esse papel e absorve ainda o prana advindo dos minerais, das matas e das águas. O chacra esplênico é uma espécie de "coringa" dos chacras, dadas suas múltiplas funções. E finalmente existe a absorção, via chacra coronário, do prana cósmico ou das energias cósmicas, vindas das estrelas e do Universo infinito – há nesse processo de absorção via chacra coronário, ainda, do som do Universo, que é expresso pelo mantra Om, o som de Deus, som do infinito, som da infinitude cósmica.

Há no duplo-etérico os *nadis*, que são canais de energia por onde circulam esses diversos pranas que alimentam os corpos etérico, astral e mental do ser, e que por sua vez afetam ou alimentam energeticamente o corpo físico. Os *nadis* são compostos pelos canais *ida*, onde circula a energia de polaridade negativa ou feminina, que influencia todo o lado esquerdo do corpo e se conecta com o lado direito do cérebro, relacionando-se às emoções, sensibilidade mediúnica, inspiração, dons artísticos e criatividade. *Píngala* é o canal por onde circula a energia de polaridade positiva ou masculina, ligada ao campo racional, e que se entrelaça com *ida*, num fluxo contínuo ascendente e descendente pelo corpo, passando por todos os chacras, do básico ao coronário e vice-versa quando descendente.

Perpassando *ida* e *píngala* existe um canal central (*shushumna*), onde corre o fluxo da energia ascendente chamada de energia kundalínea, levando energia vital da raiz (desde o chacra básico, por onde absorve e reencaminha aos demais chacras a energia telúrica, oriunda do magma do centro da Terra) e servindo de apoio ou sustentação energética para *ida* e *píngala*, bem como alimentando de energia vital os demais chacras, incluindo os superiores. Kundalini alimenta a energia vital, sexual, da procriação da espécie, da criatividade, praticidade, materialidade e iniciativa. Essa energia alimenta pranicamente a parte central do cérebro, relacionada com o senso prático das pessoas.

Conforme a pessoa evolui, kundalini vai tendo um papel de mobilizador das energias dos chacras e de sua relação psíquica com aspectos crescentemente mais elevados em moral, amor fraternal e consciência cada vez mais ampliada. A energia kundalínea, fluindo por *shushumna*, tem um potencial de força gigantesca e, se despertada prematuramente, sem a devida maturidade espiritual, pode causar danos psíquicos enormes, inclusive com efeitos danosos na estrutura neurológica do corpo físico e nos chacras (no corpo etéreo), com impactos como psicopatias.

Entretanto, é válido lembrar que, se a pessoa realiza com senso de responsabilidade e consciência elevada e disciplinarmente práticas de kriya yoga ou kundalini yoga, que envolve pranayama associado a um conjunto de técnicas mentais e bandhas,[19] esses centros de força ou chacras vão se sensibilizando e se fortalecendo energeticamente, despertando poderes mentais, o que exige elevado padrão moral por parte do praticante, sob risco de tornar a pessoa desequilibrada, conforme foi dito anteriormente, já que esses centros de força alimentados por kundalini ativam instintos, emoções e padrões mentais proporcionais ao nível evolutivo do ser.

Com isso, havendo o despertar prematuro dessa força, se a pessoa não tiver alcançado um domínio básico sobre seus impulsos sexuais, perderá o controle sobre essas energias, com a hiperativação dos chacras básico e umbilical. Se a pessoa for muito invejosa, vaidosa, ciumenta e presa a essas emoções inferiores, quando kundalini passar pelo chacra umbilical, subindo em direção à cabeça, despertará com mais força esses padrões mentais-emocionais no indivíduo. Se ela for aprisionada e obcecada por dinheiro, riquezas e bens materiais, essa energia ativará ainda mais o chacra básico e plexo solar, onde se instalam aspectos mentais-emocionais relacionados com essas questões.

Quando kundalini passa e ativa o chacra laríngeo, a pessoa despertará a capacidade de falar em público, mobilizando e magnetizando as pessoas que a ouvem, tal como ocorreu a Hitler e a outras pessoas com força magnética sobre coletividades, em face de haverem exercitado certas práticas no passado que ativaram seus chacras básico, umbilical, plexo solar e laríngeo, sem terem alcançado um padrão moral mínimo e sensibilidade fraternal que os capacitasse a realizações su-

[19] São práticas do yoga clássico, os quais se referem à contrações de músculos e tendões (exemplo: da região pélvica, estômago e baixo ventre, pescoço, língua dentre outros) que têm o objetivo de provocar pressão sobre os chacras principais ou secundários ligados a essas áreas, visando a dinamizá-los, e que são potencializados quando associados com pranayama e condução consciente e disciplinada dos movimentos.

periores. Ou Rasputin, que também ativou demasiadamente seus chacras básico, umbilical, plexo solar, laríngeo e frontal, sem elevado padrão moral-espiritual, levando-o a conquistas materiais por meio de uma inteligência bastante aguçada, seduzindo mulheres e pessoas com poder político para que satisfizesse seus impulsos instintivos e de obsessão por riquezas.

Essas práticas são importantes, sim, e se praticadas com disciplina, regularidade e emprego de esforços rumo à elevação espiritual, certamente e com o tempo funcionarão como catalisador do processo evolutivo do ser, ajudando a burilar e transformar energias primárias em energias nobres e superiores, do ponto de vista espiritual.

Desse modo, tais exercícios devem ser praticados por aqueles que possuem firme propósito espiritual superior, que mobilizam a força de vontade rumo à autotransformação, de maneira profunda, consciente, consistente, com firme postura moral e sentimentos fraternos já bem alicerçados na intimidade. Do contrário, se a alma ainda oscila bastante entre seus ideais superiores e suas mazelas íntimas, então é melhor não realizar esses exercícios e esperar que o tempo e as leis universais de causa e efeito e do amor cósmico a ajude a amadurecer e a se firmar em seus propósitos elevados.

Muitas almas de vontade fraca para acessar corajosamente e transformar seu orgulho, egoísmo e apegos à materialidade, com moral instável, oscilantes entre seus ideias superiores e quedas constantes e acentuadas, por terem praticado por anos essas técnicas, se encontram enlouquecidas (encarnadas ou desencarnadas), atingiram estágio psicopatológico seriíssimo, mergulhadas e submissas a suas mazelas íntimas, e demorarão muitos séculos e até milênios para se reestruturarem psiquicamente e amadurecerem.

Pergunta: – Já ouvimos pessoas falarem que suas vidas estão caóticas por causa da influência negativa de espíritos maléficos e que têm medo de desenvolver a mediunidade porque serão ainda mais massacradas ou influenciadas por essas entidades. Isso procede?

Savannah: – Muitas pessoas ou médiuns culpam os outros ou os espíritos negativos por seus tropeços, insucessos ou dificuldades. Isso é uma atitude infantil. Cada pessoa tem a realidade e o caminho "desenhado" por si própria, por conta de sua postura mental-emocional e seus atos passados e presentes. Influência negativa só ocorre quando há atração mútua, sintonia mental-emocional e comportamental do indivíduo com o mundo invisível e visível. E terá sempre o apoio espiritual superior aquele que precisar de suporte, desde que peça essa ajuda com sinceridade, e conforme seu merecimento e necessidade de amadurecimento.

No mundo invisível existem guias e mentores com grande experiência e conhecimento em psicologia humana. Eles sabem o momento certo de estender as mãos, para que não alimentem a preguiça, mas sim estimulem a iniciativa individual. Sabem quando e em que momento levantam a pessoa. Cada ser é um universo à parte e demanda processos apropriados e específicos, conforme cada realidade íntima.

É claro que, para que haja progresso espiritual e a pessoa conquiste avanços no desbravamento do mundo interior, rumo à sua autoeducação, e no aprendizado para lidar com o mundo exterior de forma equilibrada e protegida espiritualmente, o exercício da prece sistemática e diária sempre ajuda e terá seu momento oportuno. Contudo, os guias esperam que o médium aprenda a desenvolver a capacidade de andar com os próprios pés. Por isso, chegará o momento em que, por vezes, o guia deixará o pupilo tropeçar, até que aprenda que sem esforço e vontade para andar por si próprio não chegará ao destino do autocontrole, do autoconhecimento e da autotransformação.

Deus jamais abandona seus filhos, observando-os ininterruptamente. Nos momentos certos, lá estará a proteção e apoio necessários dispensados por Ele e por seus trabalhadores, conforme a realidade e as circunstâncias educativas de que cada um necessita para seu amadurecimento.

Pergunta: - A meditação é de fato indispensável para se evoluir?

Savannah: – Nas fases iniciais da evolução, as almas ainda estão excessivamente presas ao mundo das formas e é natural que teham dificuldades de acalmar a mente e encontrar um clima meditativo voltado para conexões com o mundo invisível. Mas não é impossível, até porque a pessoa poderá estar fazendo um diálogo instintivo com Deus e com forças da natureza ou mesmo realizando algo ligado ao campo material e fazendo-o de forma compenetrada; e isso poderá ter um caráter meditativo. O caminheiro da senda espiritual, mesmo encontrando-se em fases intermediárias da caminhada, se buscar o aprendizado da meditação, de forma simples, sem complicações, certamente estará dando passos iniciais importantes para seu futuro evolutivo-espiritual, ainda que de forma inconstante.

Aquele que, por indisciplina mental, resistiu muito à prática da meditação, um dia, quando amadurecer intimamente, descobrirá nela um caminho excepcional no trato com seu mundo interior, na sua autoeducação, no autodescobrimento e no suporte à expansão da consciência espiritual e da autotransformação.

Para aqueles que já despertaram conscientemente para a importância da caminhada espiritual, diríamos que a meditação é indispensável sim.

Pergunta: - Para se meditar, é preciso aprender primeiro a se concentrar?

Savannah: – Sim, é um passo imprescindível não só para se iniciar uma meditação, como uma prece; do contrário, a mente vagará e se perderá em si mesma e no espaço, inclusive ficando à mercê de energias intrusas. Aliás, é preciso desmitificar-se a meditação, pois uma pessoa que realiza um simples trabalho rotineiro poderá estar praticando meditação ao se concentrar naquilo que faz e ao mergulhar naquela tarefa, buscando adentrar a essência daquilo.

Pergunta: - Aproveitando o "gancho" da questão anterior, gostaríamos de saber o que é meditação ou o que é meditar.

Savannah: – Meditação é o ato de se concentrar em algo, em um assunto de seu interesse, em alguma situação ou tema e mergulhar nele, penetrar em sua essência, entrar em contato com ele, descobri-lo, observá-lo, analisá-lo, utilizando-se do campo racional ou indo mais a fundo, e usando a intuição. Quando alguém mergulha fundo na essência de algo, adentra a essência energético-vibratório da coisa, ou seja, sente-a também.

Realizar um diálogo consigo mesmo é uma meditação. Meditar é se fixar, com reflexão, sobre um problema ou desafio que o aflige ou que merece aprofundamento, conhecimento, descoberta. Pode-se meditar sobre alguém, uma entidade, um ser. Pode-se meditar sobre um átomo, sobre o Universo, sobre seu corpo físico ou seu campo mental-emocional ou no espiritual. Pode-se meditar sobre o Infinito e sobre infinitas coisas, variadas questões ou assuntos.

A meditação será tanto melhor quanto maior for a capacidade de se concentrar e de penetrar na essência do que se pretende meditar. Exige foco, disciplina mental, firmeza de propósito, disposição, persistência. Pode-se meditar sobre qualquer assunto ou coisa rotineira, simples da vida, ou sobre temas ou situações mais complexas.

Pode-se meditar sobre o orgulho, a vaidade ou egoísmo e suas várias faces que lhe habitam a intimidade. Pode-se meditar sobre os instintos e suas várias formas de manifestação que lhe habitam o mundo interior. Pode-se meditar sobre as potencialidades e aspectos positivos que lhe habitam o universo íntimo. Pode-se meditar sobre as estrelas, o Sol, o Universo, sobre Deus. Meditar é entrar em sintonia e penetrar na intimidade daquilo em que se pretende concentrar e compreender. E não necessariamente se terá todas as respostas, ou terá aquilo que esteja preparado para receber em seu campo consciencial. Cada um receberá aquilo que estiver em sintonia com sua capacidade de compreensão e de sentir.

A meditação ajuda a ampliar a visão interior e exterior das coisas. Permite avançar além de uma análise intelectual-concreta, e pode penetrar no campo intuitivo e da sensibilidade, ampliando a consciência e a percepção daquilo que se esteja tendo como foco da meditação. Em vários casos, é preciso repetir por muitas e muitas vezes o exercício sobre o foco da meditação, a fim de que venha o esclarecimento, a visão mais clara, a compreensão, o discernimento. Muitas vezes, o avanço na compreensão será gradativo, passo a passo.

A meditação pode ser de um minuto ou de uma hora, ou mais. Depende do tempo disponível, da paciência, disposição e maturidade para realizá-la. Existe uma infinidade enorme de técnicas que ajudam a pessoa a melhorar a concentração e a meditar. Técnicas yogues, budistas e diversas outras que já se ocidentalizaram, com o intuito de ajudar os interessados em buscar caminhos espirituais e de bem-estar interior.

Pergunta: - Seria possível nos trazer alguns exercícios de concentração, meditação e respiração de fácil adoção, como técnicas aplicáveis à educação mental-emocional?

Savannah: – Sim. Existem vários tipos de exercícios, dos mais simples aos mais complexos, dos mais rápidos aos mais extensos. Procuraremos citar alguns simples que podem ser realizados por neófitos no assunto.

Antes de tudo, deve-se sentar num local tranquilo, bem arejado, de preferência silencioso, e adotar uma posição confortável, mantendo a coluna ereta, ou se for o caso deitar de barriga para cima (posição de decúbito dorsal). Embora essa orientação se destine aos iniciantes, deve-se estar preparado ou disciplinado para meditar inclusive num ambiente barulhento, em pé, no calor ou no frio, enfim, em qualquer situação, pois, a depender do momento e do desafio, essa prática será indispensável para se exercitar a paciência, a persistência e o domínio da própria mente, e ainda para se ter a clareza de percepção ou mesmo para tomar certas decisões na vida ou no caminho espiritual.

Existem algumas práticas preliminares a qualquer meditação, além da exposta no parágrafo anterior. Vamos enumerá-las de forma simples e clara:

Fecha-se os olhos e respira-se lenta e profundamente, sentindo o ar entrando e saindo pelas narinas, mantendo a consciência focada nesse processo. E então repete-se por dez vezes esse exercício, procurando acalmar as emoções, deixando de lado preocupações e pensamentos. Se vier uma avalanche de pensamentos e emoções, deve-se deixá-los fluir tranquila e naturalmente, como uma tela de cinema exposta à frente, sem apegar-se a ela, sem lutar com ela. Quando se entra em conflito com essa avalanche de pensamentos ou atribulação mental, a agitação fica mais forte. Portanto, é preciso exercitar a serenidade, a paciência e o desligamento deles, sem entrar em processo de luta atroz.

Exercício 1. Deve-se iniciar o trabalho mais extenso de controle da respiração: inspira-se lenta e profundamente por cinco segundos ao longo do processo da inspiração, e segura-se a respiração com o ar dentro dos pulmões, igualmente, por cinco segundos (de preferência adotando a respiração completa, incluindo a diafragmática, ou seja, relaxando o diafragma e em seguida enchendo os pulmões de ar, sem mexer os ombros). Em seguida, expira-se o ar, igualmente, por um processo de cinco segundos, esvaziando os pulmões e contraindo o diafragma totalmente, e prende-se a inspiração, com os pulmões vazios, por cinco segundos novamente.

Deve-se repetir esse exercício por 21 vezes (pode ser menos ou mais vezes). Caso a pessoa, se perca durante a contagem, deve começar tudo novamente, com paciência, respeito à própria dispersão e com persistência para recomeçar sempre que preciso, sem irritação. Se detectar alguma irritação nos sentimentos, deve deixá-los sair na expiração, tranquilamente. Se sentir-se desconfortável, é melhor reduzir o tempo de cada um dos processos e etapas da respiração, sentindo que está fazendo algum esforço, mínimo que seja, pois isso é importante para fortalecer a vontade. Não existe ascensão sem esforço, assim como o atleta precisa chegar à fronteira de sua capacidade para ir se superando e melhorando sua *performance*.

Exercício 2. Fecha-se os olhos e respira-se com a mente concentrada numa das narinas (pode-se começar pela esquerda, a qual equilibrará o fluxo energético de *ida*, ou energia feminina, ou de polaridade negativa, a mesma da intuição, da criatividade, da sensibilidade, das emoções). Em seguida, repete-se o processo em relação à narina direita, a qual equilibrará o fluxo energético de *píngala*, relativa à polaridade positiva ou masculina, da razão, do campo mental e dos pensamentos.

Para facilitar, pode-se usar os dedos indicador e polegar para apoiá-los sobre o nariz e facilitar a concentração nesse processo respiratório de cada uma das polaridades, respectivamente. Repete-se 18 respirações em cada uma das narinas.

Feito isso, então a pessoa deve respirar sentindo o ar entrando e saindo pelas duas narinas simultaneamente, por 18 vezes – numerologicamente, oito mais um sintetizam o nove, que representa o fim de um ciclo de contagem. Isso tem uma simbologia cósmica, mas pode-se adotar outras referências numéricas. Com o tempo, essa contagem pode ir aumentando, inclusive o tempo com o ar dentro e fora dos pulmões, e no processo do ar entrando e saindo pelas narinas.

Então, espera-se que após essas etapas de exercícios os canais prânicos ou *nadis* do praticante estejam equilibrados, ou pelo menos mais próximos do equilíbrio, com a vontade e a concentração mais direcionadas à fase de concentração puramente mental, essencial para a fase seguinte de meditação propriamente dita.

Agora então se iniciará o exercício de concentração, focando-se num ponto entre as sobrancelhas: o chacra frontal. Essa fase representa o fortalecimento da vontade, da persistência e determinação. Sempre que o pensamento se desviar, deve-se retomar a atenção ao ponto entre as sobrancelhas, natural e serenamente, num exercício de persistência. Se surgirem muitos pensamentos, nada de entrar em luta com eles. Ao contrário, deve-se deixá-los passar e retomar a atenção ao propósito inicial, que é o chacra frontal.

Nessas fases de concentração e meditação, ou seja, quando a mente está ativa, é importante deixar as mãos voltadas para baixo, em atitude mental fechada. As mãos só se voltam para cima quando se está em transe mediúnico ou em processo de contemplação, com a mente aberta.

Se o praticante ficar impaciente ou se achar incapaz de se concentrar, por conta da quantidade de pensamentos, imagens ou ideias que lhe fervilham à mente, não deve se desesperar porque isso é normal na fase inicial. Deve apenas compreender, com humildade, que está em aprendizado e que ninguém alcança o décimo passo se não der o primeiro.

Se no início só conseguir fixar a atenção por um segundo, e com o tempo chegar a três segundos, já será um avanço. E assim ir prosseguindo no exercício de concentração por cinco minutos, depois para dez minutos e, quem sabe, possa chegar a quinze ou vinte minutos com o tempo. Uns alcançarão essa meta mais rápido que outros, o que é natural. Afinal uns possuem a vontade mais firme e desenvolvida que outros, ou já praticaram yoga e concentração em outras vidas e, portanto, já trazem certo grau de aprendizado. Mas não se deve estabelecer comparações com quem quer que seja. Somente prosseguir concentrando-se no propósito individual.

A etapa de concentração é importantíssima, porque educa a mente a se fixar no processo meditativo e evita pensamentos intrusos e impróprios. Certas pessoas com mediunidade ou sensibilidade mais aflorada tendem a ver imagens ou ter visões. É essencial ressaltar que esse momento não é apropriado para processo mediúnico ou para deixar a mente passiva, pois o exercício de desenvolver a concentração implica em se ter a mente ativa, direcionada. A mente passiva ou contemplativa ou em transe mediúnico ocorre na última fase do processo, e não agora.

Após o tempo estipulado para a concentração sobre o chacra frontal, então inicia-se a fase de meditação propriamente dita, momento em que se deve escolher um tema para fixar a mente e iniciar o mergulho interior sobre aquele assunto. A sugestão é de que seja algum tema relacionado ao campo profissional, familiar, espiritual, e, mais ainda, algo que habite o mundo íntimo do praticante. Por exemplo: meditar sobre a sua impaciência ou seu orgulho, sua vaidade, seu egoísmo, seus impulsos no campo da alimentação, ou sexual, e também sobre conquistas ou aspectos positivos, potenciais que lhe habitam a intimidade, e assim por diante.

Agora então, inicia-se aquilo que chamamos de "diálogo" com esse aspecto íntimo, aceitando-o com humildade, acatando-o como parte de si, amoravelmente. E em seguida, derramando sobre ele uma luz dourada, que é a cor da mente superior. Como a vontade possui uma força enorme quando vivenciada com profundidade, chegou o momento, enfim, de expressar para essa parte de si, com firmeza, serenidade e amor, o que deseja que ela se torne de fato.

A meditação pressupõe ter foco em algo e mergulhar profundamente naquilo, com sinceridade, desprendimento, coragem, humildade, serenidade. Quanto ao tempo, depende de cada um, podendo durar cinco, dez, 30 minutos, ou até horas. Que cada pessoa crie o seu momento, a sua disciplina, o contato com o seu mundo íntimo.

Grande parte da humanidade terrena está presa ao mundo exterior e esquece que deveria dedicar, pelo menos, a metade do seu tempo para lidar consigo mesma. Afinal, quando desencarnar, o que levará para o outro lado da vida é seu mundo íntimo; tudo o que era material e externo ficará no mundo das formas, que é perecível, conforme já citamos aqui.

Após a fase de meditação ativa, então o neófito poderá tomar consciência do ambiente externo, e em seguida abrir os olhos e retomar a sua rotina. Ou poderá avançar para um outro estágio, que é o momento da contemplação, em que colocará as mãos para cima, mantendo-se de olhos fechados, e abrirá seus canais para o mundo invisível ou mesmo para o contato com sua centelha de vida ou centelha divina, a fim de acessar a luz divina que habita sua intimidade.

É o momento de sorver os conhecimentos ou recomendações no campo da sabedoria que o plano espiritual superior, inclusive seu guia espiritual, poderá lhe trazer via intuições, imagens, informações e sensações relacionadas com o seu aprendizado ou com o que necessita escutar e apreender. Se a pessoa é muito sensível ou possui uma mediunidade muito aberta, então recomenda-se que essa fase se realize com outras pessoas ou em corrente espiritual, considerando questões de segurança mediúnica.

Finaliza-se essa fase com uma prece de agradecimento a Deus e aos guias espirituais. Toma-se consciência do ambiente externo, respira-se profundamente e abre-se os olhos, e então segue-se a vida.

Como mencionamos antes, existem variados caminhos

para se meditar. Essas são apenas algumas sugestões simples e práticas.

Pergunta: - E se a pessoa resiste a esse trabalho de mergulho em si, de autoenfrentamento rumo à educação ou desenvolvimento interior, rumo ao equilíbrio de suas capacidades mediúnicas ou de sua sensibilidade?

Savannah: – Uma pessoa que não se dá conta do que lhe ocorre, é como um condutor que tem seu carro desgovernado e que pode causar acidente e danos a si e aos outros, adquirindo mais carmas por sua imprudência e preguiça mental em despender esforços de educação interior. Quem não assume seu papel de caminheiro rumo à Luz, quem resiste ao influxo evolutivo, à força propulsora do ser em direção ao Pai Maior, será automaticamente afetado pela Lei do Carma, mecanismo indutor da evolução.

Quem resiste a essa força do amor cósmico, acabará por sofrer de doenças ou desequilíbrios mentais-emocionais e físicos. Quanto mais tempo essa alma resiste em mudar, mais se tornará um espírito velho necessitado de autotransformação e mais estará sujeita a doenças e males psíquicos e fisiológicos. Chegará um tempo em que a dor a fará desejar mudar de rota. E então, mais ou cedo ou mais tarde, a regeneração será uma meta e o primeiro passo terá que ser dado.

É crucial entrar-se no fluxo natural de propulsão rumo à Luz Central da Vida, e que cada um encontre o seu fluxo, o seu ritmo, o seu processo individual. O Pai não dá cargas além da capacidade que o ser tem de carregar.

Não se pode progredir espiritualmente jogando a sujeira para debaixo do tapete, evitando acessar aspectos a ser trabalhados ou mesmo não desabrochando suas potencialidades e riquezas internas. E não se evolui sem o contato com o mundo interno, se autoconhecendo, mergulhando no seu universo subconsciencial e inconsciente, aceitando-o humildemente, contudo sem ser conivente com suas imperfeições, educando-as rumo à autotransformação.

A meditação é, portanto, um instrumento essencial para esse desbravamento interior e de autotransformação.

Pergunta: - Por que uma pessoa muito mental tem dificuldade de deixar abrir a sua mediunidade?

Savannah: – Quando nos referimos a uma pessoa muito mental, estamos nos restringindo ao mental-intelectual, ou mental concreto, não ao mental-intuitivo. Isso quer dizer uma pessoa que estuda muito e geralmente não transforma o aprendizado em atitudes, ou uma pessoa que pensa demais e tende a ser pouco prática no campo da sensibilidade espiritual. Normalmente é um ser excessivamente crítico e tende a possuir uma vaidade intelectual muito acentuada. Essa postura, regada a orgulho e arrogância, às vezes exposta e por vezes escondida no fundo da alma, acaba por criar bloqueios à sensibilidade e à percepção intuitiva.

São pessoas que não conseguem relaxar, pois o pensamento fica-lhes fervilhando à mente e desviando-as do foco de si mesmas. Essa mente cria dúvidas sobre o que está pensando: é seu ou de alguma entidade? E logo concluem que é pensamento seu, que são ideias suas, pois no fundo se sentem superiores. E tendem a rejeitar as boas sugestões de entidades amigas, ao mesmo tempo em que aceitam sugestões de entidades igualmente arrogantes e vaidosas; afinal, aí há sintonia de frequência. Essas mentes conturbadas e turvas criam barreiras à sensibilidade e à percepção do que é sutil,[20] e são alvos fáceis de entidades desencarnadas com o mesmo padrão vibratório.

Em geral, são criaturas extremamente tensas, ansiosas, impacientes que normalmente fogem de si mesmas, de seus sentimentos, evitando-os. Como consequência de sua postura, acabam por fechar a própria mediunidade. Frisando mais uma vez: não foi nenhum guia ou mentor que lhes fechou a mediunidade antes do reencarne, mas sua própria postura mental de autoproteção contra mergulhos interiores e enfrentamento de suas mazelas íntimas. Por trás disso, verifica-se um enorme medo de se autoconhecer e descobrir que na intimidade há muitas mazelas a ser transformadas. Isso machuca

[20] Uma mente turva e agitada é como a água de um rio, igualmente turva e agitada, a qual não permite que se reflita o céu nem se veja o fundo do rio, não se captando as sutis vibrações superiores nem percebendo o que precisa ser modificado em seu mundo interior até as zonas mais profundas de sua alma.

o orgulho e o ego, às vezes disfarçados de falsa humildade ou, quando não, muito bem escondidos nas profundezas da alma.

Pergunta: - E uma pessoa embrutecida (o que também dificultaria uma mediunidade mais aberta), seria igualmente muito mental? Ou mais instintiva?

Savannah: – Uma pessoa muito mental-intelectual pode ser ao mesmo tempo muito instintiva, pois é um espírito velho que avançou muito em conhecimento materialista e, em alguns casos, até em informações do campo espiritual, mas se esqueceu de fazer o mergulho interior, desbravando sua intimidade, se autoconhecendo e focando em trabalhar suas mazelas no campo do sentimento e dos impulsos instintivos.

Com isso, acaba por ser uma pessoa com aura densa, em que pese ter inteligência por vezes brilhante, quase sempre associada a elevados graus de orgulho, egoísmo, vaidade e apego a paixões inferiores, ou mesmo até a viciações de consumo de alimentos, bebidas e até de drogas. São pessoas inteligentes e ao mesmo tempo embrutecidas, que estão chegando no limite de graus patológicos da psique e de sua estrutura fisiológica, e certamente se encontram sob estados de emergência ou alerta, tendo em vista uma possível ação da Lei da Causa e Efeito a lhes causar dores intensas para ver se caem em si. Por vezes, essa tomada de consciência ocorre somente após o desencarne, o que lhes causa forte dores de remorso e culpas, sendo automaticamente aprisionadas no Umbral até que lhes abram frestas de humildade na intimidade da alma, de modo a estarem aptas a receber auxílio do plano espiritual superior.

Por outro lado, é possível que uma pessoa seja embrutecida porque é um espírito novo ou relativamente novo, e, por isso, normalmente possui baixa inteligência e grande impulsividade, com instintos à flor da pele.

Por serem almas que trazem instintos aguçados (e em geral estes as dominam), seja em relação à violência, ao sexo, ao consumo de alimentos e bebidas, à impaciência e intolerância, quase sempre são materialistas. Quando se ligam a uma religião ou prática espiritual, costumam visar ao alcance de metas materiais, profissionais, de relacionamento e de aquisição de bens, por exemplo.

Esse quadro propicia que esses seres tenham pouca sensibilidade e percepção desperta. Como consequência, possuem uma mediunidade relativamente fechada. Precisarão ainda viver muito, ter muitas encarnações futuras, para ir despertando espiritualmente em consciência, com maior abertura de sua sensibilidade e ampliação da percepção de coisas mais sutis na vida.

Não existem atalhos ou mágicas na evolução. Não se pode esperar que alguém que esteja no primeiro andar de um prédio tenha a mesma visão e percepção de alguém que já chegou ao último andar, que tropeçou, descansou, sentiu preguiça, parou, mas também suou, sentiu dores, sorriu, chorou, seguiu em frente com determinação, aprendeu com as lágrimas, ampliou a consciência e amadureceu. Levará tempo e esforço para que aquele do primeiro andar se desloque pela escada, com suor e/ou lágrimas, até o último piso.

Há muitos que, pelo caminho do intelecto, chegam ao terceiro andar e já se acham evoluídos o bastante. Por vezes, trazem muitos conhecimentos teóricos, mas, por conta do elevado grau de orgulho, vaidade e egoísmo, que são aspectos do sentimento e não da razão, acabam por estacionar, já que, para se deslocarem com equilíbrio precisarão alimentar a vontade, para mergulhar no mundo dos seus próprios sentimentos e tomar contato com eles, sem o que a evolução será parcial. Poderão chegar ao quinto andar, mas jamais chegarão ao último se não despertarem a sensibilidade, a doçura, o amor dentro de si.

E, nesse processo, terão que aprender a estender as mãos a quem vem atrás. No início usando a consciência disciplinada, o senso de responsabilidade, o dever, a consciência da Lei do Carma incidindo ou induzindo-os a boas ações, e sabedores de que fazer o bem os ajuda a crescer espiritualmente.

Essa fase, de agir por disciplina e consciência do que é certo e errado, ainda sem sentimentos profundos de amor, tem sua grande importância, pois desenvolve reflexos condicionados para o sentido do bem, para as boas ações. Com tempo e com o amadurecimento interior, virá o momento de se cultivar o serviço com entrega por amor, sem nada esperar em troca, nem mesmo um agradecimento, e não se magoando pelas atitudes incompreensivas e insensibilidade do próximo. E então, desenvolve a capacidade de servir sorrindo, com sinceridade, pelo simples prazer de ter contribuído para a evolução do outro.

É muito comum se ver pessoas muito mentais-concretas, intelectualizadas, acharem que com a mente chegarão aos páramos celestiais, o que é um ledo engano e uma antevisão da arrogância espiritual. Sem as asas do amor, a consciência, por mais clara e aberta que seja, não chegará ao plano intuitivo. A intuição é a soma da consciência esclarecida adicionada de sentimentos nobres, elevados, abalizados pelo amor incondicional.

Pergunta: - Parece-nos, então, que mesmo aquelas pessoas que se dizem sem mediunidade, que não veem nada, nem sentem, nem escutam ou percebem qualquer movimento do mundo espiritual, na verdade estão embotadas, mas potencialmente possuem a sensibilidade mediúnica no fundo de suas almas?

Savannah: – Se cada pessoa aprendesse a silenciar a alma, escutaria os sinais invisíveis, vindos de dentro de si e do ambiente espiritual. E isso se aplica ao médium sensível ou a qualquer pessoa – claro, aquele mais sensível e mais intuitivo captará esses sinais com maior fidedignidade, mas tudo é uma questão de treinamento e de tempo.

Não se pode esperar que um espírito novo adquira sensibilidade do dia para a noite, ou que tudo mude em apenas uma encarnação. Ou que uma pessoa extremamente mental-concreta, intelectualizada, passe a sentir a vibração do seu guia espiritual com apenas alguns exercícios de controle de sua mente agitada. É preciso alimentar a paciência, persistência e humildade. Cada passo por vez e cada retorno de esforços virá no seu tempo natural de maturação, inerente à natureza de seus próprios processos.

Não há mágica nem catalisadores na evolução de quem

quer que seja além do próprio esforço da mente turva e tensa para aprender a se tranquilizar, a se concentrar, a meditar e a acessar as próprias emoções, tocando-as, às vezes desequilibradas, e às vezes enclausuradas. Ao mesmo tempo, é indispensável que emoções muito afloradas sejam educadas, tanto quanto aquelas aprisionadas sejam liberadas, e também educadas, para que o mundo interior seja percebido e sentido, igualmente de forma serena, lúcida.

Dessa forma, o mundo íntimo será melhor percebido e sentido, como também entidades do mundo extrafísico, sejam boas ou más, poderão ser identificadas. Essa percepção mental-intuitiva mais aguçada e os sentimentos mais sensibilizados de forma equilibrada, nada mais são que mediunidade educada e mais aberta para se perceber o que vem de dentro ou de fora de si.

O que se pensa, se sente e se faz atrai faixas vibratórias com o mesmo teor de frequência, sejam pessoas ou energias de encarnados, ou de entidades desencarnadas. Assim, cabe a cada pessoa educar aquilo que vem de dentro em desacordo com princípios espirituais superiores que já conquistou, bem como cultivar e expandir potenciais e habilidades construtivos conquistados.

Ao mesmo tempo, percebendo-se e sentindo o que vem de fora (sejam egrégoras ou entidades desencarnadas), se forem padrões vibratórios negativos, que se possa rejeitar e firmar a mente e o sentimento em padrões elevados, pedindo a Deus o encaminhamento de entidades desorientadas ou maléficas, e emitindo luz brilhante (de preferência a cor violeta-lilás, de cunho transformador, e dourada renovadora) em direção a elas. Entretanto, ao se perceber aproximação de vibrações sutis, tranquilas, carregadas de amor-compaixão, amor-incondicional e com consciência ampliada, certamente significa que está presente uma entidade de elevado padrão espiritual. Nesse caso, que sejam bem-vindas, que o aprendizado que elas trazem possa ser captado e internalizado.

Pergunta: - Por que as entidades sábias e de elevados níveis evolutivos se aproximam do mundo dos encarnados, se o objetivo é que cada um se esforce e com seus próprios pés caminhe em busca do autoconhecimento e da autorrenovação, entendendo que esse trabalho só cabe a cada um fazer por si?

Savannah: – O que move o Universo é o amor e a cooperação cósmica entre a Consciência Universal com arcanjos, anjos, entidades superiores, irmãos ainda trôpegos, mas optantes do bem, seres desencarnados no plano astral de cada planeta do Cosmo, seres encarnados, seres ainda primários na trilha evolutiva, e todos os componentes do Universo, ligados numa grande rede cooperativa e infinita. Os que ainda não cooperam, seja porque estão adormecidos em consciência, seja por ignorância, desvios, retardos ou dureza interior, um dia estarão conectados conscientemente nessa macro rede cósmica.

Assim, repetimos[21] mais uma vez que existe uma interação constante entre os mundos físicos e extrafísicos. Essa interrelação entre os mundos ou sistemas paralelos é parte da natureza divina e da necessidade de intercâmbio amorável e fraterno, porque o Universo evolui apoiado na fraternidade cósmica. Quem está na frente ajuda quem vem atrás e quem vem atrás aprende com quem está à frente. Nessa rede cósmica de cooperação, estão inseridos irmãos de variados orbes planetários, encarnados em dimensões físicas mais sutis ou desencarnados.

É compreendido nos altos páramos celestiais que todos fazem parte da mesma família planetária, solar, constelatória e galática, isto é, todos somos irmãos e, como tal, qualquer um que estiver à frente não se sentirá feliz em ver um irmão retardatário, sofredor e preso a amarras cármicas e a vícios, na escola evolutiva do amor cósmico.

Quando uma entidade de altas esferas astrais e mentais se aproxima de um ou mais encarnados durante um trabalho espiritual, para dar uma mensagem ou simplesmente para en-

[21] Essas repetições conceituais ao longo desta obra não são por acaso, e possuem efeito pedagógico de fixação da informação. O aprendizado é eterno, mesmo para almas espiritualmente avançadas. Ao mesmo tempo, quando uma civilização ainda não internalizou princípios básicos da ética cósmica e ainda não aprendeu a amar, então é porque há necessidade de se repetir a lição quantas vezes forem necessárias, até que haja internalização efetiva e transformação desse aprendizado em ações, e que essas ações estejam permeadas por sentimentos naturalmente puros, nobres e incondicionais.\

volvê-los com seu manto protetor e de amor, é para que esses encarnados aprendam a distinguir o que é seu e o que vem do guia ou mentor, em termos vibratórios. Ao mesmo tempo, é um aprendizado ao se colher ensinamentos e ao se captar vibrações que estimulam os irmãos terráqueos a subir de faixas vibratórias.

Assim, essas aproximações vibratórias servem para que os irmãos encarnados sintam vibrações elevadas e saibam que podem chegar lá, que não é impossível sentirem frequências elevadas, sutis, doces, e que podem ampliar suas consciências, igual à de seus irmãos superiores. A título comparativo: para que uma pessoa que está acostumada a tomar uma água densa e pesada saiba que existe uma água mineral mais leve e pura, é preciso que essa pessoa prove dessa nova água, de qualidade superior, sem o que não saberá distinguir entre o que é bom ou ruim, ou entre o que pode ser melhorado.

As entidades superiores e irmãos de orbes planetários mais evoluídos se dirigem aos planos densos da Terra para ajudar prazerosamente na evolução dos terráqueos, esclarecendo e trazendo vibrações de amor, pois nada é mais sensibilizador do que vibrações de amor. Palavras e pensamentos podem se dissolver no tempo e no espaço, mas o amor puro e sincero imantado no campo áurico marca, fixa suas vibrações no fundo da alma, como num ato de magia branca.

Só para lembrar de algumas passagens históricas de Jesus sobre a Terra, muitas pessoas foram tocadas nas profundezas de suas almas somente pela aproximação do Mestre, somente pelo fato de sentirem seu magnetismo, sua aura, sua vibração meiga, seu olhar sereno, profundo e sábio. É como uma luz mobilizadora de energias que arrebatam até as mais cegas e endurecidas almas – uns resistiram a esse influxo sensibilizador do amor com a aproximação física e magnética de Jesus porque eram muitos brutos, orgulhosos e egoístas; outros se deixaram levar por seu magnetismo e força mobilizadora da transformação, e então iniciaram um longo e profundo processo de autorrenovação, como foi o caso de Judas Iscariotes, que ao final da vida não suportou sua própria traição frente aos *quanta* de energias de amor que Ele lhe jorrava, incondicionalmente, e diante dos propósitos superiores que seu Mestre exemplificava. Mais tarde, Judas encarnaria como Joana D'Arc, profundamente comprometida com os propósitos cristãos de sua época.

O plano espiritual superior se aproxima com o intuito de impulsionar a evolução de cada um dos terráqueos, mas caberá a cada pessoa andar com os próprios pés, ainda que esses irmãos amoráveis estejam sempre estendendo as mãos para ajudar a se levantarem os que tropeçam, a motivar os que desejam desistir, ou os que se esquecem de prosseguir no caminho transformador, distraídos com as ilusões do mundo denso da matéria.

O Cristo Planetário e todos os seus amoráveis servidores no campo visível e invisível estão sempre mobilizando esforços incondicionais para ajudar a quem desejar crescer espiritualmente. Mesmo para os que resistem, há mecanismos do amor divino, como a Lei do Carma, para tocar a alma desses mais resistentes rumo ao influxo da consciência e do amor cósmico. A dor tem seus reflexos pedagógicos infalíveis, mesmo que demande um tempo maior àquelas almas mais embrutecidas pelo orgulho e o egoísmo.

Parafraseando nosso amado Mestre Jesus: "um pouco de fermento leveda a massa toda", podemos extrair desse pensamento uma realidade. Se a alma faz pequenos e contínuos esforços em direção à autotransformação, com mudança de atitudes e de padrões viciados de pensamentos de baixa frequência, com a devida atenção aos sentimentos inferiores e gerando esforços para educação destes, então estará encaixada nos "trilhos" da renovação verdadeira, estará em sintonia com o fluxo das forças cósmicas, e parecerá que tudo vai correr bem em sua vida.

Certamente, a esses que fazem a sua parte de esforços autotransformadores, dentro daqueles espectros de seus limites internos (sem necessidade de autoflagelo, autoperseguição e culpas improdutivas), o plano espiritual os envolverá com muitas energias de proteção e forças motivadoras para que persistam no caminho, bastando ter "olhos de ver e ouvidos de ouvir" para que percebam e sintam isso.

Para tanto, é imprescindível desenvolver a sutileza de percepção para "ver e ouvir os sinais" impressos em sua vida íntima e em seu caminho, o que nem sempre coincidirá com sua vida exterior, pois dependerá do que deverá trabalhar internamente e o Pai Maior sabe o que é melhor para cada um. Muitas vezes, a pessoa diz que está fazendo o seu esforço de melhoria interna, mas sua vida financeira ou material não melhora, por exemplo. Com isso, será necessário sutilizar a percepção e o sentimento a fim de identificar qual o aprendizado a ser feito, pois nem sempre o que a alma acha que é melhor para si coincide com o que Deus lhe provê para a sua verdadeira felicidade e avanço evolutivo.

Pergunta: - Retornando à questão de melhoria da sensibilidade mediúnica a partir de trabalhos internos de educação mental, parece-nos claro que basta se acalmar a mente e a pessoa aprender a se concentrar para que perceba os sinais sutis do plano espiritual; é assim?

Savannah: – As mentes agitadas dos tempos atuais normalmente deixam a pessoa estressada, com a "cabeça" agitada, além das conturbações de seus próprios desafios internos de lidar com a irritação, impaciência, orgulho, inveja, ciúme, vaidade, apego a paixões inferiores. Enfim, é preciso tranquilizar a mente sim, mas também o coração.

Com a mente tranquila, poder-se-á perceber os sinais sutis da vida e captar mensagens, ideias, sugestões do plano espiritual e do que pode vir também do conteúdo subconsciencial da própria pessoa. Caberá ao discernimento avaliar se a informação é boa ou ruim, positiva ou negativa. Todavia, estar-se-á criando capacidade de percepção mental-intuitiva. Ao mesmo tempo, se acalmar as emoções e torná-las igualmente serenas e receptivas, poder-se-á sentir as vibrações do ambiente, de entidades espirituais, sejam positivas (sensação de bem-estar, paz, harmonia, docilidade e outras boas energias) ou negativas (irritação, dor de cabeça, impaciência, tristeza, inveja, ciúme, impulsos de vingança, dentre outros de baixo teor frequencial).

Pergunta: - Quer dizer que pode ocorrer sintonia somente

no campo mental e não necessariamente pelo campo astral ou do sentimento?

Savannah: – Sim, sem dúvida. A mente pode se sintonizar e captar informações via telepatia ou veículo do pensamento, sem que haja percepção ou captação de auras e sensações do mundo astral, a qual se processa via sentimentos que permitem experimentar bem-estar, alegria, paz e envolvimento num manto de amor-compaixão, amor-doação, amor-compreensão, por exemplo. Por outro lado, o campo do sentimento permitirá sentir mal-estar, dor de cabeça, enjoo, tristeza, angústia, irritação, sensação de frustração, inveja, ciúme, ódio, sentimento de vingança, impulsos inferiores e assim por diante, em termos negativos.

Essas percepções mentais-intuitivas (via campo mental, atravessando os sensores etéricos do chacra frontal e no campo físico, via sensores nervosos-cerebrais) e de sensações ou captação de vibrações (via sensores do chacra cardíaco e do sistema cardiorrespiratório) ocorrem tanto durante a vida comum diária, como em trabalhos mediúnicos.

Uma coisa é o que se pensa e se capta no campo da razão e da consciência, podendo ser informações esclarecedoras e lúcidas ou deturpadas, confusas ou mesmo carregadas de capciosidades; a outra é o que se sente, e sentimentos não pensam, apenas são sentidos.

Palavras podem enganar ou mentir, podem estar repletas de armadilhas, mas os sentimentos não; são o que são e não há como se furtar a se ter boas sensações, emoções arrebatadoras ou sentimentos mais equilibrados e serenos, mas ricos em amor elevado. Ao mesmo tempo, pode-se captar sentimentos densos, que arremessam o tônus vibratório do ambiente para baixo, mesmo havendo a emissão de belas palavras. Muitos bons oradores, exprimindo belos pensamentos (por vezes capciosos) ou lindas palavras já enganaram e continuam enganando a muitos, seja na política, nas ciências, nas artes e até no campo espiritual, mas suas vibrações não enganam aqueles que as conseguem sentir. Uma coisa é o que se fala, a outra é o que se sente no fundo da alma; ambas podem estar sincronizadas ou não.

Pergunta: - É possível haver oscilação mediúnica num processo de psicografia ou psicofonia, ao se transmitir mensagens? Ou seja, o médium sentir a aura e a vibração do guia, iniciar a transmissão da mensagem e depois perder o contato astral e passar a captar somente a mensagem telepática ou via intuição?

Savannah: – Sim, isso é possível e bastante natural de ocorrer, às vezes de forma muito sutil, fazendo com que certos médiuns nem se deem conta do que aconteceu, inclusive levando alguns a misturar seu conteúdo subconsciencial com a mensagem do guia, com interferências daquilo que se costumou chamar de animismo – essa oscilação pode ocorrer também entre o médium e entidades desequilibradas ou maléficas durante um processo de incorporação ou de transmissão de mensagens.

O médium, como encarnado em processo de evolução e por ser um humano, não é perfeito. Soma-se a isso, suas mazelas íntimas e os pesos cármicos que carrega, o que é normal naqueles que recebem dinamização de seus chacras antes de encarnar para aproveitar bem a sensibilidade em prol de sua melhoria íntima, além da oportunidade para servir ao próximo – a propósito, poucos médiuns sabem otimizar e aproveitar essa sensibilidade com sabedoria durante o período em que ficam encarnados.

Geralmente, o médium é um ser longe de padrões básicos de equilíbrio e elevação espiritual. É um aprendiz a caminho da maturidade espiritual. Ele apenas possui uma sensibilidade acentuada. Aliás, a hipersensibilidade mediúnica quase sempre está associada a pesados débitos do passado.

Considerando que nem sempre possuem um bom domínio da própria mente, muitos médiuns estão sujeitos a estresses, ansiedades, perturbações mentais-espirituais e a todo tipo de desequilíbrio. Em face disso, estão sujeitos a oscilações de estados mentais-emocionais, podendo estar sintonizados mentalmente entre frequências elevadas e baixas em questão de segundos, podendo sentir a presença do guia, incorporá-lo e transmitir ou escrever a mensagem, mas logo em seguida estando sujeitos a perder a sintonia astral e voltar ou não à sintonia apenas mental.

Esses processos são comuns principalmente nos iniciantes das práticas mediúnicas ou naqueles que têm dificuldades de se autocontrolar, dadas suas instabilidades emocionais e mentais. Por isso, o aprendizado de práticas de yoga ou de outras técnicas que os tornem mais equilibrados e condutores de suas próprias emoções, falta de concentração e dispersão mental, torna-se primordial.

Pergunta: - É possível que uma pessoa ou médium possa captar informações ou mensagens do plano espiritual superior mesmo estando com problemas emocionais, ou cheio de fraquezas íntimas ou passando por problemas no campo do sentimento pessoal, familiar e profissional, em que pese ter bons ideais?

Savannah: – Sim. Isso não só é possível como é bastante comum. Há 2 mil anos Jesus disse que não veio para os sãos, mas para os doentes da alma. Assim, o plano espiritual sabe que a grande maioria dos habitantes do orbe terreno, encarnados ou desencarnados, são almas no início ou no meio da caminhada espiritual, e, portanto, ainda distantes de um padrão básico de equilíbrio espiritual, estando cheios de carmas, de fraquezas morais e sendo aprendizes do Evangelho.

Por isso mesmo, esses irmãos do plano espiritual superior estão sempre de braços abertos para ajudar e servir, seja enviando boas vibrações, bons pensamentos, mensagens espirituais ou sugestões, protegendo e incentivando a prosseguir a caminhada rumo ao amadurecimento. Muitos dos que recebem mensagens, livros ou qualquer obra por via mediúnica, em regra geral, são almas necessitadas e grande devedoras que estão tendo a oportunidade de ser canais a serviço do bem e de sua própria melhoria interna, e ao mesmo tempo de resgates cármicos.

O plano espiritual não espera que haja médiuns com alto grau de sintonia mental e astral para trazer mensagens ou para se aproximar no sentido de ajuda, proteção e suporte invisível. Se houver pelo menos sintonia mental, já será um avanço para que realizem trabalhos planejados previamente.

E se não houver viabilidade, seja por resistência do médium ou qualquer outro fator, haverá sempre opções B, C, D e tantas quantas forem necessárias, mesmo que com canais cheios de imperfeições e entraves íntimos. O que não se pode é estancar o fluxo informativo e de cooperação entre o mundo invisível e o visível.

O mundo terreno, como em qualquer outro planeta, se faz com seres humanos e angelicais, encarnados e desencarnados, num grande movimento cooperativo. De modo que não há interferências indevidas do mundo invisível, mas ação conjunta. Até porque, um dia, muitos desencarnados estarão desembarcando nesse mundo material para se aprimorarem também, enquanto outros tantos estarão chegando do outro lado da vida, rumo ao mundo astral, como estágio preparatório para futuro retorno reencarnatório em direção à construção de um mundo cada vez melhor, mais humano, mais fraterno, mais consciente e mais amorável.

Resumindo: quem está no mundo astral e vai habitar o mundo material, espera encontrar um lugar cada vez melhor, mais humano, mais civilizado. E quem chega ao plano astral, espera encontrar um plano mais harmonizado, salvo aqueles viciados na maldade e energias infelizes.

Espera-se que, com o tempo e o amadurecimento desses canais mediúnicos e de qualquer pessoa encarnada, haja melhoria não somente no pensar, mas também nas atitudes e na qualidade do sentimento, o que impactará na qualidade vibracional e numa maior fidedignidade das informações transmitidas pelos médiuns.

Essa qualidade vibracional decorre justamente da vigilância não só do que se pensa e se faz, mas também do que se sente, imprimindo-se esforços diários para mudanças nesse campo, de modo a se transformar orgulho e vaidade em humildade e simplicidade; egoísmo em serviço incondicional; ódio e vingança em perdão; tristeza em alegria; inveja em compreensão e sentimento de que o outro é merecedor do que possui; ciúme, apego e dominação sobre o outro em compreensão e sentimento de que ninguém é dono de ninguém e que todos são filhos de um universo infinito e sem domínio personalístico, sem escravizações, e assim por diante.

Quando o médium se esforça por aprimorar seu campo vibracional, ou seja, quando seus sentimentos verdadeiramente se tornam cada vez mais amoráveis, dóceis, humildes e fraternos, certamente terá a possibilidade de sentir vibrações mobilizadoras, magnetizadoras e arrebatadoras da sua própria evolução, funcionando como um incentivo e efeito catalisador ao progresso espiritual, algo como uma química energética.

Isso pode ocorrer durante os trabalhos espirituais, no curso de uma prece, no transcorrer de uma mensagem mediúnica, numa leitura ou meditação ou num diálogo elevado, quando esses momentos o sintonizam com guias ou amigos da Espiritualidade Maior, já que estes, ao se aproximarem, trazem consigo suas auras repletas de paz, harmonia, alegria e amor, envolvendo seus pupilos, tocando-os no sentimento de forma altamente positiva e sem que haja palavras para exprimir o bem-estar e a felicidade espiritual vivida.

Portanto, quando ocorre sintonia não só mental, mas também no campo do sentimento (vibracional), então a fidedignidade de mensagens será bem maior e as letras escritas ou palavras proferidas estarão carregadas de um magnetismo inenarrável.

Pergunta: - Referindo-nos diretamente às duas questões anteriores e relembrando ou mesmo nos aprofundando num ponto já comentado antes, gostaríamos de saber se a correria e atribulação dos dias atuais pode afetar o processo mediúnico de psicografia via intuição ou inspiração, seja de uma obra literária, um texto ou mensagem espiritual?

Savannah: – Sim, e se isso já era comum há 60 ou 80 anos atrás, atualmente tem sido mais ainda, especialmente para aqueles que habitam grandes cidades, onde os afazeres domésticos, pessoais e profissionais às vezes tornam o cotidiano hiperatribulado.

O plano espiritual tem compreensão do ritmo de vida de médiuns e daqueles que podem trazer suas mensagens e orientações ao mundo material. Nisso se incluem profissionais diversos e escritores de variados tipos de obras que mal sabem que estão sendo intuídos. Soma-se a isso o que já sinalizamos anteriormente, ou seja, um simples fragmento do pensamento de um irmão de altas paragens astrais ou mentais representa um volume gigantesco de palavras e pensamentos para quem está encarnado, preso a um corpo denso, com mecanismos cerebrais físico-nervosos maravilhosos, mas ainda distantes à captação de altíssimas e sutis frequências advindas de planos espirituais ou da mente de irmãos de orbes planetários muito avançados, se comparadas com as dos habitantes da Terra.

Quando o médium está dormindo ou com sua mente ativa mais liberta do estresse do dia a dia (o que nem sempre acontece), muitas das informações são telepaticamente introjetadas em seu campo mental ou simplesmente esse conteúdo vem do seu subconsciente – porque o guia ou mentor já havia enviado tal conteúdo ou porque foram ativadas informações que o médium já trazia de outras vidas e/ou de sua experiência na vida atual.

Esse conteúdo depositado pelo guia na mente ou oriunda do subconsciente do médium vem em adição ao que já fora emitido durante o processo normal de psicografia. Essas complementações funcionam como mecanismo para melhor esclarecer algum ponto ou mesmo reescrever certos pensamentos que não foram captados de forma fidedigna. Então, muitas vezes o médium está dirigindo, caminhando na rua ou em certos momentos de relaxamento mental e lhe sobrevém à mente alguma ideia ou ponto não considerado no momento da psicografia e que precisa ser adicionado, ou mesmo aspectos visando a melhorar o texto.

Esse processo pode ser auxiliado e aprimorado por meio da instalação de sensores para captação de sinais à distância, bem como na inserção de certos sensores como *biopendrives* astrais e etéricos contendo arquivos com informações dos guias/mentores inseridos nos corpos sutis do médium (instalados com o aval e autorização do médium, do guia e de entidades superiores). Este assunto já foi abordado anteriormente por Ramatís, com detalhes, na *Introdução* desta obra.

Com isso, a elaboração de um livro, uma mensagem ou trabalho a ser feito pode sofrer ajustes após sua escrita ou realização. O discernimento do médium será crucial para avaliar o que lhe vem à mente, por intuição ou inspiração, e de que forma o novo material irá se encaixar ou se concatenar ao que já veio anteriormente.

Soma-se a isso, também, o esforço do médium em estudar e pesquisar o que não conhece, a fim de inserir sua colaboração e garantir a consistência da informação, além de contribuir para o material informativo que já preexiste em seu arcabouço mental consciente e subconsciente. Com o tempo, treino e experiência, o médium aprimorará esse processo de escrita e ajustes posteriores de textos, de forma natural, sem estresse e preocupações.

A garantia da qualidade, consistência e procedência da informação estará diretamente ligada ao grau de sintonia do médium com o guia ou mentor. Esse processo exige do médium humildade em reconhecer que ainda tem imperfeições; paciência ao ter que ajustar textos e às vezes demorar a estruturar uma obra ou mensagem; persistência de modo a não desistir da sua labuta em meio a contratempos ou revisões; disposição e amor ao trabalho para permitir boa sintonia com o plano espiritual superior.

Nesse contexto, além do uso do discernimento, é essencial que o médium tenha a mente aberta, flexível e adote o bom senso. O mesmo é aplicável aos editores e leitores, pois muitas vezes será preciso revisar algo que não foi captado com fidedignidade, uma vez que todos são imperfeitos. Lembrando mais uma vez: a mensagem ou obra deve ser fruto de parceria entre o plano espiritual e o médium, com seu devido trabalho, pois é isso que gratifica os irmãos do mundo espiritual e ajuda o médium em sua escalada de autoaprimoramento e consequente evolução.

Pergunta: - Pelo exposto na resposta anterior, parece que a contribuição do que o médium dispõe dentro de si (aprendizados deste e de outras encarnações) deve ser inserido numa obra ou algo a realizar, como parte de sua contribuição nesse trabalho de parceria entre o visível e o invisível. Isso nos soa como o que muitos chamariam de intervenção do médium ou animismo? Seria isso?

Savannah: – Há muitos leitores espíritas e espiritualistas que estão repletos de preconceito ou armados com posturas apegadas à idolatria. Ou seja, só vale aquilo que vem do plano espiritual invisível, de preferência de uma entidade famosa. Quer dizer: se for animismo ou conteúdo vindo do médium não serve,[22] mesmo que seja informação importante e elevada. Aliás, há até preconceito com a origem da informação no sentido de ter mais valia quando vem de um "dito" espírito ascensionado ou iluminado, de um ser de alta estirpe ou fama espiritual.

Isso tudo é bobagem. É fruto de quem se prende a preconceitos, idolatrias e se encontra escravizado por vaidades e arrogância espiritual. É essencial o caminheiro da Luz se desprender dessas "muletas" ou referenciais infantis. Que tais posturas sejam vigiadas, pois pensamentos e sentimentos preconceituosos só atrapalham a caminhada espiritual.

Na verdade, o leitor ou usuário de alguma obra deveria se ater à observação e análise quanto ao conteúdo, à essência do que se pretende transmitir, à vibração das "letras" e da obra, à qualidade superior do material informativo, independentemente de quem e de onde venha. É preciso que o neófito na busca espiritual cultive a despersonalização naquilo ou daquilo que vem do mundo espiritual e no material literário ou obra apresentada. Nos tempos aquarianos futuros que se espera para a Terra, qual já ocorre em planetas mais evoluídos, não existe a idolatria ao personalismo. A cada dia há exercícios e vigilância mental-emocional para se abandonar a vaidade e fortalecer o espírito coletivo.

A coletividade espiritual de irmãos anônimos, sábios e bondosos, é gigantesca, e fazem questão de ser como tal. Por isso, o ideal é que no mundo terreno atual as obras fossem apenas compostas por conteúdos elevados, sem necessidade

[22] Nota do médium: É importante consultar a obra *Mediunismo*, de Ramatís, psicografada pelo médium Hercílio Maes e publicada pela **Editora do Conhecimento**, especialmente o capítulo XX (O Aproveitamento Anímico nas Comunicações Mediúnicas), em que ele ressalta a necessidade de vigilância e atenção quanto aos excessos anímicos, ressalvando porém que é natural que ocorra esse processo interativo entre o mentor e o médium, a partir do que este traz de conhecimentos e boas experiências adquiridas no seu arcabouço consciencial e subconsciencial, da vida presente e de outras vidas.

de descrição do autor, pois, conforme dissemos antes, a autoria do que se produz no Universo é praticamente anônima, seja pelas contribuições de quem veio antes, seja por inspiração do mundo invisível. Os planos superiores servem incondicionalmente a esse propósito de interação com o mundo material, sem nada pedir em troca, sem exigir aplausos, sem alimentos à vaidade, mas apenas por amor ao serviço.

Muitos irmãos do plano invisível transmitem mensagens adotando pseudônimos simples e, dependendo do local, como centros de Umbanda, podem se apresentar como caridosos pretos-velhos ou caboclos que manipulam com sabedoria os elementos da natureza, e, na verdade, são seres de elevada estirpe espiritual, às vezes extraterrenos bastante avançados.

Portanto, crescerá o ser humano que deixar de lado a preocupação no sentido de questionar se alguém realizou uma obra com interferência de animismo ou não. Que seja observada e sentida a qualidade e vibração do conteúdo da escrita. Não se pode negar os méritos ao médium ou intermediário da obra que tenha colaborado com seus conhecimentos e experiências valiosas na consecução do trabalho, os quais se somam ao que veio do plano invisível.

A Espiritualidade Maior agradece e valoriza o médium que realizou animismo com informações valiosas e contributivas ao que foi inspirado a partir do plano dos espíritos. Dessa forma se faz parceria, colaboração, cooperação mútua. E assim todos, o mundo terreno e o Universo, ganham em evolução.

Pergunta: - Por que o plano espiritual superior também ganha em evolução ao ajudar os seres mais atrasados? Não seria apenas o desejo de eles servirem colocando-se à disposição do mundo de provações? Os ganhos não seriam apenas dos retardatárias na senda evolutiva?

Savannah: – Não. Todos "ganham" de fato. Os que estão atrasados aprendem com informações trazidas por aqueles que já passaram pelas experiências dos mundos densos, e também sentem a vibração superior, a aura sutil e amorável daqueles que se encontram na dianteira, podendo discernir sobre o que são energias primárias e das altas esferas, tendo a oportunidade de "provar" das boas energias para melhor optar sobre o que desejam: se permanecem na ignorância e erraticidade ou se seguem um caminho diferente, rumo à verdadeira felicidade, a partir do esforço próprio.

Por outro lado, as entidades angelicais e de planos superiores já são ricas em amor incondicional e possuem consciências bastante ampliadas. Mas como a evolução não para, elas podem avançar ainda mais em expansão de consciência e amor. Servir aos que se encontram em estágios menos evoluídos que elas as ajuda a se expandirem em amor e consciência.

O serviço à humanidade funciona como mola-propulsora dessa expansão. Traçando um paralelo (um tanto grosseiro, mas exemplificativo) com exercícios físicos numa academia de ginástica: existem aqueles que se exercitam apenas para manutenção da sua *performance*, podendo estacionar no desenvolvimento de sua musculatura, em que pese sentirem-se bem. Por outro lado, há os que continuam se exercitando, aprimorando sua qualidade física.

As entidades ligadas ao plano intuitivo, livres de carmas, estão em fase de treinamento para futuros anjos, o que lhes demanda aprendizado rumo ao amor incondicional amplo, devendo aprender a amar qualquer ser humano, mesmo os que não conhecem ou com quem não tiveram relações afetivas, familiares ou de amizade no passado. E ainda, sentem-se impulsionados pela força propulsora da evolução a aprender a amar todos os elementos da natureza (animais, vegetais e minerais), com paciência e dedicação, ampliando a consciência sobre esses elementos; afinal, serão futuros criadores de mundos. Desse modo, são seres em aprendizado do amor, e servir à humanidade representa uma grande oportunidade de se exercitarem e progredir ainda mais rumo à Luz Central da Vida.

As almas ligadas ao mundo mental-intelectual do orbe terreno, plano em que se encontra também grande número de extraterrenos atrelados ao orbe invisível da Terra, sejam eles desencarnados ou encarnados em dimensões muito sutis, são aprendizes do amor. Há irmãos ligados a esse plano, apesar de em número reduzido, que ainda necessitam anular carmas negativos.

Esses irmãos do plano mental-intelectual são seres que já avançaram extraordinariamente no campo intelectual, possuem enorme consciência sobre a Lei da Causa e Efeito e, por isso, estão atentos para não criar mais carmas (salvo acidentalmente ou em situações muito pontuais quando encarnados em mundos de provas e expiações). Mas são seres que precisam sentir na intimidade da alma a compaixão pelo irmão necessitado ou atrasado na escala evolutiva, precisam desenvolver a capacidade de servir incondicionalmente, com humildade profunda e total desprendimento de personalismos. Servir a humanidades como a terrena representa uma oportunidade enorme de aprendizado para esses irmãos.[23]

As muitas almas do orbe terreno e algumas advindas de outros orbes planetários e que se encontram ligadas ao plano astral superior já conquistaram avanços acentuados na senda evolutiva, mas precisam avançar ainda mais no campo da consciência e do amor. Possuem poucos carmas e as oportunidades de servir a humanidades necessitadas como a terrena lhes abrem portas de aprendizado importantes para o amadurecimento como cidadãos do Universo.

No orbe terreno, há um número gigantesco de almas desencarnadas e localizadas na geografia invisível do plano astral intermediário. Entretanto, no Umbral (que está localizado na fronteira entre a zona inferior e o Astral intermediário), tem a maior parte da população de desencarnados do orbe.

As almas ligadas ao Umbral e zonas inferiores do Astral são necessitadas, ignorantes, desorientadas, perdidas, sofredoras, amarguradas, tristes, obsessoras, invejosas, arrogantes, egoístas, viciadas e aprisionadas aos impulsos inferiores, bem como astutas e assumidamente maléficas (estas últimas ligadas ao Astral inferior ou zonas infernais). Os planos superiores da Espiritualidade atendem de forma desprendida, amorável e paciente a entidades dessas zonas, utilizando profundos conhecimentos e habilidades de psicologia humana e

[23] Nota do médium. A título de ilustração, Savannah se encontra ligado ao plano mental-intelectual, em largo aprendizado de amor, apesar de que já são visíveis e perceptíveis em sua aura avanços em termos de sabedoria e amor-compaixão. Ramatís se encontra ligado ao plano intuitivo, no limiar de um novo patamar ascensional (o plano pré-angelical), em fase preparatória para ingressar no plano búdico, a fase inicial dos anjos.

do discernimento.

No Astral intermediário está a grande parte dos aprendizes do Evangelho, dos aprendizes do amor cristão e crístico, daqueles que optaram intelectualmente pelo "lado direito do Cristo", mas que titubeiam entre o bem e o mal, que às vezes se perdem e acabam sendo atraídos para o Umbral, e que oscilam entre seu lado positivo e negativo, pois ainda estão presos a paixões inferiores, mesmo sabendo que precisam se desligar delas. Muitos ainda estão imersos em vaidade, orgulho e egoísmo, mesmo sabendo que precisam se aprimorar e mergulhar em si para efetivar o saneamento íntimo ou iniciar decisiva e sinceramente sua transformação interior.

Há muitos subplanos no plano mental-intelectual e astral, e especialmente no plano astral intermediário, onde há várias subdivisões que sutilmente separam variados ambientes e tipos de almas, conforme sutis avanços evolutivos umas em relação a outras.

Há no plano astral intermediário, também, muitas almas dedicadas ao serviço fraternal ou atuando como guias espirituais de encarnados, normalmente sob a tutela de entidades do plano astral superior. São almas bem sedimentadas no lado do bem, inteligentes, mas ainda com muitos carmas. Tiveram muitas encarnações e trazem vasta experiência de vida em psicologia humana, em ensinamentos espirituais, e atuam como entidades trabalhadoras na seara do Cristo, apesar de serem almas sujeitas a tropeços na caminhada, em face de mazelas íntimas que ainda trazem. Realizam resgastes de almas sofredoras no Umbral, em zonas infernais, e relevantes serviços no orbe terreno. Possuem gigantescas oportunidades de se melhorarem intimamente, aperfeiçoando a capacidade e habilidade de amar e servir sem nada pedir em troca, ao mesmo tempo em que ampliam suas consciências.

Enorme quantidade de entidades servidoras e cooperadoras na construção do novo tempo planetário, que já está em franca expansão, tanto no mundo visível como invisível, estão ligadas ao plano astral intermediário.

Pergunta: - Haveria alguma forma prática de identificar

e diferenciar se uma determinada percepção é da própria pessoa (informações vindas do subconsciente ou de sua natureza íntima) ou se é uma influência invisível negativa? E da mesma forma no que concerne a alguma energia, pensamento ou vibração positiva (se é de fora ou de dentro da pessoa)?

Savannah: – Essa questão nos reporta a um ponto importantíssimo para o efetivo processo de vigilância, o qual exige atenção e percepção aguçada da pessoa, sobre o seu mundo interior e o seu redor, qual seja: a concentração. E isso pode ser desenvolvido da seguinte forma: silencie seu mundo interior, sensibilize-se e, com o tempo e a prática, irá aos poucos percebendo, discernindo e diferenciando o que é seu e o que vem de fora, em termos de pensamento, vibrações e intuições. Contudo, mais importante do que diferenciar se algo vem de dentro ou de fora é avaliar a qualidade vibracional do material informativo ou da energia do ambiente.

Para que essa percepção e sensibilidade se aprimore, é importante desenvolver o equilíbrio mental, a capacidade de observação, de autodomínio e de acalmar a própria mente e as emoções, até mesmo estando num ambiente agitado ou barulhento. É claro que será bem mais fácil se houver silêncio e tranquilidade, mas um ambiente turbulento pode ser uma boa oportunidade para a pessoa se fortalecer mentalmente e aprimorar a capacidade de concentração – nada é por acaso, e o Universo estará sempre proporcionando chances de melhoria interior, apesar de pouco observadas pela maioria das pessoas.

Quando o barulho ou certas coisas parecerem persegui-lo, como a arrogância ou agressão de outrem, dentre tantos aspectos comportamentais, certamente é porque foi uma situação necessária à seguinte observação: que aprendizado eu tiro disso? E, se tal coisa se repetir com frequência, é porque será necessário se treinar cada vez mais algo necessário ao crescimento interior. Por isso, deve-se agradecer a Deus pela repetição de tais eventos estimuladores do progresso espiritual, ao invés de se alimentar a revolta e a maledicência. Foi preciso passar por certas situações, repetidas vezes, para aprender e internalizar a paciência, tolerância, compreensão, compaixão, humildade, firmeza de propósito, fé, concentração, educação mental-emocional, desprendimento.

Qualquer que seja a situação, principalmente durante um trabalho espiritual (especialmente em uma sessão mediúnica) ou num evento que demande atenção e foco mental e intuitivo, o indivíduo terá que desenvolver a capacidade de silenciar interiormente, cultivar a paz interna, a fim de perceber os sinais, as sensações, os próprios pensamentos, sentimentos ou mesmo atitudes, de modo que estes não sejam automáticos ou robóticos. É indispensável que haja consciência da pessoa sobre as vibrações e energias do ambiente e do que vem de dentro de si. Se o indivíduo é desatento, dispersivo e alienado, certamente terá dificuldades de se perceber e perceber o mundo ao seu redor.

Daí a importância de a pessoa realizar exercícios para aprender a se concentrar e a dominar os movimentos e fluxos mentais internos. Assim procedendo, terá mais capacidade de se perceber intimamente e perceber o mundo exterior a si. O silêncio da alma é etapa fundamental nesse processo. Como sequência à etapa de concentração, é imprescindível que se aprenda a meditar, prática essencial para o contato profundo consigo mesmo, conforme já foi explicitado em respostas anteriores.

Há muitas pessoas intelectualizadas ou que leem bastante, que são extremamente críticas e pensam muito, tendem a ser estressadas mentalmente e possuem dificuldades ou rejeição em meditar, por um lado por medo de si mesmas e, por outro, por impaciência. A impaciência é filha do orgulho e por vezes esconde impulsos de rejeição ao mergulho silencioso e profundo dentro da própria alma. Esse mergulho visando ao autoconhecimento e à autotransformação sofre de reações de egrégoras ou naturezas viciosas do passado imantadas no subconsciente, as quais reagem a tentativas de mudança.

Com a concentração mais aprimorada e o exercício periódico da meditação, a pessoa vai ficando cada vez mais apta se conhecer melhor e estar mais atenta a si, ao que sente e percebe. Por exemplo: se não costuma ter dores de cabeça e repentinamente lhe sobrevém um mal-estar ou sente a cabeça ficar pesada, do nada, é provável que energias densas estejam vindo de fora. De qualquer forma, deverá fazer uma retrospectiva procurando lembrar se comeu algo que lhe esteja fazendo mal, observar se há algo dentro de si mal resolvido ou se aconteceu algo que lhe esteja perturbando (em casa, no trabalho ou outro lugar). E então busca-se fazer um exercício de eliminação de fatores mais prováveis ou de cunho material até chegar à fonte. E isso se faz rapidamente, sem longos raciocínios, colocando a sensibilidade à flor da pele e a intuição a postos, para escutar o inaudível e acessar o invisível.

As causas externas podem estar relacionadas com alguma egrégora produzida por pessoas encarnadas ou desencarnadas, ou será resultante da presença de alguma entidade negativa ou até mesmo de uma onda mental-emocional gerada à distância, por encarnado ou desencarnado. Quando se aguça o silêncio interior, automaticamente se aguça a sensibilidade, a percepção intuitiva. A intuição é aquilo que vem de imediato à mente, sem interferência de análise crítica – a mente concreta e presa ao racionalismo intelectivo e crítico poderá bloquear a percepção mais sutil e aparentemente não racional das coisas.

A intuição não é o pensamento racional concreto, dentro da lógica convencional, cartesiana. É um tipo de consciência ampliada que agrega sensações, sentimentos sutis, conhecimentos megaexpandidos, além do mundo visível. A intuição por vezes agrega também conhecimentos adquiridos na vida presente ou na passada, que se localizam no campo subconsciencial, e que podem subir e chegar ao consciente ou à percepção mais sutil, os quais se somam ao que vem de fora (sugestão de guias ou mentores).

Muitas vezes, pessoas muito racionais, arrogantes e críticas, tendem a ser cheias de orgulho, de modo a não admitirem erros consigo nem com o próximo. Nesse caso, é preciso exercitar a humildade, a compreensão de que ninguém é perfeito e que, por isso, é necessário baixar a guarda do orgulho, do ego inflado, e deixar fluir o entendimento de que todos são aprendizes da evolução (que há os mais atrasados e os mais adiantados a si). O senso crítico aguçado tende a interferir na sensibilidade e na intuição, com questionamentos exacerbados. Isso não quer dizer ausência de discernimento, que é um pensar elevado, sutil, desprendido e agregado à sensibilidade superior.

É preciso ter fé nos desígnios maiores, autoconfiança, sempre balizados pela humildade. Se a necessidade de observação e percepção for durante um trabalho mediúnico ou espiritual, essa fé precisa ser redobrada, acreditando que Deus e os guias só querem o melhor e, por isso, protegem o trabalho digno e sintonizado com propósitos superiores. Se a fé titubeia, então se cria terreno fértil para a dúvida, vinda de dentro de si, e abrem-se canais de sintonia com entidades negativas, interessadas em atrapalhar o trabalho de Luz.

Por vezes, a pessoa muito racional e crítica, dada a não se deixar levar por emoções ou sentimentos sutis e elevados, tende a ser fria e com isso terá mais dificuldades em perceber vibrações e auras presentes. Todavia, silenciando seu mundo interior, aos poucos irá aprimorando a sensibilidade. Essa alma mais racional poderá, entretanto, captar intuições, pensamentos de guias e perceber egrégoras do ambiente. Nesse caso, terá de "ouvir" o que primeiramente vem à sua mente, em seguida usando o discernimento para avaliar a qualidade e até identificar a procedência. Mas se a pessoa tem a sensibilidade à flor da pele e a capacidade de se concentrar e perceber sinais da intuição ao mesmo tempo (vindas por canais telepáticos de encarnados ou desencarnados, ou mesmo de seu arcabouço consciencial ou subconsciencial), então os resultados serão mais efetivos e identificará com mais clareza as vibrações, intuições e suas origens.

É preciso cultivar-se a percepção de emoções e sentimentos bons ou maus, densos ou leves, sutis ou mais incisivos, treino que colocado em prática periodicamente permitirá, com o tempo, aprimorar a capacidade de identificação e seleção da qualidade e da procedência de informação ou vibração. Essa percepção é importante para qualificar sinais ou vibrações em geral, sejam positivas ou negativas. Neste último caso, com o intuito de se criar barreiras mentais, mudando sua faixa vibratória, ou recorrendo à prece e pedindo ajuda espiritual superior. Com paciência, fé, persistência, autoconfiança e humildade haverá progresso espiritual.

No que concerne a percepções de sinais positivos: é quando se sente que mudou a vibração do ambiente e se percebe a presença sutil de um ser com uma aura doce, delicada, amorável, bondosa. Essas sensações e auras captadas, principalmente durante uma prece, meditação ou num trabalho espiritual, são típicas da presença de irmãos de elevados páramos do mundo astral ou do mental superior.

Pergunta: - Uma boa alimentação e qualidade na saúde física ajudam na concentração e na boa sintonia com o plano espiritual?

Savannah: – Sem dúvida. Uma pessoa estará bem, se estiver habitando um lar confortável, limpo, arejado e organizado. Assim é a alma; ela se sentirá melhor habitando um corpo saudável. Nessa direção, é importante a pessoa buscar cada vez mais uma alimentação funcional, de boa qualidade, cada vez mais vegetariana e frugal, combinando adequadamente cada alimento, conforme sua natureza pessoal. Soma-se à boa alimentação, a adoção de exercícios físicos com frequência e ainda a realização de exames de saúde periodicamente, buscando manter-se com o sistema fisiológico saudável. A busca de mente e sentimentos sãos estará melhor alicerçada num corpo são.

Um corpo físico com toxinas e impurezas áuricas dificulta a concentração; elas pesam no organismo físico, no duplo-etérico e no corpo astral, gerando barreiras à conexão com entidades sutis e criando predisposição à sintonia com entidades do Astral inferior e umbralino, ou com entidades ainda presas ao mundo material. A ingestão de carnes gera miasmas decorrentes da aura do animal ingerido, carregado de sofrimento e energias primárias, o que dificulta a conexão fina. Ou ainda a presença de acidez ou substâncias químicas tóxicas no organismo se reflete no entorno áurico, o que por sua vez dificultará o bom relaxamento mental, o acalmar da mente e a percepção sutil de vibrações do ambiente. Uma pessoa com aura mais densa certamente estará apta a incorporar, por exemplo, uma entidade igualmente densa.

Pergunta: - Quer dizer que o consumo de carnes afeta a sintonia astral com o plano espiritual superior. Isso se processa com a sintonia mental também?

Savannah: – Não necessariamente no caso da sintonia mental, a qual pode existir se o médium estiver frequencialmente sincronizado com os guias e mentores. Todavia, no campo astral, será muito difícil captar as vibrações doces, sutis e delicadas dos irmãos de altas paragens espirituais, pois as carnes possuem um campo áurico primário, carregado energeticamente de sofrimento pelo abate, bem como de irritação e tristeza pela forma friamente utilitária com que foram criados, além dos impulsos instintivos inerentes à aura de animais que se encontram evolutivamente em graus bastante primários, se comparados com o reino humano. Assim, parte da aura animal fica agregada e "sujando" a aura da pessoa que a consumiu. E se a carne for vermelha, esse peso energético será maior ainda.

Durante certos trabalhos mediúnicos, muitas vezes os guias e mentores se utilizam de algumas técnicas no plano astral para providenciar uma desintoxicação áurica dos médiuns que costumam consumir carne, salientando que isso poderia ser evitado, até por uma questão de respeito ao tempo desses irmãos, respeito aos irmãos inferiores e respeito a uma possível melhor qualidade dos fluxos vibratórios da corrente espiritual.

Pergunta: - E quanto à questão das proteínas, especialmente quando a pessoa vai avançando em idade e considerando alguns tratados médicos que alertam quanto à necessidade de aumento no consumo de proteínas e redução na ingestão de carboidratos e gorduras? Esses argumentos médicos atuais são procedentes?

Savannah: – Sim, de fato com o avançar da idade o ser humano deve reduzir carboidratos e gorduras e aumentar a ingestão proteica. Contudo, isso não significa que tenham de consumir proteína animal, mas grãos, castanhas, nozes, cogumelos, sementes, algumas folhas ricas em proteínas e até algumas proteínas animais como ovos e queijos, que costumam, entretanto, gerar muco e alguns resíduos tóxicos ao sistema digestivo e respiratório, mas seriam menos danosos que as de origem carnívora. Esse caminho rumo a uma alimentação mais saudável é para quem deseja ser grato a Deus que lhe deu vida biológica, o que implicaria, de forma responsável e sem autoagressão, proporcionar melhor cuidado e respeito ao seu corpo. E ainda é aplicável para quem deseja evoluir de fato e melhorar sua qualidade vibratória, com consequente melhor sintonia com seu guia e amigos espirituais oriundos de planos superiores.

Vale lembrar que a humanidade consome carnes desde os tempos das cavernas. Passaram-se milhares de anos, e o ser humano mudou sua arcada dentária e continua em evolução biológica e mental-emocional, apesar de lenta. Seus dentes caninos já não são tão agudos e destacados, o sistema digestivo tem se tornado mais curto, se comparado com os tempos da Pré-história. Portanto, o ser humano precisa ir se adaptando a uma alimentação cada vez mais sadia e menos carnívora. Esse caminho será inevitável para os novos tempos planetários aquarianos. De modo que, mais cedo ou mais tarde, o ser humano terá de se adaptar a novos padrões de consumo alimentar. Aqueles que não buscarem esse novo caminho, gradativamente mas desde já, sofrerão muito com os tempos de transição mais difíceis que virão no futuro.

Pergunta: - Retomando o tema sobre o que nos espera no futuro e que precisamos nos conscientizar desde já: quer dizer que não temos para onde fugir, ou seja, mais cedo ou mais tarde teremos de tomar consciência da existência de mundos paralelos, que são sistemas indissociáveis, e o intercâmbio entre os mundos invisível e invisível é inevitável? E que isso pressupõe aceitar que todos os seres humanos são médiuns, uns mais sensíveis que outros, mas que será preciso todos se educarem ou desenvolverem a mediunidade como condição básica de responsabilidade diante da vida?

Savannah: – Sim. Grande parte dos humanos terrenos vive como zumbis, hipnotizada pelas atrações e ilusões do mundo denso da matéria, despendendo esforços incansáveis ou destruidores em busca de dinheiro e consumo insaciável, e para tanto roubando, assassinando, em busca de luxo, consumo de drogas, bebidas, culto ao prazer, repletos de ganância e busca de poder, imersos em inveja, ciúme, arrogância, estupidez, violência, ódio, vingança, insensatez, e assim por diante.

Do lado invisível, entidades ligadas ao Astral inferior e ao Umbral assombram, cobram, escravizam, estimulam e obsidiam essa maioria de humanos, que nem se dão conta de que estão vivendo como zumbis, sendo manipulados, sugados energeticamente e sintonizados com elas. E quando chegam ao mundo astral, após o desencarne, essas almas viram verdadeiros escravos de entidades inteligentes, viciadas, orgulhosas, egoístas e maléficas.

Esse quadro mostra que o ser humano deve estar consciente da realidade e se esforçar por mudar de padrão de pensamento, atitude e sentimento, saindo da sintonia com essas entidades perversas e inteligentes, sob pena de ficar como está, mantendo-se escravo de suas próprias mazelas íntimas e dessas entidades perversas.

Mas, se a pessoa deseja mudar e caminhar rumo à verdadeira felicidade, então terá de estar consciente de que a interação entre o mundo dos desencarnados e dos encarnados representa dois sistemas interligados, como mencionamos aqui várias vezes. Ou seja, querendo ou não, a realidade é que sempre houve, há e sempre haverá diálogo, sintonia e troca de energias entre ambos os mundos e as almas que os compõem.

As pessoas que dizem que não são médiuns, porque não sentem, não veem nem percebem nada, certamente podem ser usadas por entidades negativas sem se darem conta, caso alimentem pensamentos, atitudes e sentimentos sintonizados com essas entidades. Não há como se furtar às sintonias vibratórias que interligam os dois mundos. Em síntese: essas pessoas acabam por ser médiuns inconscientes, pois estão tendo intercâmbio com o mundo invisível, querendo ou não, com entidades do bem ou não.

Nesse sentido, quando nos referimos à importância da

educação ou desenvolvimento mediúnico, estamos abrindo uma porta para que todas as pessoas, ditas médiuns ou não, busquem um trabalho de reforma íntima, ainda que isso demore muitos meses, anos, séculos ou milênios. O importante é começar essa jornada. Não basta ajudar o próximo, e muitas pessoas fogem de si mesmas apenas ajudando os outros e esquecendo-se de se amar. Amar o próximo não anula o amor-próprio. Muito pelo contrário, será mais completo e efetivo à medida que a criatura aprender a ser humilde e corajosamente a se aceitar, a cultivar o amor-próprio e a se autotransformar.

Voltamos a reafirmar: para se amar, é essencial aprender a educar a mente tensa e dispersa, melhorando a concentração, aprendendo a meditar e a conversar consigo mesmo. Esses exercícios, auxiliados por técnicas de yoga ou por outras alternativas aperfeiçoadoras e educadoras da mente, como técnicas de controle da respiração e de concentração por exemplo, serão providenciais para que a pessoa aprenda a lidar com sua mente, conduzindo seus pensamentos segundo preceitos superiores e sua vontade fortemente dirigida. Eles ajudarão a pessoa a serenar a mente quando quiser e a perceber sua intuição, as sugestões vindas do mundo espiritual, discernindo se são boas ou más, se são armadilhas ou verdadeiras e voltadas para o bem.

Como etapa subsequente, uma mente tranquila terá melhores condições de perceber as emoções necessitadas de transformação e os sentimentos que já avançaram em direção à Luz Central da Vida. Terá melhores condições de perceber e sentir a aura e vibrações de outras pessoas encarnadas e desencarnadas, discernindo se são de fato vibrações externas a si ou se são oriundas de seu mundo interior. Claro, somente o tempo, a humildade e a persistência nessas práticas a habilitarão a ter firmeza no que faz e certeza quanto ao que sente, percebe e intui.

Pergunta: - Sem querer ser repetitivo quanto ao que já foi mencionado antes, mas teria alguma outra técnica simples e importante para melhorar a qualidade da concentração e de foco da mente, para facilitar a meditação e os mergulhos no mundo íntimo?

Savannah: – Uma outra técnica interessante para aprimorar a limpeza da mente de toxinas ou lixo mental oriundo do mundo exterior ou mesmo de dentro de cada um é: sentar-se numa posição confortável, fechar os olhos, buscar esquecer dos problemas ou preocupações, e começar a respirar lenta e profundamente. Para cada expiração, sentir saindo pelas narinas todo esse lixo mental, todas as preocupações e pensamentos quaisquer. E a cada vez que inspirar, sentir que está entrando pelas narinas uma luz dourada que vai purificando a mente, limpando-a, saneando-a.

Esse exercício pode ser repetido por 21 vezes, pacientemente, até que se sinta mais tranquilo, sereno, e que a avalanche de pensamentos se acalme. Cada vez que praticá-lo, a pessoa perceberá melhoria na concentração e nessa limpeza mental, sendo o tempo o mestre do aprendizado e do cultivo incessante da humildade interior.

Após esse treino de limpeza mental e de acalmar o interior, em seguida poderá ser realizada uma meditação, prece ou ligação com o guia espiritual ou com os mentores durante uma sessão mediúnica.

Não se deve esquecer de que a impaciência, que comumente sobrevém ao se tentar fazer esses exercícios de busca da paz mental-emocional (às vezes com insucesso momentâneo), bem como a ansiedade por querer terminar logo ou mesmo por chegar rapidamente num grau elevado de concentração, são reflexos de uma alma orgulhosa, arrogante, que no fundo acha que está tudo errado ao seu redor ou consigo mesma, que o tempo, as pessoas e os problemas externos têm que estar sob seu controle, numa atitude dominadora e infantil, o mesmo ocorrendo quando se sente incapaz de controlar sua mente indisciplinada e quer que ela lhe obedeça de imediato, sem que haja esforço, persistência e maturidade interior.

O ser humano passa a maior parte do seu tempo dedicado à vida exterior, perdendo a oportunidade de aproveitar os momentos de contato consigo mesmo, com sua mente e seus sentimentos, de otimizar os momentos de construção da serenidade e paz interior, de alimentar a gratidão ao Alto por sua existência e pelas oportunidades que possui de se melhorar e aprender a se amar verdadeiramente, com profundidade e não apenas em níveis superficiais de pensamento, ou apenas por palavras estéreis.

Pergunta: - Chegando à fase conclusiva e final desta obra, gostaríamos de saber, de forma bem direta, se o grau maior ou menor de sensibilidade mediúnica está relacionado com o grau de maiores ou menores débitos, respectivamente, da pessoa para com a Lei Maior?

Savannah: – Não necessariamente, mas em geral sim. Há aqueles casos raros, considerando a situação atual de evolução da civilização terrena, em que a alma encarnada traz uma grande «bagagem» evolutiva, de experiências, de avanços psíquicos e progresso espiritual, o que a credencia a vir com uma sensibilidade mediúnica bastante aguçada. Todavia, na maioria dos casos, pessoas com mediunidade muito acentuada são resultado também de muitos débitos cármicos.

E então, a bondade divina lhes propicia virem com tal sensibilidade a fim de que sintam e observem suas relações com o mundo paralelo e espiritual, quase sempre carregadas de choques psíquico-emocionais, tropeços na vida, sofrimentos e desafios para que percebam e busquem um caminho espiritual equilibrado e inspirado pelo Alto. São os choques para balançar o mundo interior, que geram dores como remédio para o caminhar na direção da Luz Maior.

Relembrando o que já afirmamos: há aqueles casos, ainda, de almas que desenvolveram poderes psíquicos e a sensibilidade em vidas passadas, contudo realizando atos para o lado equivocado das Sombras. Assim, graças à infinita bondade de nosso Pai, recebem novas oportunidades reencarnatórias. E como nada se perde na história das vidas, de idas e retornos ao mundo espiritual, reencarnam trazendo essa sensibilidade mediúnica acentuada, o que não quer dizer elevado padrão evolutivo. São almas em aprendizado e que receberam mais uma oportunidade do Alto para buscar o caminho do bem, e nem sempre conquistam avanços evolutivos. Muitas vezes, adquirem mais carmas negativos e permanecem quase estacionadas em termos evolutivos. Passam por sofrimentos atrozes ao desencarnar e ver a oportunidade perdida.

Muitos médiuns com fortes poderes psíquicos e que se perderam em suas próprias mazelas íntimas, trilhando os desvios do caminho, após o desencarne travam lutas enormes com suas consciências e com entidades das Sombras, nos planos densos do Astral inferior e umbralino.

Há situações, inclusive, em que, por mecanismos psíquicos de atração vibratória, decorrentes de elevado orgulho e aprisionamento a vícios do mundo material, ao desencarnar, essas almas que tiveram muita sensibilidade mediúnica quando em vida biológica, retornam ao convívio com entidades das Trevas a que estiveram mental e emocionalmente ligadas por muitos séculos, às vezes até em processos de relação escravagista e de manipulação por parte daquelas que possuem uma mente maldosamente mais poderosa.

Os médiuns muito sensíveis devem estar atentos, já que andam sobre o "fio da navalha", o que lhes exige o constante "orai e vigiai", pois um pequeno desvio no início, com o temo, poderá redundar num largo desvio de rota, afastando-os do rumo da regeneração. A vaidade, a arrogância espiritual, as paixões inferiores, os sutis e às vezes evidentes impulsos instintivos podem lhes servir de armadilhas. Por possuírem a sensibilidade ou mesmo muitos conhecimentos, podem ser o "mote" para esse desvio.

O cuidado que certas pessoas precisam ter dentro dos seus centros espíritas e em ambientes espirituais lhes deve funcionar como fator de acentuada vigilância para que não entrem numa trilha aparentemente normal e simplória no início, no entanto catastrófica no final, quando desencarnam e têm de enfrentar a própria consciência e os abismos do traiçoeiro mundo astral inferior.

Há muitas casas espíritas onde se costuma reverenciar certos médiuns, especialmente quando possuem grande sensibilidade ou poder mediúnico, colocando-os em pedestais que nada mais são que armadilhas psíquicas e espirituais. Isso não é sensato para quem deseja crescer espiritualmente, nem para quem os reverenciam ou idolatram, nem para quem é reverenciado ou idolatrado. Aquele que recebeu do Amor Divino a oportunidade de encarnar com forte sensibilidade mediúnica não deve dar alimento à vaidade espiritual; e os demais, não devem alimentar a fantasia da dependência a outrem. Que cada um cunhe o seu próprio caminho espiritual e não fique admirando e idolatrando os outros, de modo improdutivo, o que pode denotar preguiça em fazer seu próprio esforço.

Não queremos aqui criar medo desnecessário, mas apenas alertar para a importância do "orai e vigiai". Alertar para a importância do cultivo da humildade e simplicidade sincera, no fundo da alma, seja a pessoa com mediunidade acentuada ou não, pois todos que encarnaram um dia desencarnarão e terão que se olhar no espelho da própria intimidade. É preciso estar-se pronto para recomeçar sempre e deixar os erros e equívocos para trás, utilizando-os como "adubos" para reflexão e amadurecimento interior.

Repetindo: errar faz parte do aprendizado, mas que cada "queda" sirva de oportunidade para reflexão, revisão de pensamentos, sentimentos, palavras e atos rumo a passos mais firmes no amadurecimento espiritual, prosseguindo-se a caminhada sem culpas, mas fortalecido, ainda que tendo novos tropeços no processo espiralar de novas oportunidades que surgirão, em novos patamares de avanços conscienciais.

Pergunta: - Haveria mais algumas considerações ou conclusões sobre o tema central desta obra?

Savannah: – É pura ilusão pensar que mediunidade se pratica apenas nos centros espíritas, pois este é um processo inerente à vida cotidiana. Considerando que todos os seres humanos encarnados na Terra são médiuns, em maior ou menor grau de sensibilidade, é importante estar-se atento para o fato de que o processo mediúnico ocorre à todo instante, com as respectivas trocas de informações e energias com base em variados graus de atração mútua e sintonias vibratórias. A pessoa pode estar em casa (na sala, no banheiro, na cozinha, no quarto...), no trabalho, na rua, na sua instituição religiosa, enfim, em qualquer lugar, e estará sujeita a intercâmbio mediúnico, estando consciente ou não.

Se a pessoa começa um diálogo tenso, de baixo teor vibratório, ou canta ou ouve uma música energeticamente pesada, ou se pensa algo negativo, se ela sente vaidade, inveja, ciúme, raiva, indiferença à dor do próximo, se explode dentro de si sentimento de arrogância e vingança, enfim, qualquer sentimento de teor frequencial denso, atrairá egrégoras e poderá atrair almas encarnadas e desencarnadas com igual vibração, por mera questão de sintonia. O mesmo se dá em relação aos bons pensamentos, boas atitudes, bons sentimentos emanados, ou seja, atrairão egrégoras e criarão conexão com pessoas e entidades sintonizadas com aquelas vibrações. Daí o" orai e vigiai" como antídoto a ser cultivado diariamente, num exercício de disciplina mental, comportamental e emocional.

Muitos médiuns acham que práticas de educação mental são para yogues ou aplicáveis a quem está ligado a práticas orientais. Que engano! Vivemos num tempo de união dos ensinamentos do mentalismo ou espiritualismo oriental (focado na educação da mente e ampliação da consciência) com os ensinamentos de Jesus (focados no exercício do amor fraternal), sem nada esperar em troca, no perdão, na compaixão, na alegria serena, na boa vontade, na fé nos desígnios superiores, na autoconfiança e esperança de que dias melhores virão se cada um fizer a sua parte.

Esse equilíbrio entre razão e sentimento, no avançar do neófito na caminhada espiritual, será importante para que os passos sejam dados com consistência e com impactos relevantes no progresso individual e da coletividade humana como um todo (esperando que cada um faça a sua parte), especialmente nestes tempos de transição para um novo ciclo planetário, apoiado na consciência ampliada e no amor crístico.

Não basta praticar a mediunidade em prol do próximo, é preciso também praticar em prol de sua melhoria interna. Evolução se conquista com esforço autotransformador e mérito se adquire servindo fraternalmente ao próximo e a quem passar no seu caminho. Ambos são importantes e essenciais. Um não avança equilibradamente sem o outro.

Que a luz do nosso Pai Maior clareie a consciência de cada terráqueo, encarnado ou desencarnado, como um farol que indica o caminho a percorrer! Que as mentes conturbadas e agitadas se acalmem para identificar humildemente o seu roteiro, com a consciência da responsabilidade de ser um agente da Consciência Cósmica e do Amor Universal, por intermédio de sua centelha divina!

Que a firme força magnética, doce e amorável do Cristo Planetário reconforte as dores humanas e acalente os corações de cada caminheiro de última hora, nestes tempos de grandes mudanças ambientais e energéticas no planeta!

Que as novas oportunidades que ora se apresentam diante de cada um sejam otimizadas rumo ao início de transformações nas profundezas e intimidade de todas as almas terrenas!

Que essas oportunidades atuem como molas-propulsoras e motivadoras para aqueles que já iniciaram o trabalho de regeneração interna, que significam os "tijolos" individuais na grande obra transformadora da Terra rumo à regeneração!

Que o amor incondicional exemplificado por nosso amado Mestre Jesus, que ainda imanta a aura terrena, seja captado, sentido e multiplicado no universo de sentimentos íntimos imersos em cada habitante deste orbe, mobilizando-os à fraternidade cósmica, pois nos encontramos à porta de um novo tempo a ser construído com o suor de todos que cooperam com o projeto Terra, no plano visível e invisível!

FIM

MEDIUNISMO
Ramatís / Hercílio Maes
14x21cm – 272 páginas

O mediunismo, tão antigo quanto a humanidade, em seus múltiplos aspectos e sutilezas, é abordado por Ramatís nesta obra, com toda a riqueza e profundidade de um mestre de Sabedoria.

Todo o amplo espectro dos fenômenos mediúnicos, dos efeitos físicos à mais sutil intuição telepática, passando por temas nunca ou raramente tratados da complexa fenomenologia da mediunidade, são elucidados com a peculiar objetividade de Ramatís. Longe de trilhas a senda das instruções já conhecidas sobre o tema, ele desbrava exatamente os territórios inusitados e controversos, dúbios ou intrigantes, dessa matéria que fascina o ser humano desde os primórdios de sua existência planetária.

Há trinta anos *Mediunismo*, em sucessivas edições, já se tornou um clássico da matéria, insubstituível para tantos quantos buscam a compreensão mais profunda do fenômeno mediúnico.

MEDIUNIDADE SEM PRECONCEITO
foi confeccionado em impressão digital, em setembro de 2024
Conhecimento Editorial Ltda
(19) 3451-5440 — conhecimento@edconhecimento.com.br
Impresso em Luxcream 70g – StoraEnso